乡村振兴温州样本丛书

乡村振兴温州样本：产业融合之路

陈国胜　主编

中国农业大学出版社
·北京·

内容简介

农村一二三产业融合发展，是实施乡村振兴战略、加快推进农业农村现代化的重要举措。作为“温州模式”的发祥地和全国农村改革的试验区，温州这个敢为天下先的地方，为中国农村改革提供了鲜活的样本。本书编者深入温州十一个县（市、区）实地开展调查研究，按照一产为主导的“一二三”融合模式、以二产为主导的“二三一”融合模式及以三产为主导的“三二一”融合模式，图文并茂地展示温州在产业融合方面的典型案例，为推进产业融合提供经验。

图书在版编目（CIP）数据

乡村振兴温州样本：产业融合之路/陈国胜主编. —北京：中国农业大学出版社，2019.3

ISBN 978-7-5655-2186-7

Ⅰ.①乡…　Ⅱ.①陈…　Ⅲ.①农村经济发展-案例-温州　Ⅳ.①F327.553

中国版本图书馆CIP数据核字（2019）第044989号

书　名　乡村振兴温州样本：产业融合之路

作　者　陈国胜　主编

策划编辑　张　玉　张　蕊　　**责任编辑**　张　玉

封面设计　郑　川

出版发行　中国农业大学出版社

社　址　北京市海淀区圆明园西路2号　　**邮政编码**　100193

电　话　发行部 010-62818525，8625　　读者服务部 010-62732336

编辑部 010-62732617，2618　　出　版　部 010-62733440

网　址　http://www.caupress.cn　　**E-mail**　cbsszs@cau.edu.cn

经　销　新华书店

印　刷　涿州市星河印刷有限公司

版　次　2019年3月第1版　2019年3月第1次印刷

规　格　787×1 092　16开本　23.25印张　570千字

定　价　138.00元

乡村振兴温州样本丛书
编写委员会

《乡村振兴温州样本：产业融合之路》
编写人员

主　编　陈国胜

副主编　周胜芳　陈琛凝　王锦良　邱国丹　高光照　史　册

撰稿人　陈国胜　周胜芳　陈琛凝　王锦良　邱国丹　高光照　陈　露　陈方丽　严　瑾　史　册　曹露露　钟小娜　陈　婵　孙毅杰　鲁　青　陈章纯　林玲玲　葛　冰　戴佩慧　石　露　章凡华　叶诗晴　刘秀梅　朱智慧　闫秀丽　任艳艳

前言

党的十九大作出中国特色社会主义进入新时代的科学论断，提出实施乡村振兴战略的重大历史任务，在我国“三农”发展进程中具有划时代的里程碑意义。实施乡村振兴战略是建设现代化经济体系的重要基础，是建设美丽中国的关键举措，是传承中华优秀传统文化的有效途径，是健全现代社会治理格局的固本之策，是实现全体人民共同富裕的必然选择。农业强不强、农村美不美、农民富不富，关乎亿万农民的获得感、幸福感、安全感，关乎全面建成小康社会全局。

温州作为全国农村改革的试验区、民营经济的发祥地，在“七山二水一分田”的基础上，进行了许多有益的探索和生动实践，推动了乡村产业发展，为乡村振兴战略的实施奠定了良好的基础。温州燎原生产合作社，首创“包产到户”，是中国农村改革的源头，比安徽凤阳县小岗村的“包产到户”试验早了22年。温州是国务院1987年批准的首批农村改革试验区，涌现出股份合作制、乡镇企业、农村金融、龙港农民城等改革试验成果。农业部于2011年12月正式批准全国18个市（县、区）为“全国农村改革试验区”，温州作为浙江省唯一试验区列入，这是温州继1987年成为全国首批试验区后，在农村综合改革领域再次获得国家级“通行证”，为全国提供了样本。2017年2月，中央一号文件《关于深入推进农业供给侧结构性改革　加快培育农业农村发展新动能的若干意见》中，写入温州元素的“三位一体”：加强农民合作社规范化建设，积极发展生产、供销、信用“三位一体”综合合作。2017年8月，根据农业部、中国人民银行、中国银监会等14个部委联合发出的文件《关于农村改革试验区拓展试验任务的批复》，温州作为全国农村改革试验区将新增两项试验任务：温州市“三位一体”农民合作体系建设，温州市瓯海区农民资产授托代管融资。

2018年3月23日，温州市委市政府发布了《关于全面实施乡村振兴战略　高水平推进农业农村现代化的意见（2018—2022）》，按照党的十九大报告提出的“产业兴旺、生态宜居、乡风文明、治理有效、生活富裕”的总要求，细化了乡村振兴战略的实施路线图，未来温州乡村振兴将实现产业振兴、生态振兴、文化振兴、人才振兴、组织振兴“五位一体”发展新格局，全面实现农业强、农村美、农民富的目标，最终达到村强、景美、人和、民富，让美丽城市、美丽城镇与美丽乡村美美与共、各美其美，城乡融合发展的田园城市目标。到2020年，乡村振兴制度框架和政策体系基本形成，农村综合改革走在全国前列，广大农村高水平全面建成小康社会。到2022年，乡村振兴取得阶段性成效，实现农村产业融合发展、乡村环境明显改善、乡风文明充分彰显、基层治理和谐有序、农民收入大幅提升。

温州科技职业学院作为全国唯一一所在农科院基础上筹建的涉农高职院校，主动对接乡村振兴战略，服务区域经济社会发展。学校成立了实施乡村振兴战略领导小组，并组织教科研人员深入温州十一个县（市、区）实地开展调查研究，编写出版《乡村振兴温州样本》丛书，图文并茂地展示温州在产业振兴、人才振兴、文化振兴、生态振兴和组织振兴方面的典型案例。本丛书目前计划陆续出版产业融合之路、美丽乡村之路、强村之路等，加强推广温州乡村振兴创新经验。

我们期望通过对大量样本的采集与剖析，探索总结温州乡村振兴的实践与创新经验，形成一大批可复制、可推广的典型案例，用一个个鲜活的乡村发展实践和案例展示，为深入实施乡村振兴战略提供温州样本，为中国乡村振兴提供新思考、新路径，为培育新乡村新业态、新动能提供新思路、新方法。

编委会

2018年12月1日

目录

O v e r v i e w

乡村产业融合模式总览

产业振兴是实现乡村振兴的首要与关键，只有做好乡村的产业发展才能真正实现乡村振兴战略的科学、持续、健康发展。但是当前，针对乡村振兴中的产业振兴，很多人存在着认识上的误区，要么就是简单地理解为加快发展现代农业产业。一提到乡村振兴首先定位为发展农业；要么认为乡村产业振兴存在着看不见、摸不着、难把握的问题。本文理清了乡村产业振兴的重要性和发展方向，梳理了国内外乡村产业振兴模式的相关文献，并在深入实地调研的基础上归纳总结温州乡村产业融合发展的三种模式，同时结合案例对其进行详细剖析，希望能为各地乡村产业振兴寻找发展路径提供经验借鉴。

一、乡村产业振兴及产业融合的重要性

（一）乡村产业振兴重要性

在党的十九大报告中，习近平总书记提出了实施乡村振兴战略的总要求，即“产业兴旺、生态宜居、乡风文明、治理有效、生活富裕”。其中“产业兴旺”位居其首。在2017年12月召开的中央农村工作会议上，习近平总书记提出把走中国特色社会主义乡村振兴道路概括为“七个之路”，即走城乡融合发展之路、共同富裕之路、质量兴农之路、乡村绿色发展之路、乡村文化兴盛之路、乡村善治之路、中国特色减贫之路，并提出“农业强不强、农村美不美、农民富不富，决定着亿万农民的获得感和幸福感，决定着我国全面小康社会的成色和社会主义现代化的质量”。可以说，乡村振兴是一个系统工程，涉及产业、人才、文化、生态、组织等诸多方面，这些方面相互影响、相辅相成，共同决定了乡村振兴战略的成效。但在实施乡村振兴战略中，产业兴旺居于

首位。2018年中央一号文件《中共中央　国务院关于实施乡村振兴战略的意见》中提出，乡村振兴的重点是产业兴旺。推进产业兴旺，实现农业强、农村美、农民富才有扎实的基础和强劲的依托。

对于产业兴旺具体发展方向，党的十九大报告进一步提出：要构建现代农业产业体系、生产体系、经营体系，完善农业支持保护制度，发展多种形式适度规模经营，培育新型农业经营主体，健全农业社会化服务体系，实现小农户和现代农业发展有机衔接；促进农村一二三产业融合发展，支持和鼓励农民就业创业，拓宽增收渠道。2018年中央一号文件提出了对于"产业兴旺"的具体要求，即必须坚持质量兴农、绿色兴农，以农业供给侧结构性改革为主线，加快构建现代农业产业体系、生产体系、经营体系，提高农业创新力、竞争力和全要素生产率，加快实现由农业大国向农业强国转变。具体包括夯实农业生产能力基础、实施质量兴农战略、构建农村一二三产业融合发展体系、构建农业对外开放新格局、促进小农户和现代农业发展有机衔接。并提出坚持党管农村工作，坚持农业农村优先发展，坚持农民主体地位，坚持乡村全面振兴，坚持城乡融合发展，坚持人与自然和谐共生，坚持因地制宜、循序渐进七条实施基本原则。已有的相关政策为乡村产业振兴指明了发展方向和具体道路。本书将以农村产业融合作为研究重心，探索总结其在温州乡村产业振兴实践中的经验与创新。

（二）农村产业融合重要性

推进农村产业融合发展，对于实现"三农""强富美"、促进国民经济持续健康发展具有重要的意义，是我国农业农村经济发展的必然选择。

（1）农村产业融合是拓宽农民增收渠道的新引擎。当前，我国农民收入持续增长的背后也有隐忧：农民的经营性收入持续增加的空间受到挤压、工资性收入继续增加的难度加大；财政运行进入"过紧日子"的新阶段，农民的转移性收入不断增加的困难增多。农村产业融合正是适应了我国农村经济的新情况，成为新常态背景下促进农民增收的新引擎，通过延长农业产业链、提升价值链、完善就业链，让农民更多地分享农村二三产业的收益；通过开发农业多种功能，让农民更多分享农业多种功能产生的收益；通过不断打造新业态、新产业，让农民在建设美丽乡村中增加就业、扩大收入。

（2）农村产业融合是促进农业增效的重要载体。我国农业发展也面临着诸多矛盾：农产品需求刚性增长和资源供给硬约束之间的矛盾日益突出，农产品供求总量平衡和结构性失衡的矛盾日益凸显，农业生产成本持续攀升和种粮务农的比较效益不断走低的矛盾日益加剧，农村劳动力转移就业和结构性紧缺的矛盾日益尖锐。农村产业融合正是顺应了我国农业发展的新形势，成为促进农业增效的重要载体，通过转变农业发展方式，构建结构更加合理、保障更加有力的农产品有效供给体系；通过用现代技术改造农业，实现农业生产规模化、集约化及标准化，不断提升农业竞争力；通过实施“互联网 +”现代农业行动，积极发展农产品电子商务，大力发展农村新型业态。

（3）农村产业融合是建设美丽乡村的有效途径。我国农村改革不断深化，美丽乡村建设不断迈出新步伐。但是，农村仍是全面建成小康社会的“短腿”。尤其是在经济下行压力持续加大的背景下守住基本盘，充分发挥农村“定盘星”的作用，农村改革的任务更加艰巨。农村产业融合，正是契合了我国农村改革发展的新要求，成为建设美丽乡村的有效途径。通过培育农村发展新动能、打造乡村旅游业态与特色产品、积极创办乡村旅游合作社等，大力发展乡村旅游，深挖农村发展潜力；通过积极发展现代农业“产业园”“科技园”“创业园”，搭建农村资金、科技、人才、项目的整合平台，建设农村创新创业的重要基地[①]。

二、国内外乡村产业振兴模式相关文献综述

（一）国外乡村产业振兴模式文献综述

建设美丽乡村是世界上所有国家由传统社会向现代社会转型的必经阶段，发达国家已经经历了这个转型阶段，积累了一些经验和教训。尽管国外和我国的国情不同，社会制度不同，农业发展的自然享赋和发展水平也大不一样，但是美国、法国、日本、韩国、荷兰和加拿大等国在发展乡村产业过程中的经验，可为我国推进乡村产业振兴提供新思路。

1. 美国：乡村生态、文化、生活的多元化发展模式

美国人口调查局公布数据显示，截至 2016 年 12 月，美国人口接近 3.25 亿人。其中，农村人口不到 2%，约为 6 000 万，农业从业人口只有 1%。但仅靠这 1% 的农民不仅养活了美国 3 亿多人，而且还使美国成为了全球最大的农产品出口国，是世界公认的乡村振兴的典范。但在 20 世纪 80 年代，伴随着美国大都市化迅猛发展及产业结构升级，乡村传统的资源型经济 (特别是伐木和采矿等掠夺型经济) 日益萎缩，新兴产业步履维艰，乡村社会失业率与日俱增[②]。在此背景下，20 世纪八九十年代，美国政府把“振兴

① 杨建利，邢娇阳 . 我国农村产业融合发展研究 . 中国农业资源与区划，2017（09）..

② 佚名 . 解锁“乡村振兴”新思路 详细解析美国乡村逆袭经验 [EB/OL]. http：//www.sohu.com/a/224272095_100085435，2018-02-27.

乡村经济”纳入了农村可持续发展的总体战略，并就农业地区的发展问题进行专题研究，出台各项优惠政策措施，为乡村地区发展和乡村经济结构转型提供了契机。美国在进行乡村区域规划时，主要遵从四个原则进行实践：

第一，满足当地民众生活的基本需求。美国政府对乡村整体布局要求严格，需要高速公路在其中贯穿，并要求整体建设过程中保证“七通一平”（给水通、排水通、电力通、电信通、热力通、道路通、煤气通和场地平整），乡村基础设施建设资金由政府和开发商共同承担。完善发达的运输网使农村和外部的联系更加密切，促进了美国农业生产的专业化和区域化，也加速了小城镇的发展，为后来的农村建设奠定交通基础。

第二，最大限度地绿化、美化乡村环境。20 世纪 60 年代，美国政府开始进行“生态村”建设。保护生态环境政策的实施，使乡村自然环境大为改观，居住空间的舒适性、新鲜的空气、展现原始风貌的大山、充满活力的野生动物以及广袤的自然景观等都成为吸引资本投资和推动经济结构多样化的动力。

第三，充分尊重和发扬当地民众的生活传统。20 世纪 70 年代初，美国的乡村旅游开始迅速崛起，并成为带动乡村经济发展的有力武器。美国的乡村旅游产品丰富多样，主要包括农业旅游、森林旅游、民俗旅游、牧场旅游、渔村旅游和水乡旅游等。游客既可以观赏田园景色，也可以参与田园、牧场等的耕作，还可以分享丰收的果实，参与具有浓郁地方特色的娱乐项目，陶冶情操、强健身心。每年，美国的一些地方政府或农民协会还会举办乡村旅游的相关活动，如农业博览会、赛马比赛、乡村游行等等，通过活动展现农村的特色和风情，吸引城市旅游者的到来。

第四，恰当地突出乡村固有的鲜明特色。美国通过发展农业规模经营，鼓励农民发展农业以外的经济，加大对农民的直接经济补贴，为农村发展和缩小城乡差距提供了保障。同时，针对农民职业技能薄弱的状况，实施了旨在提高农民技能和素质的“工读课程计划”。在现代农业、农村发展中，美国倡导在农业各链条、各环节均渗透现代化科学技术、倡导农业专业化。美国农业信息化程度很高，几乎所有的农场都安装了 GPS 定位系统，而且拖拉机、播种机等都靠自动化控制。小麦、玉米、棉花、大豆等传统农作物从播种到最终的入库完全由现代化的自动机器设备完成。

2. 法国：传统产业做优塑造知名品牌模式

乡村是工业的摇篮，以纺织、冶金、伐木和五金制造为代表的乡村手工业构成了欧洲工业化的最初阶段，被称为“原工业化”时期[①]。原工业化带来的产业和人口聚集，

① 宁夏. 与乡为邻 因产而兴 发达国家推动乡村产业发展的经验 [J]. 农村工作通讯，2018（02）.

在工业革命之前的欧洲乡村形成了星罗棋布的小城镇。正是这些与乡村为邻、因产业而兴的小城镇，为这些发达国家实现乡村产业兴旺奠定了基础。法国普罗旺斯格拉斯地区就是通过传统产业做优塑造知名品牌，实现乡村产业兴旺。法国普罗旺斯的格拉斯地区被誉为“法国香水的摇篮”“世界香水之都”。从1614年开始种植鲜花香料算起，格拉斯已经有四百年生产香水的历史，当地目前已有50多家香水工厂，该地区手工调香术已申报联合国“非物质文化遗产”。通过不断深耕特色、专注产业，对鲜花原料种植、采摘和加工过程的严格要求，让格拉斯生产的香水香精产品风靡欧洲上流社会，并诞生了“香奈儿”“戛里玛”“莫利纳尔”等全球知名品牌。依托鲜花香料种植和香水产业还带动了当地旅游业的发展，通过开放部分花田，设立香水博物馆，开展香水制作过程体验、购物、节庆等多种活动吸引游客前来，实现了一二三产业联动融合发展的模式，并让当地香水原产地的品牌形象更加深入人心。

3. 日本和韩国：产业交叉融合发展模式

为消除城乡差距，日本采取政府规划引导、农民自发参与的方式，以乡村资源为中心创造附加值，促进一二三产业融合发展，形成具有特色、支撑本地经济、让农民分享增值收益的产业体系①。日本从20世纪50~60年代开始，针对农业生产萎缩，农村村落衰败等问题，组织实施“造村运动”，其中以“一村一品”为理念的农村产业发展运动最为典型，强调引导农村居民找到本地闪光点，开发生产具有本地特色的、令人感到自豪的产品。2000年以后，“一村一品”进一步升级为“六次产业化”运动，强调以农业为基础，以农村居民为主体，在当地发展农产品加工，流通销售及相关服务业，形成集生产、加工、销售、餐饮和服务于一体的完整产业链，提高农业附加值，增加农村就业和农民收入。韩国面对同样问题推行了“新村运动”，改善农村水、电、路、气、房等基础设施条件，鼓励当地发展种植业、畜牧业、手工业、农产品加工业、流通贩卖等，改善农村居住环境，形成主导产业，留住乡村人气并激发活力，促进了城乡协调发展。

4. 荷兰：乡村集群经济发展模式

荷兰农业产业发达，现代化、集约化水平高，以鲜花、乳品为代表的荷兰农产品因品质优异而享誉世界，使荷兰仅凭借狭小的国土面积成为世界第二大农产品出口国。为解决城乡发展不平衡的问题，同时又保持乡村农业生产的良好环境，荷兰选择发展乡村集群经济。乡村集群经济依托中小卫星城镇带动周边乡村，在城镇集中与农业相

① 张红宇，赵长保，张海阳，等. 中国特色乡村产业发展的重点任务及实现路径[J]. 求索，2018(02).

关的储存、加工、销售等各种配套服务企业和合作社，为周边乡村提供农业社会化服务和大量的就业机会。以荷兰兰辛格兰市为例，当地政府部门通过对乡村田、水、路、林、村综合整治改善生态环境、农业生产条件和维护乡村农业景观，加强农业科研和对农业相关人才、农业从业者的培养，投资乡村基础设施以吸引人才、留住人才。当地只有总人口的5%是直接从事农业生产的农民，却拥有大量与农业相关的企业为之配套服务，形成农业产业的强大竞争优势①。

5. 加拿大：不同乡村分类发展模式

加拿大将人口少于10 000人以下的聚落区均称为乡村和小城镇地区来与都市地区相区别。乡村地区按照都市区（Metropolitan Influenced Zones，MIZ）对乡村的影响来对乡村和小城镇做出如下划分：强都市辐射型乡村和小城镇地区（Strong MIZ）、中等都市辐射型乡村和小城镇地区（Moderate MIZ）、弱都市辐射型乡村和小城镇地区（Weak MIZ）、无都市辐射型乡村与小城镇地区（No MIZ），即偏远地区。同时，加拿大将乡村经济类型划分为专业化型与多样化型，专业化型按照产业的主导部门分为：①农业主导型乡村占加拿大2 033个乡村普查小区中的27.5%；②林业与采伐业主导型乡村共26个，占总乡村普查小区的1.3%；③渔业与捕捞业主导型乡村共31个，占总乡村普查小区的1.6%；④采矿业主导型乡村共34个，占总乡村普查小区的1.8%；⑤其他乡村均属于产业多样化型乡村。政府对不同的乡村给予不同的政策措施，对于强都市化辐射型乡村和小城镇地区以及拥有资源优势的乡村，通过加强基础设施建设，改善环境，以吸引更多的人来此就业、居住，同时大力发展休闲旅游、商贸等产业，以提高乡村和小城镇地区的竞争力。而对于其他类型的乡村，则根据其多功能价值，包括粮食作物生产、生态保育、土著及少数民族权益等方面给予不同程度的补贴，保障其具有均等发展的机会②。

（二）国内乡村产业振兴模式文献综述

国内的专家学者在总结各地实践经验的基础上，提炼了我国乡村产业振兴模式，比较有代表性的主要有以下三种观点。

1. 省级层面乡村产业发展四种模式

张红宇、赵长保、张海阳等组成的农业部课题组分析了各省乡村产业发展的路径，

---

① 宁夏.与乡为邻 因产而兴 发达国家推动乡村产业发展的经验[J].农村工作通讯，2018（02）.

② 刘自强，李静，鲁奇.国外乡村经济类型的划分及对中国乡村发展政策制定的启示[J].世界农业，2011 (4)：35.

并总结出四种类型的乡村产业发展模式[1]。

（1）功能拓展型。通过拓展产业功能边界，打破一二三产业之间的藩篱，实现产业融合、优势互补，以新的产业形态满足新的市场需求，浙江省践行“两山”理论，依托农村绿色生态、乡土文化等特色资源，促进农业与旅游、教育、文化、健康、养老等产业对接，开发农业多种功能，发展休闲农业、养生农业、创意农业等新产业新业态。2010—2016年，浙江省农业休闲观光旅游产值从89.22亿元提高到291亿元，形成了安吉黄浦江源、长兴太湖风情、德清环莫干山等一批国内知名的美丽乡村休闲旅游带。

（2）链条延长型。通过深挖主导产业增值潜力，促进农业产业链前沿后伸，把农资供应、农业生产、加工销售、服务等环节连接起来，形成产加销一体化的生产经营格局。河南省立足农业优势资源，以加工集聚地为核心，以龙头企业为引领，辐射带动周边区域和上下游经营主体共同发展，形成了全链条、全循环、高质量、高效益的产业集群。到2016年底，河南省已培育农业产业化集群207个，基本覆盖了全省的米面、肉品、乳品等优势产业和区域特色产业，成为全国的粮食加工转化第一大省、肉制品第一大省。

（3）区域发展型。依托当地资源，培育发展优势主导产业，带动乡村产业发展，促进本地农民就业增收。山西省将一村一品、一县一业作为发展特色农业、夯实县域经济基础的切入点和总抓手，打造了万个一村一品专业村、60个一县一业基地县。目前，专业村50%的农户从事主导产业以及相关经营活动，农民家庭经营收入的55%以上来自主导产业；基地县主导产业产值占农业总产值的40%以上，涌现出平遥牛肉、太行小米、吕梁红枣等一批区域品牌。此外，全国一些地区也探索通过建设产业园区、特色小镇、淘宝村等，带动乡村产业发展，取得了明显成效。

（4）集体带动型。农村集体经济组织发挥“统”的优势，通过专业合作，股份合作等方式带领村民因地制宜发展现代农业和农村二三产业，壮大集体经济。贵州省积极推动“资源变资产、资金变股金、农民变股东”改革，有效整合和激活各类资源要素，促进山地特色农业发展，新农村建设和农民增收致富。截至2016年底，贵州省1 016个试点村通过“三变”改革形成了茶叶、蔬菜、水果等各具特色的产业区、产业带、试点村集体经济收入总额达6 490万元，平均每个村6.4万元，入股农民人均获得收益2 059元。

2. 美丽乡村建设的五种模式

蒋和平（2018）将各地在过去发展现代农业、建设美丽乡村过程成功经验进行总结，总结归纳出安吉模式、虔心小镇模式、眉山泡菜产业发展模式、袁家村模式和平谷大

① 张红宇，赵长保，张海阳，等. 中国特色乡村产业发展的重点任务及实现路径[J]. 求索，2018（02）.

桃产业模式五个模式[①]。

（1）安吉模式。安吉县位于浙江北部，是全国首批休闲农业与乡村旅游示范县、全国首批生态文明建设试点地区。安吉以打造“中国美丽乡村”为抓手，以建设生态文明为前提，依托优势农业产业，大力发展以农产品加工业为主的第二产业和以休闲农业、乡村旅游为龙头的第三产业，提高农民素质，改善农村环境，通过内源发展改变农业的弱质性。

（2）虔心小镇模式。虔心小镇地处于江西省龙南县，拥有 10 万亩林地、9 万亩竹林、3 万亩茶园，以独特的茶、竹、土鸡、油茶等生态农业产业为核心基础，建立超百万的走地鸡（土鸡）散养基地，形成盈利的茶叶产业和走地鸡产业，2016 年两个产业收入达到 2 亿多元。其经验做法，一是抓有机茶叶种植和走地鸡（土鸡）养殖，带动农民种茶养走地鸡，形成企业盈利和农民增收的双赢局面；二是文化先行，深度挖掘传统文化价值，实现“农业 + 文化”模式；三是准确定位，因地制宜，充分开发利用当地资源；四是科技支撑，发展林下经济模式，提供全生态农产品；五是创新思路，探索现代农业新模式；六是明确主题，管理科学，合理安排建设项目。

（3）眉山泡菜产业发展模式。眉山市充分发挥优势，经过多年发展成为四川泡菜的主产地，也成为中国的“泡菜城”。眉山泡菜产业发展模式是指本着“产业集中、企业入园、集群发展”的思路，加强泡菜加工企业集聚和一二三产业融合，建立“东坡泡菜”品牌参与全国市场竞争，将“小泡菜”做成“大产业”，以最初的“小产业”带动“大发展”的发展模式。

（4）袁家村模式。陕西省礼泉县烟霞镇袁家村在十年的时间内从“空心村”转变成为“富裕村”，被誉为“关中第一村”。袁家村模式是以乡村旅游为突破口，打造农民创业平台；以股份合作为切入点，创办农民合作社；以产业共融为依托，分享产业链条利润；以产权共有为核心，实现集体与农户利益均衡化；以村民共治为保障，创造农村和谐氛围；以发展共享为目标，实现全体村民共同富裕的新集体经济发展模式。

（5）平谷大桃产业模式。平谷大桃产业模式是指依托当地特有的桃树优势，在桃种植、桃加工、桃销售等产业链条中，输入桃文化，形成“两节两品三养生”的特色系列产品，“文化 + 特色农产品”开发推动区域经济效益和社会效益双重提高的发展模式。

3. 浙江乡村产业发展六种模式

闻海燕（2018）认为，浙江各地由于资源禀赋不同，既有集体经济基础、城乡关系、

① 蒋和平 . 实施乡村振兴战略及可借鉴发展模式 [J]. 农业经济与管理 ,2017(6)：21−23.

交通条件各异，村民素质、村庄传统文化、社会风俗有别，这些差异决定了各地必须从本地实际出发，积极探索，形成适合自身特点的产业发展模式。她将浙江乡村产业发展模式归纳为五种①：

（1）依托当地的历史传统和特色资源发展传统文化和旅游相结合的模式。结合古村落保护利用，充分挖掘古村落的历史文化内涵，并与旅游相结合，在促进古村落活态保护的同时，也带动村民增收，形成古村落保护与产业发展、村民增收的良性互动，如建德市新叶村等，浙江已有200多个古村落采取这种产业发展模式。

（2）依托当地资源发展特色农业及农产品加工业。根据当地的资源状况、产业基础和市场需求，在专业化分工的基础上，发展"一村一业"，促进村庄产业发展。如"一片叶子富了一方百姓"的安吉黄杜村就是通过发展白茶产业带动了村庄发展。

（3）依托美丽乡村建设，按混合融合方式发展"第六产业"。将创意农业与乡村休闲旅游等有机结合，创新探索农业与二三产业融合的发展模式。通过一二三产业融合发展，拓展农业新功能，发展新业态，促进村庄产业发展、村民增收。如安吉鲁家村便通过打造田园综合体，实现一二三产业融合发展。

（4）通过"互联网+"发展农村电子商务带动村庄发展。如有"淘宝第一村"之称的临安市白牛村、缙云县北山村，都是依托发展电子商务带动村庄产业发展，使昔日贫穷落后的小山村成为远近闻名的富裕村。

（5）以兴办市场带动村庄发展。台州市路桥区方林村建立了功能齐全的四星级文明规范汽车市场——浙江方林汽车城，逐渐奠定了以市场为中心、工业为重点、农业为辅业的产业格局，为经济发展打下了基础。

（6）把海洋、海岛、渔业、海运业、旅游业有机结合起来，形成渔村独特的产业发展模式。被誉为"浙江渔业第一村"的宁波象山东门村充分发挥海岛、海洋资源优势，结合美丽渔村建设，大做"渔、港、景"文章，把昔日落后的渔村发展成了集旅游、休闲、海洋渔业于一体，融合发展的美丽渔村。

（三）国内外现有乡村产业发展带来的启示

1. 乡村产业不局限于农业第一产业

美国除了通过发展农业规模经营，还鼓励农民发展农业以外的经济，美国乡村旅游业成为带动乡村经济发展的有力武器。法国普罗旺斯格拉斯地区通过做优400多年生产历史的香水产业，诞生了"香奈儿"等全球知名品牌，带动当地旅游业发展，实现乡村产业振兴。我国山西省通过打造万个一村一品专业村、60个一县一业基地县，

① 闻海燕. 乡村产业振兴的浙江探索 [N]. 浙江日报，2018-04-17.

涌现了平遥牛肉、太行小米等农业区域品牌，同时还通过建立产业园区、特色小镇、淘宝村等，带动乡村产业发展。因此，乡村产业不局限于作为第一产业的农业，还应该发展已有传统特色工业产业、旅游业等。

2. 三产融合发展是乡村产业振兴的关键

日本2000年以后实施的“六次产业化”运动，就是以农业为基础，打造集生产、加工、销售、餐饮和服务于一体的完整的产业链，以提高农业附加价值。浙江省打破一二三产业之间的藩篱，促进农业与旅游、教育、文化、健康和养老等产业对接，开发农业多种功能，带动了农业休闲观光旅游业的快速发展。所以，三产融合发展是乡村产业振兴的关键。

3. 乡村产业应依托当地资源特色分类发展

加拿大将乡村分为农业主导型、林业与采伐业主导型、渔业与捕捞业主导型、产业多样化型等五种类别的乡村，政府对不同乡村不同的政策措施。山西省依托当地资源，培育发展优势主导产业，打造了万个一村一品专业村、60个一县一业基地县。眉山市充分发挥优势，将“小泡菜”做成“大产业”，成为中国的“泡菜城”。宁波象山东门村充分发挥海岛、海洋资源优势，大做“渔、港、景”文章，实现了将落后的渔村发展成为集旅游、休闲、海洋渔业于一体的美丽渔村。平谷依托当地特有的桃树优势，结合桃文化，开发“两节、两品、三养生”的特色系列产品。乡村产业发展只有依托当地资源特色才有生命力。

4. 各类农业经营主体对农业产业发展发挥重要作用

美国规模农业发展过程中，龙头企业、家庭农场、合作社等各类农业经营主体发挥着重要的作用。荷兰发展乡村集群经济中，与农业相关的储存、加工、销售等各种配套服务企业和合作社，为周边乡村提供农业社会化服务和大量的就业机会。河南省的链条延长型农业产业发展模式，就是以龙头企业为引领，辐射带动周边区域的上下游经营主体共同发展，形成产业集群。农业经营主体在推进乡村产业振兴中发挥着举足轻重的作用。

5. 壮大村集体经济有助于实现乡村产业振兴

贵州省发挥农村集体经济组织“统”的优势，带领村民发展现代农业和农村二三产业，形成茶叶、蔬菜、水果等各具特色的产业区、产业带、试点村，带动农民增收致富。陕西袁家村通过村集体投资，以股份合作为切入点，创办农民合作社发展乡村旅游，实现全村村民共同富裕。台州方林村通过村集体兴办浙江方林汽车城，带动村庄发展。壮大村集体经济有助于实现乡村产业振兴。

三、温州农村一二三产业融合的模式及案例导览

我国农村一二三产业融合发展呈现出多样化的融合模式。综合分析学者对于农村三产融合发展的模式路径研究，可以从产业角度将融合模式分为以下四种：农业产业内部整合型融合；农业产业链延伸型融合；农业与其他产业交叉型融合；技术渗透型融合。从农村农业产业链拓展延伸角度将融合模式分为以健全和完善农业产业链条为内容的纵向延伸与以挖掘农业价值创造潜力为内容的横向拓展 2 种模式。从农业多功能综合开发角度分为：以一产加三产带二产为特征的休闲农业；以一产加二产加品牌为特征的功能农业；以一产加二产加三产为特征的智慧农业等 3 种融合模式等。而本书将参考林峰等的分类意见，从一二三产在融合发展中所占的比重角度将融合模式分为以一产为主导的“一二三”融合模式；以二产加工为主导的一三产融合模式及以三产为主导的“三二一”融合模式。[①]

（一）以一产为主导的“一二三”融合发展模式

以一产为主导的产业融合模式，往往以原产地的特色种养殖为依托，打破传统农业产业界限，通过农产品加工、传统手工制作等第二产业的发展及产业服务，休闲服务在研发、生产、营销环节的介入，延伸产业链，推动一二三产融合发展，即由一产带动二产和三产发展，实现“特色种植业——加工——商贸服务业或服务体验（其中服务性体验除农产品外，还需要原产地的原生优质资源）”的全产业链融合发展。

另外，农产品（一产）与加工业（二产）的融合主要通过两个路径实现。一方面可以依托企业进驻，实现现代机械化精深加工和循环利用，通过产、销、研产业链的延伸推动与三产（产业服务）的融合。另一方面通过传统技术人才进行手工制作，形成非遗、特色饮食、手工艺品、旅游纪念品等特色多样产品，发展体验式消费，推动与三产（休闲服务）的融合。

基于农产品（一产）的基本生产功能，利用生态环境、自然风景区等原生优质资源，也可直接推动观光、科普、体验、度假等服务业的发展，通过农业生产功能的拓展实现一三产的融合。

① 林峰，等. 乡村振兴战略规划与实施. 北京：中国农业出版社，2018：86-90.

浙江森马生态农业发展有限公司围绕瓯柑产业，不断整合和延伸瓯柑产业链，通过生态种植、技术研发、产业研讨、农业科普、品牌推广等，实现了瓯柑一二三产业的有效融合。

温州万科农业开发有限公司是梅屿蔬菜专业合作社创办的一家农业企业，也是合作社的销售平台。万科农业主攻销售，主抓蔬菜品牌建设，定点配送到全国31个市场，帮助销售合作社生产的农产品。万科农业公司通过质量监控追溯机制，实行合作社农产品订单式生产，实现社员农户收入增幅达30%以上。

瑞安市梅屿蔬菜专业合作社、乐清市金穗水稻专业合作社联合社、泰顺县猕猴桃专业技术协会、平阳县佳茂禽业专业合作社、永嘉县佳行兔业专业合作社等合作社，通过创新“三位一体”合作、依托科研院校力量、合作社再联合、为社员提供“六统一”服务等，提高了农民组织化程度和市场话语权，破解了农户贷款难、销售难问题。

瑞安市梅屿蔬菜专业合作社以梅屿及周围乡镇的蔬菜种植户、购销户为主体，通过建基地、帮技术、传信息、定标准、抓质量等方式实现内联农户，通过创品牌、拓销路、树形象等形式外联市场。合作社建立质量监控追溯机制，实行订单生产，并推出“二次返利”，社员农户收入增幅达30%以上。合作社还联合其他2家合作社组建农民自己的银行——瑞安市马屿镇汇民农村资金互助社，并联合其他22家合作社共同出资创办瑞安市兴民农村保险互助社，破解贷款难、农村保险难问题。

乐清市金穗水稻专业合作社联合社由23家水稻种植合作社联合成立，经营农田面积达3万多亩。联合社为社员统一购销生产所需的种子、化肥、农药、农机；为社员提供早稻育秧代育代插服务；并以高于市场价收购社员生产的稻谷，使用“金越”牌大米品牌商标将加工成的大米销往市场；联合社还为社员提供信用合作、调剂担保服务。通过抱团合作，联合社社员的育秧成本从每亩240元降至200元，化肥、种子等农资投入品采购比市场购买下降成本20%，破解了融资难问题，提高了社员水稻种植效益。

永嘉县佳行兔业专业合作社现共有社员2 367户，合作社产业覆盖桥下镇70%的农业产业，包括水果种植、药材种植、农作物种植、兰花种植、畜牧业养殖、农产品加工等等。合作社利用下属各产业忙季时间不同，通过以工抵工的方式解决用工难、用工贵的问题。合作社注册了“上吴”“楠溪”“佳行”“仙桂”等多个品牌分别用于不同类别农产品的销售，并引导农民统一生产规范和生产标准。合作社还构建了线上线下统一的全网络销售渠道，农产品未出现卖难的问题，许多农产品还需提早一个月预定。合作社开办永嘉县佳行兔业专业合作社资金互助会，累计贷款2 000余万，并与银行合作社放大贷款3 000多万，有效解决农户融资难、融资贵的难题。

苍南县恒丰蔬菜专业合作社、泰顺县猕猴桃专业技术协会、侨乡花卉专业合作社、温州市藤穗粮食专业合作社等合作社，通过提高农民的组织化和专业化程度，有效地推动温州番茄、猕猴桃、花卉、粮食等农业产业的发展。

（二）以二产为主导的“二三一”融合发展模式

这里的二产不同于城镇化下以工业园区为主体的规模化、集约化发展的二产，而是依托农产品及特殊技艺的精深加工和手工制造。二产的发展，向上需要以一产为基础的原材料供给，向下需要配套性服务业（如仓储、运输、电商等）及支持性服务业（科技、信息、金融等），对于依托特殊材质、特殊工艺、特殊人才的手工业、制造业来说，由于其独特的文化底蕴以及价值，将实现与文创、旅游的高度融合，实现文化与技艺的传承。

温州市味美思食品有限公司利用关联企业（浙江味美思农牧有限公司）的生猪养殖资源，对自己养殖的猪进行屠宰后的深加工，开设门店进行销售，在产业链的每一供销产环节进行控制，建立了严格的质量检测体系。同时通过引进科技与管理人才，加大科技研发投入，建立和完善企业技术创新机制，提高自主创新能力、技术进步的实用化水平及核心竞争力。

永嘉县谢氏农业开发有限公司、高田生态农场有限公司、温州市老李食品有限公司、浙江绿艺园林工程有限公司、乐清市农信融资担保有限公司、浙江丰年农资有限公司等公司也在发展农业全产业链、借力互联网、为农提供更多服务等方面开展探索，助力乡村产业振兴发展。

（三）以三产为主导的“三二一”融合发展模式

1. 以旅游引导的消费带动融合模式

旅游利用其聚集人气和促进消费的优势，通过旅游活动的开展、旅游购物的消费以及旅游服务的体验，形成以消费聚集为主导的引导的一二三产融合模式

由人流（尤其城市消费群体）的导入，形成对农副产品以及农产加工品的消费价值，进而带动产业的发展、品牌的形成以及农业的生态化与有机化升级，从而形成附加价值，产生利润，并由利润价值带动产业更大规模的发展，形成乡村可持续发展结构。由消费为主导的三产，带动一二产的科技化、原产地化、小规模定制化发展，实现就地体验式消费，这一模式是三二一产业有效整合的路径，也是以市场为导向的科学途径。

2. 以科技手段带动的应用渗透型产业融合模式

科技作为推动产业发展的关键要素，以及在产业促进和融合方面有着得天独厚的

渗透优势。以科技应用带动的产业融合模式，往往是通过科技服务和科技应用转化来实现的。一方面，种植、品种优化等技术应用到农业生产，能提高一产（农产品）的科技含量和新产品的研发，同时通过技术推广服务来提高农民的整体技术素质。另一方面，依托加工技术和先进设施的应用，能推动二产的标准化加工水平，提高二产效率。充分发挥技术在一二产中各环节的渗透、凝聚和组合作用，能促进产业综合价值逐步提升，模糊产业界限，推动一二三产业融合发展。

3. 以文化创意为核心的带动模式

该模式以种养殖及农产品为基础，以文化创意为核心，通过文创农产品种植、农产品加工品的文创包装与加工，以及文创体验活动及节庆的导入，构建一二三产融合的发展模式。依托于丰富的农耕文化、多元化的市场消费，文化创意一方面可以提升产品的附加价值，重塑农业价值；另一方面可以拓展产业功能，衍生出一个休闲农业、主题农业、创意农业、民俗节庆、文创品牌等创新业态及产品。

浙江子久文化股份有限公司（简称“子久公司”）是一家传播中国四大黄茶——平阳黄汤文化的农业企业，通过“企业 + 基地 + 农户 + 专家”模式打造“平阳黄汤”特色品牌。公司以平阳黄汤为主线，拓宽产业链，以子久茶博苑为平台，销售与茶文化相关的茶家具、茶叶、茶具、品茶休闲及茶文化推广等终端产品及配套服务。公司还向茶文化演绎、文化创意、文化休闲体验消费与民宿休闲旅游观光方向发展，打造以“茶文化”为主题的 3A 级景区。

4. 以电商物流为引领的服务带动模式

该模式主要以物流配送为核心，带动农产品的规模化生产、销售、服务以及加工企业的聚集和联动，构建完善的产业链体系，实现三产（服务业）带动一产和二产的融合发展。

电商物流服务往往需要借助云计算、互联网、O2O 模式等科技手段，形成电子商务示范区、农业龙头企业、农产品批发市场等多个市场主体，并通过“政府 + 企业”“龙头企业 + 农户”“特产农产品 + 网络营销”“电商助推脱贫”等多种模式，实现综合信息服务、产销一体化、商务智能、高效物流配送等综合性服务平台的建设，助推订单农业、精益生产，实现基于互联网及物流配送的一二三产业融合发展。

温州市星仔岛电子商务有限公司（简称星仔岛）是洞头海岛一家主要从事互联网生鲜水产销售的企业，公司结合洞头的区位优势、海洋优势以及国家发展战略，确立了全力发展“互联网 + 海产品 + 旅游业”为新思路，通过电子商务平台销售海产品，宣传海岛旅游，并将洞头海产品销往全国各地。

乐清市大荆镇平园村将现代农业和互联网结合，因地制宜推广“协会 + 合作社 + 农户”及“龙头企业带动 + 资源整合”“互联网 + 铁皮石斛”的营销策略，以独具特色的农产品网销模式，形成“一村一品”新格局。通过石斛旅游文化节、“大荆一日游”线路两项旅游产品，正打造成为铁皮石斛养生休闲旅游文化基地，助推“互联网 + 石斛”向纵深发展。平园村主导产业铁皮石斛枫斗收入占全村农业经济总收入 98% 以上，实现 2017 年农民人均纯收入约 37 970 元，高于所在乡镇农民人均纯收入 16 590 元的 2 倍以上。

5. 以金融服务为主要途径的带动模式

作为现代经济的核心，金融尤其是农村普惠金融是乡村振兴战略极为重要、极为关键的支持要素。该模式将以基层的村级农民资金互助组织、村镇银行、农商行、大型国有金融机构及政策性银行等为供给主体，以信托、担保、农机租赁、农业保险、农产品期货、农业产业投资基金等为主要金融形式构建产权多元化、规模多层次、多类型、可持续、广覆盖的现代农村金融体系，进而推动三产带动一产和二产的融合发展。

乐清市农信融资担保有限公司从 2007 年 3 月开始融资担保业务。十二年来，公司时刻遵照“新型合作”思想，不断深化“三位一体”改革，提供多样化的普惠金融服务，努力破解“三农”融资难题，截至 2018 年 6 月底累计办理担保业务 1 750 笔，担保金额 7.53 亿元，在保余额 10 128 万元。据统计，受益农户逾 5 万人次，减轻融资成本达 3 000 多万元，增加农民收入约 30 亿元，创税利超 3 亿元，切实缓解了“三农”和“小微企业”融资难担保难问题。为乐清市农业经济发展，为解决涉农贷款难、担保难问题发挥了应有的作用。

执笔人：周胜芳，史册

第一章

以一产为主导的“一二三”融合发展模式

01

打造瓯柑全产业链 助力实现乡村振兴

——记浙江（温州）森马生态农业有限公司

一、企业概况

浙江森马生态农业发展有限公司(以下简称森马农业)创建于2008年3月，是森马集团在自身做强做大的同时为回报社会而成立的一家以支持新农村建设、以工促农

森马瓯柑种植基地（来源于网络）

的企业。公司致力于为消费者提供以瓯柑为主题具有养生功效的系列健康产品。近年来，森马农业不断整合和延伸瓯柑产业链，通过生态种植、技术研发、产业研讨、农业科普、品牌推广等，实现了瓯柑一二三产业的有效融合。围绕瓯柑产业，重挖掘、深研究，并通过瓯柑文化博览、产业信息交流、特色生态农业观光等形式，为瓯柑产业的发展推波助澜。

现瓯柑基地已被政府部门纳入“瓯柑西扩工程”“西部观光产业带”和“省级千亩瓯柑精品园”，被授予“浙江慈善项目奖”和“特色优势农副产品基地”“浙江电大农民大学生实践基地”称号，并被认定为“浙江省无公害农产品产地”。

并且，其率先通过品牌化运营打造的瓯柑品牌——“万客丰”，获得温州城市礼品、温州名特产、农博会金奖等荣誉。“万客丰”也成功被认定为温州市知名商标，公司也被评为现代农业基地建设工作先进单位，以及认定为瓯海区农业龙头企业等。目前，“万客丰”拥有的200亩示范样板瓯柑园区，是全国首家具有瓯柑微型博物馆功能的“瓯柑文化展示中心”、万客丰瓯柑文化园也是温州唯一的“浙江省级千亩瓯柑精品园”核心区、“浙江省慈善造血型扶贫示范基地”和“温州市农村科普教育示范基地”。

作为以工促农、支持新农村建设的现实典范，森马农业先后引来国家、省、市领导莅临基地参观考察，并给予了极高的评价；总经理南云女士还作为温州民营企业唯一代表应邀出席全省民企支持新农村建设交流大会，并作典型经验介绍。

二、发展目标与历程

1. 发展目标

瓯柑是温州各级政府要求保护性发展的特色水果，森马农业是一家以瓯柑种植、瓯柑文化传播、瓯柑系列产品研发与销售等为一体的全产业发展农业企业。公司开发建设“万客丰瓯柑基地”，并开设国内首家以瓯柑为主题的万客丰果品养身体验馆，以及承担瓯柑微型博物馆功能的“瓯柑文化展示中心”，并相继研发成功万客丰瓯柑果茶、浓汁、果脯等系列瓯柑深加工产品，有效延长瓯柑产业链，为产业发展起到了积极的推动作用。森马农业为支持瓯柑产业发展，提高瓯柑产业的经济价值，创新特色农业经营之路，扩大瓯柑产业经营领域，尝试用“以工促农，村企合作”的模式，探索“以企带村，反哺社会”的农业发展之路。

2. 发展历程

森马集团，为响应温州市委市政府工业反哺农业、支持新农村建设的号召，2007年与瓯海区泽雅镇龙头村签订了“村企结对”帮扶协议，开发建设森马瓯柑种植基地。

为更好地服务基地发展，建立区域特色明显、品牌效应突出、功能强大的现代化示范生态园区，森马集团于2008年3月组建成立了森马农业，专注生态农业，打造养生食品，弘扬瓯越千年瓯柑文化，拥有13.3公顷示范样板基地，瓯柑系列深加工产品达十几个。

森马农业斥资1 000万元在泽雅开发建设占地200亩的“森马瓯柑文化观光园”，并注册了“万客丰”和“丰收阁”两个品牌商标，为致力于提升瓯柑产业整体形象，树立瓯柑产业标杆品牌，全面建设瓯海西部瓯柑观光产业带，为实现瓯柑产业的标准化、规模化、规范化和市场化运作打下坚实基础，为瓯柑产业品牌化运作创造了更好的条件。

特色鲜明的“万客丰瓯柑文化主题园”于2011年开工建设，占地200亩，坐落于风景秀丽的天然氧吧——泽雅风景区，与国家级非物质文化遗产、造纸活化石——四连碓一步之遥。这里山色俊美，龙泉相伴、秀水为邻，常年云雾缭绕，是生态观光的旅游胜地。“万客丰瓯柑文化主题园”是集弘扬瓯柑文化、发展生态农业观光、支持“三农”政策于一身的“瓯柑文化展示中心”，将围绕瓯柑产业，重挖掘、深研究，通过瓯柑文化博览、产业信息交流、特色生态农业观光以及瓯柑深加工的研究等形式，带动当地及周边一系列产业的发展。公司还在园区内设立农耕休闲观光带，开辟开心体验农场等项目，增加休闲观光娱乐性能。

作为国内首家以瓯柑为主题的万客丰瓯柑主题吧，以及承担瓯柑微型博物馆功能的全国首家“瓯柑文化展示中心”。“万客丰瓯柑文化主题园”承担着挖掘、提炼、弘扬、传播瓯柑文化之大任，市民可在此处通过图、文、实物等形式了解到温州瓯柑的文化

森马万客丰瓯柑文化主题园（来源于网络）

森马万客丰瓯柑主题吧（来源于网络）

典故及历史演变过程、瓯柑种植资源的演变、瓯柑的药用价值等内容。万客丰瓯柑文化园还设立农耕轮作观光带，开辟开心体验农场、亲子采摘、瓯柑树认养等项目，增加休闲观光娱乐性能，成为市民观光旅游，体验农家生活，享受采摘乐趣的绝佳去处。森马农业专注瓯柑产业的执着追求备受各界关注，还成为电影故事片《瓯柑之恋》的原型创作素材，央视电影频道已作新闻报道。

经过几年发展现有全国代理商 20 几个，销售渠道遍布浙江省、安徽省、山东省及湖北省各地，深加工产品瓯柑果粒爽年销售额达 300 多万元，公司持续三年保持盈利。产品自上市推广以来深受消费者的喜爱，发展势头良好，瓯柑全产业发展空间无限宽广。

三、具体做法与成效

1. 优化果品品质，打造全产业链

一是提高种植技术，调整产业结构。森马农业以农牧结合、农林结合、生态循环发展为导向，调整优化瓯柑产业种植生产结构，全面建设生态绿色无公害瓯柑基地。长期聘请浙江农科院的柑橘专家徐建国团队，实施大量科研投入，引进国内外优良品种，培育杂交品种，研究鲜果生态贮藏与病虫害防治、延长瓯柑采摘季节和留树挂果等难题，成功实现“冬柑春摘”和“富硒瓯柑”，极大提高了瓯柑的科技含量与附加值，以产生更大的经济效益。

森马万客丰瓯柑饮料产品（来源于网络）

二是着力产品研发，拓展产业链条。森马农业高度注重瓯柑精深加工新产品的研发。目前已成功研发瓯柑蜜炼、瓯柑果粒爽、瓯柑浓汁、瓯柑醋、瓯柑爽口条、柑儿文等系列瓯柑深加工产品，品种更加多样、口感更加丰富，并取得多项专利，填补了国内多项行业空白，有效提升了其附加值和经济效益，未来还将继续研发瓯柑酵素、瓯柑精油等新产品，真正弥补瓯柑只有鲜果且季节性供应等方面的不足，拓展产品远销空间。而明星产品“万客丰”瓯柑果粒爽已是时下温州本土最具特色的时尚饮品，广受消费者喜爱。

三是融入文化元素，形成多元产业。近年来不断探索瓯柑产业的发展潜力，加强与文化、旅游、健康养生等产业的深度融合，不断挖掘、提升瓯柑品牌价值。目前，建立了全国首家具有瓯柑微型博物馆功能的瓯柑文化展示中心，让其成为瓯柑文化传播的有效平台。打造了温州首部原创瓯柑题材电影——《瓯柑之恋》，并将《瓯柑之恋》电影足迹寻游、采摘观光（赏瓯柑花、自助采摘瓯柑游、尝瓯柑休闲食品、吃瓯柑大宴）、科普体验（体验农残检测、DIY 制作、摄影）等活动项目与基地周边景点融合，开发独具温州特色的“一日游”精品线路，不仅让瓯柑文化园成为旅游热门景点，还带动周边农家酒、大米、笋干等山里货的销售。

2. 变革销售模式，扩大宣传格局

一是发展线上电子商务。森马农业建立可追溯系统，最终覆盖所有的瓯柑基地，在做优产品的同时，积极实施“互联网 +”战略，帮助企业摆脱传统的线下营销模式，走进“互联网 + 实体”线上营销。万客丰产品已在全国包括北京、武汉、杭州等各大城市设立销售网络，充分调动“互联网 + 农业”的现代经营思维，实现“线上 + 线下”同步运营，通过和淘宝优优网、浙江省农商银行的丰收购等各大网络平台深度合作，

森马瓯柑园亲子互动（来源于网络）

积极实施互联网线上销售模式。

二是创新线下销售模式。随着科技水平的不断提高、国家政策的扶持，随线下研制开发销售新模式——智能售卖机销售模式，成为行业领先。在万客丰瓯柑文化园开展体验式营销，满足不同消费需求，扩大消费群体。开展“亲子果园体验活动”，消费者可以通过在果园内亲自种植瓯柑树、浇水、松土、修剪杂枝等活动更多地了解瓯柑的培育过程及生产流程。让消费者体验种植过程中，建立对果园中瓯柑果品质量的信任，以此挖掘潜在消费者，促进瓯柑鲜果销售。在瓯柑采摘阶段，开展“观光自主采摘游”活动，消费者可以在果园内进行自助采摘。良好的线下体验营销活动，不仅使消费者尽情享受回归自然的无穷乐趣，还激发了消费者的购买欲望，提高温州市瓯柑的知名度和销量，拓宽增收渠道。

三是开展综合营销活动。连续多年成功策划举办瓯柑产业发展研讨会、瓯柑文化旅游节、瓯柑时尚“丰”会等大型活动，传承瓯柑深厚的历史文化，为瓯柑在东瓯大地更加繁荣注入活力，同时推进瓯柑产业发展，宣扬温州人“同甘共苦”的人文精神，赋予温州吉祥之城的人文内涵。并聘请著名女高音歌唱家、中俄青年形象大使、加拿大国际声乐大赛双金奖获得者潘小芬为“温州瓯柑形象大使”，在瓯柑基地拍摄形象宣传片为瓯柑产业代言。受邀参加东盟博览会，深受中外客户青睐，提升了瓯柑产业的关注度。森马农业因在研发瓯柑产业具有代表性与影响力，而作为中国唯一企业受邀参加第十三届国际柑橘学大会，倍受关注和认可，获得了农业部、省农业厅的高度评价；并聘任温州人、美国佛罗里达州农业部首席植物病理家、柑橘外来病虫害顾问孙小桉博士，为“万客丰”首席顾问，并商定在森马瓯柑基地设立佛罗里达州农业部黄龙病虫防控工作站，进行瓯柑病虫防治研究。

3. 不忘扶贫公益，提升社会价值

一是实施“造血”扶贫。2007 年开始，森马农业就与泽雅镇龙头村签订了“村企结对”帮扶协议，多年来累计投入 1 200 余万元帮扶资金，而瓯柑文化主题园作为载体来共同帮到这个村脱贫致富。瓯柑基地不仅盘活了当地的荒山土地资源，更唤醒了帮扶对象长期荒置的土地，让其收租获利，并提供就近务工的岗位，解决 300 余农户的就业问题，村民们端起了“铁饭碗”。此外还免费教授瓯柑果树种植、管理技术，让扶贫对象多重获利，长远受惠。

二是开展绿色扶贫。通过开展“现代生态循环农业”技术措施，对瓯柑树修剪下来的枝条进行粉碎处理，村民废弃的猪、牛等排泄物予以收购，加上生草栽培的绿肥及田间杂草一起堆肥发酵，制成生态有机肥，形成生态循环绿色链条，既增加农民收入，又实现生态循环。

森马瓯柑扶贫基地（来源于网络）

三是落实公益项目。森马农业出资数百万元的硬件投入改变了村容村貌，支持修路、建亭、家家户户通自来水、建设村民健身休闲园等基础设施建设；为全村帮扶对象办理农村合作医疗保险、财产保险；提供福利性岗位，同时培育了一批有一技之长的新型农民。

四、发展模式剖析

万客丰瓯柑扶贫基地位于泽雅镇龙头村，于2007年创建，是森马集团在企业自身做强做大的同时，响应当时市委、市政府提出“百企结百村”的号召，为回报社会而斥资建设的慈善扶贫项目，“万客丰”围绕瓯柑产业重挖掘、深研究，运用工业运作模式及品牌运作理念，开辟出一条时尚产品与传统农业相结合的特色农业创新经营之路。为打造“造血型”长效扶贫和农业开发创新模式的典范，还专门组建成立了浙江森马生态农业发展有限公司。

森马农业立足万客丰瓯柑基地，以瓯柑文化主题园为载体，挖掘、提炼，并大力弘扬瓯柑千年历史文化，不断研发瓯柑深加工产品，通过文化引领，品牌先行，模式创新、产品做精，通过流通与专卖相结合的销售模式，全力打造瓯柑行业领军企业、领袖品牌，建设一个强大的瓯柑产业王国。通过瓯柑文化博览、产业信息交流、特色生态农业观光的“三位一体”产业模式，森马农业“万客丰”让具有2 000多年历史的传统瓯柑，重新焕发迷人光彩。

“授之以鱼，不如授之以渔”，正如森马农业注册的品牌“万客丰”所蕴含的美好祝愿——“万客丰、丰万家”一样，“万客丰”瓯柑基地、瓯柑文化主题园的落成，为原本贫困的泽雅镇龙头村村民带来一条致富之路，200 亩的种植基地惠及了龙头村 200 多户农户。

从默默无闻的贫困村到如今远近闻名的瓯柑村，从人均年收入不足 3 000 元到如今全村实现脱贫，森马农业通过打造“造血型”扶贫基地，让泽雅镇龙头村村民走上可持续的致富路。泽雅镇龙头村处于泽雅风景区内，四周风景秀丽，户籍人口约 1 100 人，然而留在村里的只有 200 多人。用村民的话说，有点门路的人都选择下山谋生，往城市搬迁了，留居的村民除了种田没有任何出路。森马农业斥资 1 000 多万元，在龙头村建设“万客丰瓯柑扶贫基地”。村里 200 亩的山坡地，成为了森马农业的瓯柑种植基地。荒山变成了柑园，农户们也端上了“铁饭碗”，租期 20 年的山地每亩每年租金 450 元。

每到瓯柑收获期，龙头村 100 多名参与采摘工作的村民每天可以拿到 70 元的工钱。不仅如此，一些村民还被雇佣为瓯柑基地管理员，进行日常的管理、施肥、剪枝等工作，工资按工作量浮动，按月发放。在瓯柑园里当技术助理，每个月保底工资 2 200 元，干得好还有年终奖，年收入在 3 万元以上，生活越来越好了。据悉，除了经营瓯柑，森马农业还出资为龙头村修建了石板路、老年人活动中心，并以资金补助形式，帮助该村修整村容村貌、铺设自来水管道等。森马农业这种“造血”式扶贫，让龙头村旧貌换新颜，村民幸福指数逐年增加。

扶贫帮困单靠物质投入是远远不够的，而且也解决不了根本问题。森马农业打造“造血型”扶贫基地，开创精准扶贫新路，从建基地开始，森马农业便邀请专家定期免费为村民讲解瓯柑病虫害防治及栽培、管理技术，手把手指导生产实践，培养有一技之长的技能型农民。

通过基地建设，不仅盘活土地资源让农民流转土地拿租金，就近安排部分困难农民在基地工作。通过几年时间的长效帮扶实践，推动观光旅游，融入文化元素形成多元产业，其造血扶贫模式也得到了社会各界的关注与肯定，成为浙江省 10 个“造血型”扶贫示范基地之一。2016 年该“造血型”扶贫基地已累计投入帮扶资金 83 万元，惠及 96 户帮扶对象。

森马农业建立了一种新的模式，一种新的长效机制，来实现扶贫事业的可持续性。通过多种经营方式的升级和改革，加强村民技能技术培训，加大瓯柑、水果深加工产品开发力度，将造血扶贫的工作做足做精，为实现乡村振兴和造血扶贫做出更大的贡献。帮助解决广大贫困户“等、靠、要”的思想和就业无岗位、营销无渠道的问题，引领广大贫困户树立正确的人生观、价值观，依靠自己的辛勤劳动和汗水，来逐步提高和改善自己的生活水平。

五、该模式适用条件

森马农业通过瓯柑产业链延伸、瓯柑文化提升及造血型扶贫带动山区农民脱贫致富的模式的并非所有企业都能适用，需要具备一定的条件，具体如下：

第一，需要龙头企业的支撑引领。投资农业，风险高、市场培育期长、前期投入大，在贫困地区，龙头企业结合自身优势从资金、项目、人力资源等方面提供帮扶，可以达到企业增效、农民增收的双赢目的。为提高瓯柑产业的经济价值，森马农业斥资开发建设占地200亩的扶贫基地，并注册了“万客丰”品牌商标，全面建设瓯海西部瓯柑观光产业带。

第二，要求企业本身具备坚定的扶贫决心。农业企业打造“造血型”扶贫基地，取得的成效能够产生很好的引领示范效应，彰显出企业扶贫的巨大潜力。十年来，森马农业通过打造“造血型”扶贫基地，让泽雅镇龙头村贫困村民走上可持续的致富路。

第三，要求企业具有自身积累的产业资源。森马农业依托自身积累的产业资源，不仅为泽雅镇龙头村贫困地区带来资金，而且派驻管理人员、培训当地员工，因地制宜导入产业，将产业打造成带动当地脱贫致富的龙头，这不仅解决了当地就业创收问题，而且有利于上下游产业协同发展。有产业支撑，脱贫后不易返贫，是企业开展扶贫的优势所在。

执笔人：陈露
课题组：农村金融与财务研究室

借力“三位一体”带动蔬菜产业发展

——记温州万科农业开发有限公司

一、公司简介

温州万科农业开发有限公司（以下简称万科农业）成立于2013年，注册资金1 000万元，占地面积5 280米^2，是一家集生产、加工、配送、销售为一体的大型综合性农业科技产业链整合企业，公司旗下设有七大中心，主营健康时尚的净菜和无公害蔬菜。

为确保农产品质量安全，万科农业建立了一整套质量追踪、追查、追溯机制和制度，即农产品质量安全可追溯制度，建立健全农产品质量安全信用监督系统数据库和追溯系统建设，为农产品监管者、生产者、消费者搭建了一个共享信息平台，从源头抓起，全程质量监控。在确保质量的同时，万科农业引进一条德国农技生产线，实现农产品净菜加工流水线作业。

万科农业不断调整农业产业结构，大力发展效益农业，以本土绿色蔬菜为核心，依托5 162亩的大棚番茄基地、3 300亩的沿江蔬菜基地和1 300亩高山蔬菜基地，坚持“把健康带给千万家”的理念，为瑞安人民医院、瑞安市看守所、华峰集团、康奈集团、温州万象城、特适精品超市、瑞安南大超市等数十家企事业单位、超市提供精品蔬菜配送服务，农产品远销上海、杭州等地。

公司的发展得到了社会各界尤其是政府领导的大力关怀和鼎力支持，中央委员、全国供销总社党组书记王侠，浙江省委书记夏宝龙，浙江省委副书记王忠辉，浙江省副省长黄旭明等领导以及温州、瑞安等地地方领导先后莅临我公司考察、调研、指导。公司也先后荣获2015年度“瑞安市农业龙头企业”、2016年度“瑞安市农业龙头20强企业”、2016年度“温州市农业龙头企业”等荣誉。

万科农业外景
（万科农业摄）

领导参观万科农业展位（万科农业摄）

二、发展目标与历程

1. 发展目标

从畲乡大山里走出来的农家孩子、万科农业总经理雷大锋对农业情有独钟，自然而然进入农业领域。万科农业，是他和所有万科农业人的事业基石，也是新的起点。在他的规划中，万科农业将继续坚持“共享健康未来”的理念，以销售和品牌为导向，致力于农产品附加值的提升，创造高价值的农产品乃至农业奢侈品；致力于本土农业从“体力型农业”向“智慧型农业”“快乐型农业”“都市农业”的转变，让农业变得轻松快乐，创建一二三产业相融合的新型农业，把健康的农产品、健康的农业、健康的文化带给千万家。

领导参观万科农业（万科农业摄）

2. 发展历程

十二年前，作为一个刚刚走出校门的农校学生，万科农业总经理雷大锋做出了和其他人完全不一样的决定，毅然决然地投身农业，来到瑞安市农产品基地梅屿乡，做起了一个大学生都不愿意做的“泥腿子”。十二年后的今天，当初稚嫩青涩的他已经蜕变为成熟坚忍，深谙农业发展的“专线”人才。1991—1994 年黄则强在底三甲村组织村民进行联合种植、联合购置生产资料、联合组织产品销售的探索。

2001 年在瑞安供销社、农业局等部门扶持下，成立了梅屿蔬菜专业合作社。2005 年建成办公大楼和生产基地。2006 年成立农资供应部，探索开展“三位一体”新型合作体系建设。2007 年社员产品实行统一销售，供销社引导合作社进行规范化建设。2009 年成立合作社自然风险救助慰问金。2011 年组建瑞安市马屿镇汇民农村资金互助社。2012 年建成梅屿农产品原产地交易市场。2013 年，梅屿蔬菜专业合作社成立万科农业，坚持质量兴农、绿色兴农，加快构建现代农业产业体系、生产体系、经营体系，提高农业创新力、竞争力和全要素生产率，加快实现农业发展转变，专门负责合作社蔬菜直销和配送业务。如今，该合作社已拥有社员 762 名，涉及马屿、陶山、湖岭、仙降等 4 个镇（街），41 个行政村，基地辐射面积 7 000 余亩，带动农户 4 500 余户。

2017 年 6 月 22 日，全国“三位一体”现场大会在瑞安召开，而在这一场大会中，温州万科农业开发有限公司作为集“生产合作、供销合作、信用合作”于一体——“三位一体”的典型向全国推广，与会的 130 多位全国各地农业系统代表纷纷到万科农业现场参观考察，听取万科农业践行“三位一体”的经验报告。

三、具体做法与成效

1. 提升农业发展质量，培育乡村发展新动能

乡村振兴，产业兴旺是重点。万科及合作社一直致力于促进小农户和现代农业发展有机衔接。咬定“农业”不放松，立根原在“万科”中。万科在为基地生产（专业）合作服务的同时，积极引进新技术，采用机械换人，技术升级，不断深入基地美化工程，培育现代化农民，盘活供销网络，以“银农合作”加大对农户授信力度，过去十多年，梅屿在乡村振兴的正确道路上大踏步向前。2017 年万科农业销售额已达 2 500 万元，实现了农民丰产又丰收的目标。

2. 推进乡村绿色发展，打造人与自然和谐共生发展新格局

乡村振兴，生态宜居是关键。良好的生态环境是农村最大优势和宝贵财富。万科农业是一家集生产、加工、配送、销售为一体的大型综合性农业科技产业链整合企业，秉承“共享健康未来”理念，尊重自然、顺应自然、保护自然，主营健康时尚的净菜。

经过 4 年多的运营，万科农业建立起一整套质量追踪、追查、追溯机制的农产品质量安全可追溯制度，从源头抓起，全程质量监控，大力培养“绿印象”品牌，逐渐发展成为温州农业产业的佼佼者，为瑞安人民医院、华峰集团等数十家企事业单位、超市提供精品蔬菜配送服务，农产品远销全国各地。

2018 年被列为瑞安市定点参观点，企业发展带动周边发展并将绿色农业惠及大众。年初，万科农业向北上广城市市场企业取经，积极引进净叶菜初加工项目，计划建设成无菌 10 万级净化车间；项目总投入 125 万元，预计秋季投产，将会增加农业生态产品和服务供给，保障农产品安全，让更广大的市民吃得放心。

3. 提高农村民生保障水平，塑造美丽乡村新风貌

乡村振兴，生活富裕是根本。万科带领梅屿蔬菜专业合作社一直围绕农民群众最关心、最直接、最现实的利益问题，一件事情接着一件事情办。

万科一直关注农民增收的问题，在企业经营和农户引导上突出“市场”主导，注重在农产品初加工提升价值增收下功夫。今年 3 月 7 日“瑞安的优质蔬菜 24 小时内精准入市销售，端上香港人餐桌”见报，这是我们瑞安梅屿蔬菜专业合作社所属农业企业实现的一次“合作社＋企业＋超市＋市场”无缝对接。我们与广东润蕊贸易公司已达成战略协议，于 3 月开始至 5 月底，将有 900 吨优质蔬菜运输至香港，端上香港人的餐桌。目前“万科农业”的蔬菜已走进杭州、上海等十几个国内城市市场。万科及

万科农业农产品
（万科农业摄）

合作社通过“绿印象”的品牌附加值，提升本地蔬菜价值，部分蔬菜价格可提升一倍以上。同时，通过质量监控追溯生产，实行订单生产，并推出“二次返利”，社员农户收入增幅达 30% 以上。

另外万科坚持“共享健康未来”的理念，以销售和品牌为导向，战略规划打造 150 公里全冷链配送区域链，致力于农产品附加值的提升，创造高价值的农产品乃至农业奢侈品；致力于本土农业从“体力型农业”向“智慧型农业”“快乐型农业”“都市农业”的转变，让农业变得轻松快乐，创建一二三产业相融合的新型农业，把健康的农产品、健康的农业、健康的文化带给千万家。

4. 繁荣兴盛农村文化，焕发乡风文明新气象

乡村振兴，乡风文明是保障。万科带领梅屿蔬菜专业合作社，立足于基地社员乡村文化建设，培育文明乡风、良好家风、淳朴民风，不断提高乡村社会文明程度。

传承发展提升农村优秀传统文化。立足乡村文明，吸取城市文明及外来文化优秀成果，在保护传承的基础上，创造性转化、创新性发展，不断赋予时代内涵、丰富表现形式。切实保护好优秀农耕文化遗产，推动优秀农耕文化遗产合理适度利用。深入挖掘农耕文化蕴含的优秀思想观念、人文精神、道德规范，充分发挥其在凝聚人心、教化群众、淳化民风中的重要作用。划定乡村建设的历史文化保护线，保护好文物古迹、传统村落、民族村寨、传统建筑、农业遗迹、灌溉工程遗产。支持农村地区优秀

戏曲曲艺、少数民族文化、民间文化等传承发展。

5. 汇聚全社会力量，强化乡村振兴人才支撑

实施乡村振兴战略，必须破解人才瓶颈制约。习大大说过：创新驱动就是人才驱动。万科始终把人力资本开发和人才引进放在首要位置，畅通智力、技术、管理下乡通道，造就更多乡土人才，聚天下人才而用之。

一方面大力培育新型职业农民，雷大锋本人就是万科引进的农业职业经理人，此外不断有专业人才、专家以不同方式加盟或智力支持万科，支持农业发展。另一方面加强农村专业人才队伍建设，引进青年团队共同创业，乡村振兴，文化治理，教育先行。以乡村大环境为背景，以乡村书院为平台，以国学耕读文化为先导，以专业团队为师资，以少儿素质提升为宗旨。

万科及合作社以产业带动和吸引人才，注重农村教育事业，根据乡村自然特色，依托三农产业布局，服务乡村振兴，导入国学弘扬、人文促进、素质教育、公益活动为理念的农耕教育文化，以乡村书屋、农学教本、提升教育为抓手，以青少年读书、农学承扬、人文荟萃为渠道，以乡村讲习基地、文化展示中心、耕读生活馆为载体，以“课业辅导、国学提升和非遗文化”为主内容，以培养学习兴趣、训练学习方法、养成学习习惯为要务，德智体美劳，全面发展乡村农民尤其是青少年儿童的学习思维、人文素养和综合能力提升。

四、发展模式剖析

万科农业作为集“生产合作、供销合作、信用合作”于一体的“三位一体”典型向全国推广，该发展模式有其自身的特点和优势。

1. 生产合作——种地更轻松，一站式服务让农民少跑路

机械化作业，把农民从土地上解放出来，生产效率成倍提高，这是万科农业“三位一体”体系中生产合作的重要内容。雷大锋说“生产轻简化、栽培智能化、管理标准化、农产品安全化，这是我们蔬菜生产要达到的目标。”生产合作就是通过创新生产服务体系，解决一家一户解决不了的问题，使农业生产经营主体“小、散、弱”的格局得到扭转。

合作社是“三位一体”农村新型合作体系中的基础单位。瑞安专业合作社发展快，得益于推进“三位一体”过程中的制度设计。瑞安市将不同类型的专业合作社联合起来，组建农民合作经济组织联合会。

制度明确，各地“农合联”将执委会设在供销合作社，由供销合作社承担“农合联”的日常运营管理职责。联合社整合涉农企业、家庭农场、农民合作社等各类资源，建设了一大批农业综合服务中心、农业经营服务综合体，实行种植、加工、冷藏一体化经营。供销合作社充分发挥其服务潜力和优势，服务领域更广了，服务功能更强了，服务体系更全了。

在马屿“农合联”为农服务中心设有综合服务大厅、农产品销售平台、科技示范平台、农资购销平台、蔬菜科技示范园区和邮乐农品馆六大服务平台，农村产权服务、农资直供、信用贷款、科技支撑、动物疾疫防控、气象咨询等服务一应俱全。农民进入大厅，一次就能办成想办的事，不再需要东奔西跑。

农户抱团发展，合作更紧密，服务更到位，农民增收就有了可靠的保障。从2006—2016年，瑞安农业增加值从10.9亿元增加到22.3亿元，农村居民人均收入从9 439元增长到近2.6万元。

2. 供销合作——销路不再愁，二次返利让社员收入增三成

合作与联合是“三位一体”的实质所在。生产出来的农产品，如何抵达百姓餐桌，离不开流通环节。但长期以来，有了好收成却没有好的销路，成了很多专业大户、家庭农场等农业新型经营主体的心病。

这个心病如何除？成立农产品购销专业合作社是个好办法。瑞安积极发挥供销社在流通领域的传统优势，坚持以合作与联合为纽带，引导产业链、服务链、创新链各个环节融合互通，构建起多方协同的合作体系，实现了新老合作经济资源的有效对接。

“在专业合作社，农民安心种地就行，跑销售、跑市场的事交给供销社、互助社，这是最让农民省心的地方。”雷大锋说。

马屿镇农民谢丙锡吃上了“省心丸”，他2013年夏天加入梅屿蔬菜专业合作社，接受培训后种植优质番茄。“以前种的东西要么卖不上好价，要么找不到销路。现在不同了，我只管种，后面的事交给万科农业来干，挣得也比打工多。”他说。

谢丙锡所说的“万科农业”，是温州万科农业开发有限公司。作为梅屿蔬菜专业合作社的销售平台，万科农业主攻销售，主抓蔬菜品牌建设，定点配送到全国31个市场。现在，万科农业年销售额超1 200万元，配送毛利润达20%~30%。同时，公司通过质量监控追溯机制，实行订单生产，并推出“二次返利”，社员农户收入增幅达30%以上。马屿镇“农合联”积极对接瑞安农产、邮乐购等线上线下平台，去年销售农产品3100多万元。

为进一步帮助农产品打开销路，瑞安供销合作社加快农产品交易市场建设，推动农产品生产标准化、品牌化。在梅屿农产品原产地交易市场，记者看到，待售的胡萝

万科农业农产品
（万科农业摄）

卜、红椒、黄瓜、茄子上面都贴着印有“绿印象”字样的标签，还有二维码。

“‘绿印象’是精品蔬菜品牌，专供高端市场。”雷大锋说：“有了品牌，部分蔬菜价格可提高一倍以上，消费者扫扫二维码，就能获得农产品的生产基地、农事操作、检测方法等信息，这样的放心农产品，市场上最受欢迎。”

3. 信用合作——资金有保障，无需抵押就能贷款

“不需要任何抵押物和担保人，只要通过小额贷款保证保险，就申请到了 5 万元贷款。”近日，瑞安市兴民农村保险互助社与瑞安农商银行合作，为其互助社社员张朝光发放了第一笔保证保险贷款。农村保险互助社是推进信用合作的新探索。兴民农村保险互助社累计为近 800 亩大棚番茄投保冻害保险，每亩保费 108 元，最高赔付额为 1 200 元。信用合作解决了农民扩大再生产资金从哪里来的问题。现在通过信用合作，农户无需抵押就能申贷，生产资金有了保障。

推进“三位一体”发展信用合作，各地县级供销合作社联社是农民资金互助会的举办主体。瑞安市先后出台农村资金互助会监管细则、农信担保工作实施意见等 21 个文件，为信用合作保驾护航。截至今年 5 月，瑞安市农信担保公司累计提供农业信用贷款担保 2 737 户次，担保金额 7.28 亿元。同时，引导有条件的农民合作社组建资金互助会。融达农业专业合作社资金互助会按照“组织封闭、对象封锁、上限封顶”原则组建运营，目前入会会员 600 人，累计发放互助金 4 999.5 万元。

“最缺的还是人才，尤其是管理、营销人才。”雷大锋说。目前，“农合联”会员主

要是规模较大的农业经营主体、涉农企事业单位和农户，在具体执行过程中如何统筹兼顾“大农”与“小农”，充分发挥服务带动广大农民群众的作用，还需要深入探索。

五、该模式适用条件

万科农业公司“三位一体”模式并非所有企业都能适用，需要具备一定的条件。一是公司必须要与较多的农户和基地进行紧密合作，这是该模式发挥作用的前提基础条件。二是需要一定的资本注入。万科农业高质量的农产品追溯体系和农产品加工设备及厂房等都需要相当大的资金的投入，否则无法生产加工出高质量的农产品。三是需要公司领导者具备一定先进的经营管理理念，对农产品加工流通有自己独特的见解和看法，善于挖掘潜在的市场机会，做大做强做精市场。

执笔人：陈方丽

课题组：农村产业发展与流通经济研究室

推进健康养殖方式 打造高端安全猪肉规模养殖企业

——记展宏畜牧

一、公司简介

展宏畜牧有限公司（以下简称展宏畜牧）是行业内领先的知名企业，公司成立于 2001 年，注册资金 1258 万元，持股比例分别为林宪忠认缴 68.97%，林欢乐认缴 31.03%。公司办公地址位于中国民营经济发展的先发地区与改革开放的前沿阵地——温州，即浙江省温州市藤桥镇寺上西村。在公司发展壮大的十几年里，始终为客户提供好的产品和技术支持、健全的售后服务，公司主要从事畜牧养殖经营服务，一般经营项目有五金制品制造。展宏畜牧以让人们吃上安全肉为己任，致力于开展以生猪养殖全产业链为主导的战略布局。

展宏畜牧是现代化生猪养殖公司，采用先进设备和技术，在温州本地生猪供给市场占有率高达 80%，2009 年成为浙南地区最大的养殖场，一年生猪出栏最多 8 万余头。随后公司成立浙江味美思农牧有限公司，旗下包括展宏畜牧和温州味美思食品有限公司。

近几年由于生猪养殖造成鹿城区环境污染等问题，展宏畜牧逐渐迁移至温州市泰顺县，建议温州市规模最大、养殖条件最先进的生猪养殖基地，占地面积 300 亩，年出栏商品猪 80 000 头。为保障公司商品猪的质量安全，公司养殖场各生产环节严格按照 NY5029—2008《无公害食品猪肉》的要求组织安排生产，使公司出栏的商品猪皆达到无公害标准要求。

基地是国家商务部、中食集团生猪活体储备基地场，国家级无公害农产品基地，国家星火基地场，浙江省绿色农产品基地，浙江省科技示范场。公司 2004 年被评定为温州市农业龙头企业，2012 年被授予浙江省级骨干农业龙头企业，是温州市十佳农业龙头企业。展宏畜牧本着“客户第一，诚信至上”的原则，不断创新经营模式，推进

生猪养殖基地（展宏畜牧有限公司提供）

新兴特色农业、升级优化组织形式，科技兴农、坚持富民工程发展战略，致力于将绿色、健康、安全的食品送上餐桌，以实力和质量获得业界的高度认可。

二、发展目标与历程

1. 发展目标

猪肉是我国居民最主要的副食品，猪肉产量长期占全部肉类产量比重的 60% 以上，近 10 年来我国猪肉产量稳居全球第一。展宏畜牧是温州规模最大的生猪养殖基地，每年温州本地的生猪基本上都来源于此，公司秉承“先做强，再做大”的战略方针，整合温州市生猪企业资源，使得农产品溯源可追溯。通过建设高标准的新型现代化、智能化、生态化养猪基地，在深化品种优化的同时带动规模增长，实现生猪养殖业高度标准化和可持续性发展，不断扩大品牌知名度和影响力，力求达到“养殖—屠宰—加工”一体化，形成一条完整的产业链，助推产业经济的发展。

2. 发展历程

作为世界上最大的生猪生产和猪肉消费大国，我国地域辽阔，各地资源环境、民族风俗、历史发展以及现有经济条件等存在显著的差异，生猪养殖业地区发展极不平衡。温州本地生猪自给率较低，2/3 均来源于外地（北方等），远远不能够满足温州市人民对猪肉的需求。20 年前，展宏畜牧董事长林宪忠本着温州人“吃苦耐劳、踏实肯干”的精神成立了南方畜牧场，这也是展宏畜牧有限公司的前身。南方畜牧场在成立之初完全没有任何银行贷款的补助，由林宪忠和林欢乐全额出资建立。当时国家产业将重点向第一产业倾斜，生猪养殖享有国家的优惠政策，展宏畜牧牢牢地把握住了这个机会，成为了今天最具规模和影响力的温州生猪养殖基地和国家级生猪活体储备库。

1997 年成立南方畜牧场后，经过几年的发展和壮大，在 2001 年被评为浙江省科技示范场。2002 年南方畜牧场正式更名为展宏畜牧有限公司。2003 年被定为国家星火计划基地。2005 年展宏畜牧有限公司兼并温州地区唯一的浙江二级猪场——浙南种猪场，成为最大的生猪养殖基地。2006 年被评为“浙江省十佳畜牧专业合作社”。2007 年被评为“温州市农民示范性专业合作社”。2009 年被评为“浙江省农民示范性专业合作社”。2010 年，为了公司规模和产业的扩大发展，出资 1.2 亿成立浙江味美思农牧业有限公司，至此展宏畜牧有限公司归属于旗下，旗下还设有温州味美思食品有限公司，使公司同时拥有养殖和加工两种经营服务。2013 年被授予浙江省级骨干农业龙头企业。2014 年评为第六届中国（温州）特色农业博览会金奖。

2014 年以来，国家相继出台了《畜禽规模养殖污染防治条例》《畜禽养殖禁养区划定技术指南》《水污染防治行动计划》等一系列旨在加强环境保护力度的法律法规和政策，对畜禽养殖业提出了更为严苛的环保要求，明确规定了畜禽的禁养区范围、畜禽排泄物的处理标准，要求在全国范围内依法关闭或搬迁禁养区内的畜禽养殖场（小区）和养殖专业户，畜牧养殖行业整体进入了环保高压期。由于展宏畜牧有限公司靠近温州城中村，离温州市区近，人口密度较大，防疫环境差，生猪养殖对温州生态环境造成了恶劣的影响，随后逐渐迁移至温州市泰顺县。

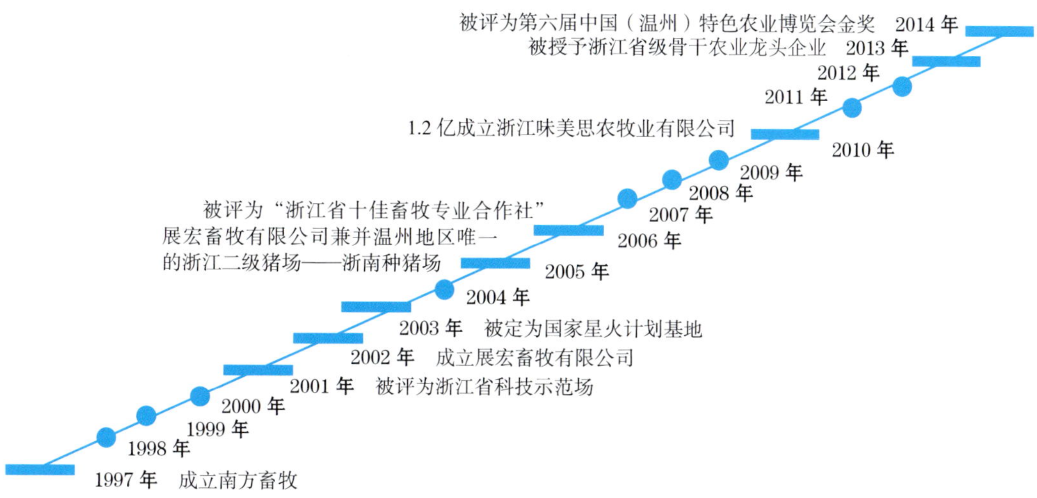

展宏畜牧有限公司发展历程

三、具体做法与成效

1. 践行生猪养殖环保，共建和谐生态

长期以来，我国的环保侧重于工业和城市，形成了比较完整的制度和监管体系，而对分布在广大农村的生猪养殖业所造成的环境污染重视不足。环境保护是生猪养殖行业的巨大挑战，在水源、土壤、空气和病原微生物等方面均有影响。生猪产业的发展壮大，必然产生大量的有机碳、磷、氮和重金属的废弃污染物，其排放对产业的良性生态圈带来具大的压力。

展宏畜牧坚持人与自然和谐共生，深刻认识到养殖废弃物处理的重要性。牢固树立和践行绿水青山就是金山银山的理念，落实节约优先、保护优先、自然恢复为主的方针，加强农业面源污染防治，开展农业绿色发展行动，实现投入品减量化、生产清洁化、废弃物资源化、产业模式生态化。推进有机肥替代化肥、畜禽粪污处理、农作物秸秆综合利用等。同时公司养殖组织还与科研机构进行多方面的技术研发和推广合作，改进与创新有利于保障生猪质量安全的各项技术，丰富原有技术体系，形成生猪健康养殖业发展的创新性技术保障服务体系，达到生态和谐。

2. 切合国家优惠政策，把握发展机遇

自 2007 年中央一号文件指出“积极推进健康养殖方式”以来，生猪健康养殖越来越受到政府、企业及消费者的关注和重视，大力发展健康养殖是保持我国生猪养殖业持续、稳定发展，提高食品安全和生态环境保护水平，保障消费者健康的方向和必然选择。同年国家实行了生猪补贴政策，中央安排 25 亿元支持 10 791 个生猪标准化养殖小区建设；下拨 15 亿元，对全国 253 个生猪调出大县进行奖励，实行专款专用，用于防疫、扶持规模化养殖户畜禽舍改造、良种引进、粪污处理和养殖大户生猪流通和加工等方面的贷款贴息。展宏畜牧牢牢把握了国家发展的机遇，切合国家优惠政策，通过对企业的引导和壮大，做大做强做精企业。

3. 建立优秀养殖团队，联合外援企业

对于生猪养殖企业来说，除了养殖业的环境污染等自然资源问题，还涉及饲料供给能力，防疫控制能力，养殖技术支撑等方面，需要各方人力物力的支持。

首先，饲料对于生猪养殖具有不可或缺的重要作用，充足的饲料供给是生猪养殖业健康发展的保证，而饲料价格本身也随着生猪价格波动，缺乏独立性。饲料对于养殖业的输出十分庞大，受规模和资本等影响，养殖业还不能自给自足，因此要想使得

养殖产业可持续发展，势必需要和饲料企业建立长期有效的联系。其次，随着生猪产业的发展，当前生猪疫病风险不断加大，生猪疫病传播不断加快，疫病疫情发生频率不断加快，疫病致死率不断上升，因此疫苗防控显得尤为重要。养殖户作为生猪生产的直接参与者，在生猪疫病防控中起着基础性作用，其疫病防控效果直接关系到国家生猪疫病防控机制运行效果，但由于养殖户在疫病防控资金、技术水平上都有所欠缺，因此展宏畜牧联合疫病防控专业组织加强对生猪的健康管理。最后，该公司在生猪养殖技术方面联合温州市农科院老师进行多方面的技术研发和创新。

综上所述，展宏畜牧联合多方专业组织，秉承“优势互补、合作共赢”的合作理念，将生猪养殖的标准化推进为精细化，主要体现精细化的人员管理、精细化的饲养管理、精细化的猪场规划建设、精细化的疫病防控，在品种改良、饲料营养、母猪繁殖等环节的精细管控，在清洁消毒、疫苗接种、药物保健等疫病防控环节的精细把握，并且非常重视专业人才的培养，从而保障生猪养殖业可以健康有序地发展下去。

4. 注重农贸食品安全，促进品牌建立

根据国家要求，实施食品安全战略，完善农产品质量和食品安全标准体系，加强农业投入品和农产品质量安全追溯体系建设，健全农产品质量和食品安全监管体制，重点提高基层监管能力，使得食品安全倒逼农产品质量安全。

展宏畜牧极为重视农产品安全方面。根据公司战略定位，展宏畜牧有限公司是为了打造高端猪肉品牌的规模化养殖企业，对于规模养殖企业来说，食品安全的违法成本极高，一旦出现食品安全事故，对企业是毁灭性的打击，因此展宏畜牧有限公司将食品安全放在极为重要的地位，从源头上杜绝食品安全事件的发生，每一头出栏的商品猪都将受到极为严格的检查，在市场上力求农产品溯源都将可被追溯。同时，规模化的养殖企业具备更高的养殖和育种水平，可以根据市场需求，培育出肉质和口感更好的肉猪，以迎合消费者需要，展宏畜牧以此来建立自己的品牌。

5. 拓宽企业产业链，整合行业资源

对于生猪养殖行业的整合来说分为横向同行业整合和纵向上下游整合，以此来扩大企业规模和产业链。展宏畜牧在 2005 年兼并温州地区唯一的浙江二级猪场——浙南种猪场，成为最大的生猪养殖基地。但对于展宏畜牧来说，其产业链还比较单一。近些年，展宏畜牧董事长成立了浙江味美思农牧业有限公司，旗下包括展宏畜牧有限公司和温州味美思食品有限公司，正式进军加工行业，使公司同时拥有养殖和加工两个环节。大型的猪肉及肉制品加工企业是整个产业链上最强的环节。加工企业联系最紧密的是消费市场，因此会最先感受到消费趋势的点滴变化，并将这种变化依次传递至

展宏畜牧交流座谈会（叶诗晴摄）

原料供应与生产环节，并进而影响更上游的农资生产。另外品牌、渠道、技术不仅保证了企业稳定的盈利能力，也设置了行业壁垒，挡住新的竞争者，使现有的企业越做越强。由此可见，随着加工企业自身的规模扩大，拓宽食品加工行业这一战略，对生猪养殖的贡献也会随之扩大。

目前展宏畜牧的生猪都是经过其他正规屠宰场销售后再自己进行加工，董事长林宪忠表示今后也将拓宽屠宰场行业，让宰杀到农产品的制作不超过 3 小时，使公司达到“养殖—屠宰—加工”一体化，拥有一条完整的产业链。

四、发展模式剖析

目前我国生猪养殖正处于加速转型期，规模化养殖模式快速发展。展宏畜牧位于温州市藤桥镇，其董事长林宪忠本着温州人“吃苦耐劳、踏实肯干”的温州精神，于 1997 年建立了南方畜牧场，随后更名为展宏畜牧。通过林总自身的温商精神和对畜牧业的研究，展宏畜牧有限公司依靠自有资金和国家优惠政策建立，至今已发展二十余年。

随着生猪养殖产业化进程的加快，养殖模式逐步走向多样化，从传统养殖、过度养殖、现代养殖逐渐向生态养殖、健康养殖转变。展宏畜牧紧跟国家政策，响应国家号召，当前在生猪养殖方面推行的养殖模式是一种健康养殖模式。健康养殖是一种具有较高经济、社会和生态综合效益的一种养殖模式，养殖目的是保护生猪健康、生态环境、人类健康和生产安全的生猪产品，在保证经济效益的前提下实现生态效益、社会效益与经济效益的和谐统一。同时展宏畜牧建立健全疫病防控体系，积极研发和创新养殖技术，保证生猪产品质量安全。

展宏畜牧深知一家企业势单力薄，受企业规模和资本的限制，不可能在方方面面都照顾周全，因此联合专业的疫病防控组织对生猪养殖进行疫病防控，严把检验检疫关，实施周密有效的免疫接种和消毒计划，关注生猪营养和福利，同时与农科院老师建立科研团队，对养殖技术推广和应用进行深入的研究和创新，依托最新的科学技术，壮大生猪养殖的发展。目前，展宏畜牧除了生猪养殖业，还增加了食品加工，随后将增加屠宰行业，慢慢形成一条完整的产业链，整合行业资源，优化资源配置。完整的产业链有助于企业成本的控制，稳定企业市场资源，打造企业的自有品牌，有利于区域产业的发展，带动周边农民增收共同致富，实现乡村振兴战略。

五、该模式适用条件

展宏畜牧通过产业的精细化发展，形成现在的发展模式并非所有企业都能适用，需要具备一定的条件。一是公司领导者必须具备吃苦耐劳的精神，特别是在公司发展前期，同时还需具备一定的经营管理理念，有前瞻性的战略眼光，对农产品有独特的见解，能够抓住机遇；二是要与相关的科研团队等联系紧密，科技是产业发展的有力支撑，科研团队应当对产业和产品有一定的研究基础，能够相互沟通相互促进，填补技术人员的空缺；三是需要有一定的资本基础，不管是厂房的投入还是人员的建立，都需要有雄厚的资金支持。

执笔人：叶诗晴

课题组：农村金融与财务研究室

小小合作社“合”出新天地

——记瑞安市梅屿蔬菜专业合作社

农民专业合作社作为现代农业经营的主体，是将农户小规模生产和农业规模化经营相结合，帮助农民增加收入、推进现代农业发展的有效载体，既能够保证农业家庭经营的效率，又能克服小规模家庭经营的局限性。2017年的中央一号文件中，将蔬菜质量安全、农产品品牌化、农产品生产技术作为重点强调部分。为了温州市蔬菜专业合作社能够按照标准化、规范化的发展模式进行发展，避免无组织、分散经营的蔬菜专业合作社阻碍温州市蔬菜产业的发展进程，本文以瑞安市梅屿蔬菜专业合作社为例，通过实地参观专业合作社，对其发展现状进行简要概括，然后对其发展模式进行详细分析，探讨温州市蔬菜专业合作社建立适合自身发展规律的发展形式，提高温州市蔬菜专业合作社的整体化发展水平。

↑ 梅屿常年蔬菜基地（葛冰摄）

一、瑞安市梅屿蔬菜专业合作社简介

1. 合作社介绍

瑞安市梅屿蔬菜专业合作社成立于2001年4月，注册资金30万元，现有社员709名，涉及马屿、陶山、湖岭、仙降4个镇街，41个行政村，基地辐射面积7 000余亩，带动农户4 500余户，设有农资供应部、创办万科农业开发有限公司、建设梅屿原产地农产品交易市场、牵头组建汇民农村资金互助社、创办兴民农村保险互助社，使梅屿蔬菜专业合作社实现“生产合作、供销合作、信用合作”于一体的农业合作发展模式。合作社于2003年被评为“瑞安市示范性农民专业合作社”，2006年被评为“温州市示范性农民专业合作社”，同年被评为“浙江省示范性农民专业合作社”，2008年被评为“浙江省优秀示范性农民专业合作社”，2016年被评为“全国专业合作社示范社”。

2. 主打产品

合作社现在销售网络遍及温州、杭州、上海、常州、武汉等长三角及湖北地区。建立底三甲、潘垟、屿头、九甲4个大棚蔬菜示范基地。主要种植番茄、黄瓜、草莓等系列农产品，严格按照无公害、绿色标准化生产技术规程进行生产，“强绿”牌番茄2003年通过“国家无公害农产品认证”，2010年通过“国家绿色食品认证”，2007年被评为“温州市知名商品”，2008年被评为“浙江省名品正牌农产品”，2011年被评为“浙江名牌农产品”。“强绿”商标2007年被评为“瑞安市名牌商标”，2009年被评为“温州市知名商标”，2011年被评为“浙江省著名商标”。合作社坚持以“大棚番茄”产业为主，适度多元的产业发展战略，提高了生产经营水平，保障了农产品质量安全及产品市场竞争力，增强了合作社的凝聚力和向心力。

合作社的精品蔬菜（合作社摄）

合作社的番茄（合作社摄）

农合联服务窗口（合作社摄）

农合联服务窗口（合作社摄）

3. 经营情况

合作社以梅屿以及周围乡镇的蔬菜种植户、购销户为主体，内联农户：建基地、帮技术、传信息、定标准、抓质量；外联市场：创品牌、拓销路、树形象。通过质量监控追溯机制，实行订单生产，并推出“二次返利”，社员农户收入增幅达 30% 以上。马屿镇“农合联”积极对接瑞安农产、邮乐购等线上线下平台，2007 年销售农产品达 3 100 多万元。

4. 合作社管理

内部管理上，实行理事会、监事会管理机制，设理事 7 人、监事 5 人。积极引进大中专院校人才共谋合作社发展，现合作社有大中专院校人才 4 名。实行统一技术规程、统一农资供应、统一产品质量标准、统一使用商标、统一包装销售的“五统一”运作方式。

二、具体做法与成效

合作社采用“合作社 + 农户 + 基地”的发展模式，为社员提供产前农资供应、产中技术 Agronet、产后统一销售服务。

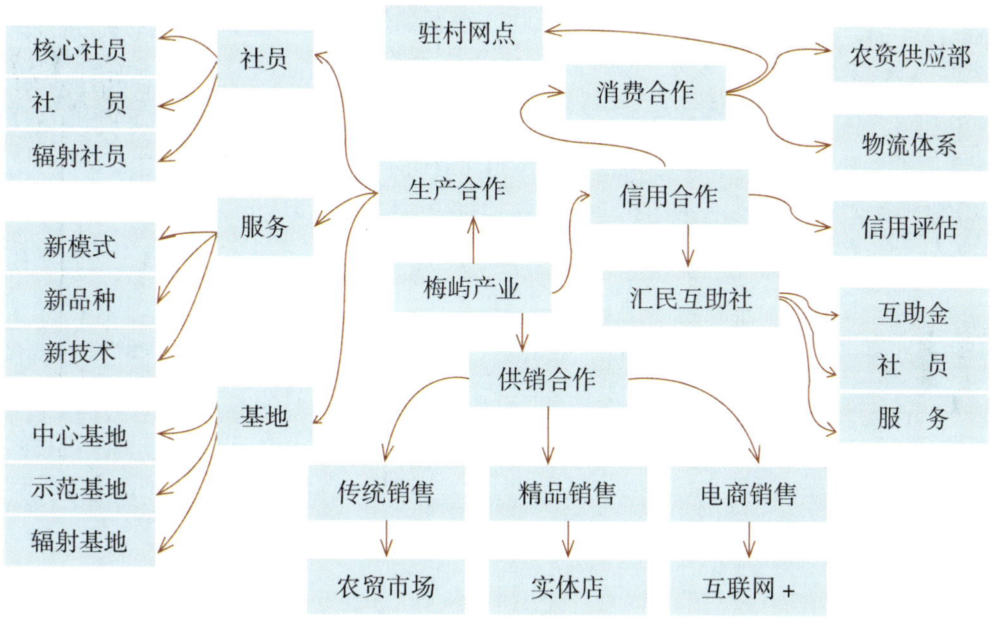

合作社的发展模式

1. 生产合作

统一联合育苗，提高种苗成活概率。建立工厂化育苗中心，使种子发芽率提高 10%，成苗率提高 15%。每株育苗成本降低 0.2 元，每亩可降低生产成本 400 元。

统一使用新品种，保证农作物高效产出。同大专院校、科研单位合作引进示范新品种，试种后进行推广。如引进以色列 FA-189. 先正达倍盈等番茄新品种，平均亩产量 5 800 千克，比以前的合作 -903 品种平均亩产量高 1 800 千克。

统一技术培训，提高农民专业水平。与市科技局、温州市农科院蔬菜所共同搭建科技服务平台——瑞安市梅屿农业科技服务中心，农科院专家到基地现场指导服务 23 次，2016 年举办各类培训班 34 次，培训社员 2 840 人次。

统一产品检测，保证农产品质量安全。投资建设农药残留检测站，配备专职速测人员对农产品进行定期检测，检测结果及时向社员公布，保证安全农产品进入市场。

2. 供销合作

资源优势整合，拓展销售新模式。梅屿蔬菜合作社成立时间较早，社员多且分散，大多是年龄偏大的生产第一线农民，导致多次组建合作社销售队伍的效果都不是很理想。2012年由瑞安市供销联社牵头，马屿供销社参股，联合梅屿蔬菜专业合作社核心社员组建“瑞安市友联果蔬专业合作社”，利用供销社的优势，帮助社员开展销售渠道的建设。已形成“合作社＋农户＋基地”和“农企对接”“农市对接”“农超对接”等销售渠道。“农企对接”，合作社与华峰集团、瑞安烟草公司等单位食堂建立了蔬菜配送业务；“农市对接”，2013年3月与大南“天鲜配”公司合作，供应蔬菜给温州市民，在瑞安10多个社区设立销售点；“农超对接”，2012年11月份开始与温州人本超市建立了果蔬直供业务。2016年全年实现销售额近1 100万元。

品牌精准定位，提升市场知名度。万科农业开发有限公司依托梅屿蔬菜专业合作社成立于2013年，总投资1 000万，占地面积5 280米^2，是经温州市工商行政管理局核准成立的企业。以本土绿色蔬菜为中心，集生产、加工、配送、销售为一体的大型综合性农业科技产业链，致力于打造“绿色、科技、安全、高效”农业，提升农产品附加值。全力打造精品蔬菜品牌“绿印象”，先后与万象城、特适精品超市等高端市场展开合作，向市场推出精品蔬菜200余种。同时大力发展本地蔬菜外销业务，与华润Ole’精品超市、特适精品超市等合作推动精品高端蔬菜、色拉蔬菜业务，借助公司品牌附加值提升本地蔬菜价值，尤其是精品蔬菜，将蔬菜价值提升了4.5倍。2016年全年实现配送业务1 500余万元，本地蔬菜外销业务1 000余万元。

农资统一采购，降低生产总成本。2006年1月合作社建立农资供应部统一采购与供应农资，按社员惠顾额进行“二次返利”，降低了社员购买生产资料的成本，同时也排除了社员买到假农药的风险。

3. 信用合作

组建汇民农村资金互助社，缓解“资金困局”。农业生产资金要素投入的不适导致农业发展面临瓶颈，为解决社员规模农业、设施农业等对资金的要求，2011年1月20日，瑞安市梅屿蔬菜专业合作社联合其他2家合作社组建瑞安市马屿镇汇民农村资金互助社，在合作社社员内部开展资金互助。该社经浙江省银监局批准，实体封闭运作，为互助社社员提供存、贷款、结算及业务的互助性金融机构，拥有社员799名，注册资本金500万元，是全省规模最大的农村资金互助社。截至2017年3月末，该社资产总额3 154.86万元，贷款余额2 725.5万元，自2011年3月23日开业以来，贷款累放3.37亿元，农业贷款比例占85%。满足了社员农业生产资金需求，又较好支持了农业生产。

创办兴民农村保险互助社，打造“瑞安样本”。继温州唯一一家农村资金互助社试点后，探索创办全国首家财险农村保险互助社试点。2015年10月23日，由该合作社

汇民农村资金互助社（合作社摄）

在内的 22 家合作社、2 位自然人共同出资创办瑞安市兴民农村保险互助社正式营业。入社社员 3 552 名，采取合作制方式自愿筹资组建，注册资本 100 万元，运营资金 500 万元，业务范围包括农产品保险、农产品货运保险和农户小额贷款保证保险三大险种，在政策性农险、商业性农险之外提供新的保险产品与服务。该互助社报请的大棚番茄种植保险、农产品货物运输保险获得备案并开展业务，已陆续为 796.7 亩大棚番茄投保冻害保险，每亩保费 108 元，最高赔付额 1 200 元。

三、该模式推广可能性

1. 相同的成立背景

一方面在市场经济发展过程中，市场化水平越来越高，蔬菜种植已经随着市场化的加快改变了传统的单一生产，蔬菜产业化竞争越来越激烈，在传统的生产销售经营条件下，温州市菜农进行单一、分散型经营，导致组织化程度与规模化程度较低，菜户缺少对农产品市场信息的获取渠道，导致了菜户对蔬菜种植之前的农药、化肥等基本农资的购买信息把握不准，蔬菜生产质量水平低，传统的菜户在蔬菜产前、产中、产后均处于弱势地位；另一方面在市场化程度越来越高的情况下，政府对菜农生产经营中的宏观调控能力受到了限制，只能对其蔬菜种植和农村经济进行适当的调控，“政府相关部门协助”的方式已经不能满足菜户对生产资料供应、科技服务、信息服务、包装加工服务、品牌化服务等需求，因此需要转变服务体系建设，建立适合市场经济形势下的合作社。蔬菜专业合作社的成立保障了菜户的经济利益，满足了菜户的经济需求。梅屿蔬菜专业合作便是在这样的环境下成立，理事长作为基层组织工作者为了使菜农的合法利益不受侵害，增强菜农种植蔬菜的市场竞争力，合作社这一背景下运用自身的蔬菜市场信息资源吸引菜户加入合作社，梅屿蔬菜专业合作社作为村委委员领办的合作社，更加肩负起政府、菜户的中间桥梁工作，带领菜户成立合作社，进行组织化规模化发展，联系“政府、菜户、蔬菜产业”的中间载体成立并发展起来，与多数温州市蔬菜专业合作社成立目的是相同的。

2. 相同的经营范围

菜农需要蔬菜专业化服务体系提供有效帮助，蔬菜专业合作社在菜农的支持下应运而生，合作社在初级阶段都是为菜户提供技术性服务。对此温州市蔬菜专业合作社进行了农业双层经营体制的建设转变，既保障了菜农的相对独立性，也保障了其作为家庭经营的主体。梅屿蔬菜专业合作社便是在这一背景下建立了完善的服务经营业务，其基础性经营业务是提供蔬菜生产、销售、种子育苗，蔬菜专用肥，传播蔬菜种植技术，是合作社最初的发展原则，梅屿蔬菜专业合作社在转变的过程中，也对自身传统的生产经营模式进行了变革，蔬菜生产采用了基地化生产，向着规模化发展，蔬菜生产按照制定的标准进行统一生产，向着专业化、规范化标准经营，进行了商标注册、品牌认定，向着品牌化商标化发展，这样的模式降低了蔬菜生产环节中的成本，也提高菜农的生产积极性。

四、该模式推广适用条件

同为生产“果蔬类”的合作社因为生产品种相似，经营业务相同，在发展中产生的问题和需求与梅屿蔬菜专业合作社发展过程中遇到的情况相类似，梅屿蔬菜专业合作社的管理制度、质量监督体系、品牌建设，销售方式、技术创新等经验都可以在此类合作社中得到较好的借鉴与发挥。但是，由于合作社的领办主体不同，导致合作社的经营业务不同，吸收的核心社员也有差距，其发展模式是不适合进行泛滥推广的。梅屿蔬菜专业合作社发展模式更适用于规范化程度较高、参与社员有一定的规模的合作社。

执笔人：葛冰
课题组：农村产业发展与流通经济研究室

抱团发展番茄产业

——记苍南县恒丰蔬菜专业合作社

一、发展背景与发展历程

苍南恒丰蔬菜专业合作社创建于2003年，注册资本100万元，由蔬菜种植大户、水稻种植大户、营销大户、农业科技人员及农户组建而成，希望通过抱团发展，分享种植技术，解决销路问题。目前合作社主要为社员提供农资购买、产品销售、技术培训等服务。现有社员259户、农业专业技术人员52人，带动农户3 819户，成员与农户遍布马站镇、沿浦镇、霞关镇、岱岭乡各村居，种植各类蔬菜5 758多亩、种植水稻1 500亩。其中核心示范基地500亩，拥有国家级无公害农产品认证3个，省级无公害基地1个，省级无公害粮油基地1个、农资服务部1个、科普培训部1个、农产品收购车间3个、农产品包装车间3个、农产品溯源检测室1个。目前，番茄是合作社主要核心产品之一，合作社社员种植番茄面积2 000多亩，产量约占马站镇番茄产量的1/6, 占苍南县番茄总产量的1/20。

合作社仓库（由施成论提供）

合作社基地（由施成论提供）

合作社景点（由施成论提供）

合作社先后被评为苍南县优秀农民专业合作社、苍南县农村科普示范基地、温州市农村科普示范基地、温州市农业标准化生产优秀单位、温州市名牌农产品、温州市示范性农民专业合作社、浙江省示范性农民专业合作社、浙江省优秀农民专业合作社理事长、农业部农民专业合作社示范社、GAP 良好农业规范认证单位、温州市农村科普兴村示范单位。2014—2015 年中国合作经济年度成就奖评选活动中，入选年度“50 佳专业合作社”。2018 年入选国家级示范社。

二、主要做法与成效

1. 开展生产合作，示范推广新技术、新品种

合作社每年会为社员举办两期有关番茄种植、药肥检验、病虫害防治等方面的培训，手把手教农户实行标准化生产，提高农产品质量。合作社理事长施成论主动钻研番茄栽培技术，并通过合作社大棚向社员示范推广技术。由于传统育苗费时、费工，出苗率差，而新苗又难抵台风等自然灾害，施成论种植的番茄将在移动苗床上进行育苗，待半月左右，再将新苗从移动苗床上移植至大棚进行定植，确保番茄免于“夭折”。番茄大户们争相效仿这种投入少、运作简便、节约成本的育苗方法。合作社设立了农资店，通过农资店配备专业技术人员，为农户提供田间管理方面的技术指导。同时，

合作社承担农业部示范性项目（由施成论提供）

合作社还与温州市农科院专家们开展紧密合作，合作社核心基地作为专家们新品种的试验田，实验成功后再向合作社成员进行推广应用。通过合作社带动社员发展，有力地推进当地科技农业、效益农业、生态农业的发展，促进农业增效、农民增收，实现乡村振兴发展。

2. 创建品牌，拓宽产品销售渠道

合作社注册“国神丰”“辉之园”商标，合作社生产的品牌系列农产品不但销往新疆、成都、重庆、武汉、郑州、长沙、广州、上海、杭州、宁波、温州等大中城市蔬菜批发市场，而且逐步进入大型超市蔬菜销售专柜。2017 年合作社总产量达 6 975 多吨，销售收入达 2 125 万元，农户年均增加收入 19 800 元。同时，合作社生产的产品还贴有“二维码”，扫一扫将呈现质量检测、产品标识等产品信息，通过建立产品溯源信息系统，倒逼合作社重视质量、规范生产，保障了农产品质量安全。现在，合作社正致力于引进高附加值深加工的生产线，促进西红柿产业持续快速及升级发展。

3. 培养职业农民，带动增收致富

每年 10 月到第二年 4 月的时间是合作社番茄的种植和生产管理及采收期，因整个田间管理属于劳动力密集型，合作社在这期间需要长期雇佣 100 多位工人进行田间劳作，每位工人这期间能获得 1.2 万 ~1.3 万元的收入，有力地带动了当地年纪较大的农

合作社服务部和培训部
（由施成论提供）

民增收致富。据合作社理事长施成论反映，目前也已经有 10 多位工人在掌握技术后回去自己种番茄了。可见，合作社在培养更多的职业农民参与农业生产中，起到了很好的作用。现在，不仅施成论成为当地农民蔬菜种植的带头人，他的儿子施晓通从台州农校毕业后也子承父业，加入了农民致富带头人的行列。

4. 成立协会，实现抱团发展

苍南县的番茄产业逐步形成了以鲜食为主，反季节、周年供应的新格局。而在马站镇，番茄的交易在储存、营销、物流等相关环节，经营运作方式还较落后，传统、自然式农产品交易理念一直主导着市场，落后的经营方式导致番茄在产量提高的同时，实际经营收入却没能增加。2017 年 8 月份，施成论筹建苍南县蔬果专业技术协会并当选为会长。施成论将对种植户的培训、讲座、展览等形式作为大力发展蔬菜种植产业的重要手段来抓，制定了整套的蔬菜培训讲座计划，定期开展种植新技术、新成果、新设施的培训活动。同时他还增强带头、服务功能，分享番茄又好又快生长的“秘密”，打开农户增产增收新局面。

合作社承包地外景（周胜芳摄）

三、发展模式剖析——合作社带动发展模式

1. 合作社以技术推广作为重要联结纽带

恒丰蔬菜专业合作社的理事长自己非常擅长番茄种植，通过与技术专家建立紧密合作，能够帮助社员解决番茄种植过程中的难题。同时通过手把手教、开展培训等方式推广新产品、新技术，使得番茄种植在马站得到大面积推广，形成番茄产业。

2. 合作社重视品牌打造及市场销售渠道拓宽

合作社注册了“国神丰”“辉之园”两个商标，在进入市场时能够被消费者识别。同时开拓了温州及外地多个批发市场，并进入大型超市蔬菜销售专柜，通过多元化市场销售渠道解决农产品卖难问题。

3. 合作社重视产品质量，注重自身产品形象

合作社专门设立了农产品溯源检测室对农产品安全性进行检测，通过二维码让消费者进行生产信息溯源，提高合作社农产品安全性和消费者认可度。

4. 合作社内部核心社员紧密沟通合作

合作社 10 位核心社员开展分片管理，通过每人分管 50 亩，负责种植、采摘、病虫害防治、用药等。同时在番茄和水稻种植期间经常开会沟通，合理安排工人的用工时间。大家分工合作，各司其职。

四、该模式适用条件

1. 合作社理事长应善于学习，懂生产技术

恒丰蔬菜合作社理事长施成论通过自身刻苦钻研及请教省市农科院专家等形式掌握了番茄种植技术，成为合作社里的番茄种植能手，能够帮忙解决社员番茄种植过程中遇到的问题，在合作社内威望较高。

2. 合作社内部决策机制民主，核心社员配合度较高

通过核心社员紧密合作，提高合作社核心种植面积区域的高效管理，并打造品牌对接大市场，实现小农户的抱团发展。

执笔人：周胜芳
课题组：乡村振兴研究室

合作社再联合
抱团发展水稻产业
——记乐清市金穗水稻专业合作社联合社

一、发展背景与发展历程

乐清市金穗水稻专业合作社联合社成立于 2014 年 9 月，内设行政部、财务部、生产合作部、供销合作部、信用合作部、大米加工部、技术信息服务部等 7 部。2014 年 12 月，该社被评为温州市示范性“三位一体”合作组织，成为温州市首家“三位一体”水稻产业联合社。联合社共有 23 家农民合作社组成，涉及种粮大户 150 多家，注册资金 48 万元，流动资金 100 万元。

联合社所有成员社员都是种植水稻，成员单位社员涉及虹桥、柳市、北白象等 9

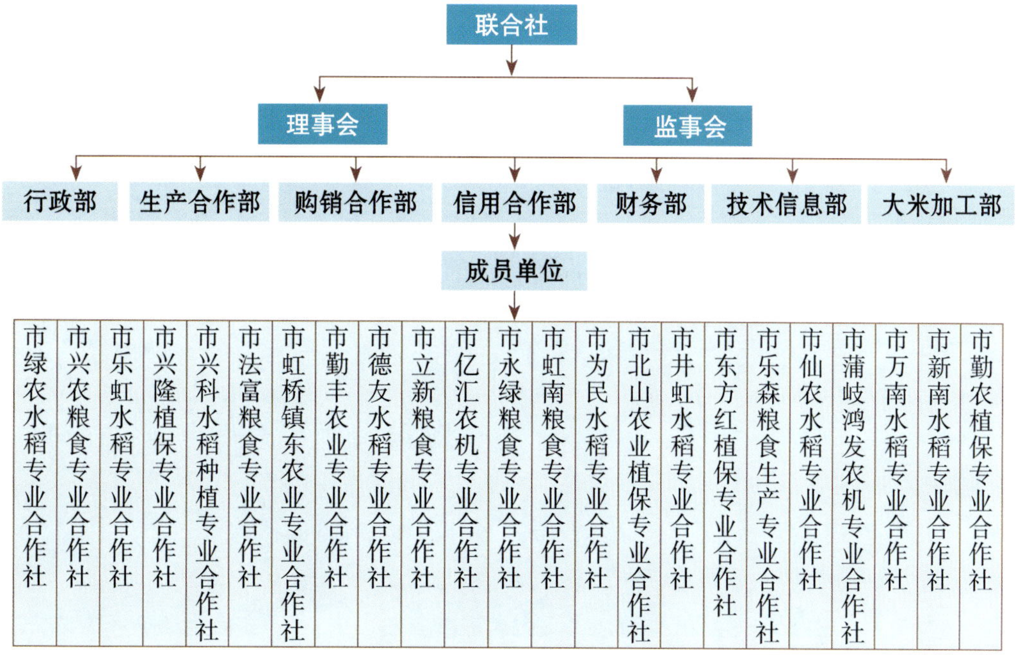

联合社组织架构（由联合社提供）

个镇（街道），成员单位23个合作社150多户，经营农田面积达3万多亩，核心社员33个，经营农田面积1.5万多亩。社员生产所需的种子、化肥、农药、农机具都由联合社统一购销，生产的稻谷除国家储备粮收购外，基本上由联合社组织销售或联合社收购加工成大米销向市场。2016年联合社经销额达1 250万元，经营利润达125万元。

二、主要做法与成效

1. 生产合作、利益共享，创出产业规模新效益

联合社成立后，通过对每个社员的生产技能、生产设备及环境区域综合分析评估，提出了优势互补式的生产合作方式，在社员自愿的基础上订立合作协议。如在早晚稻育秧方面，联合社在播种前召开专题社员会议，对早稻育秧关键环节的技术、基质施用标准及方法进行了统一，并由联合社统一提供育秧基质给有育秧条件的社员。对育秧条件不好的社员，以协议的形式委托育秧水平较好的绿农水稻专业合作社进行代育代插。合作使种粮合作社和家庭农场的育秧成本从每亩240元减至200元，2015—2016年早稻育秧合作面积10 000多亩，共节约育秧成本40多万元。近两年早稻育秧期间气候异常，烂秧死苗现象较多，凡联合社通过育秧生产合作的社员，没有出现烂秧死苗现象，且秧苗质量好。目前，联合社还在水稻病虫害统防统治、机耕、机插秧、收割、稻谷烘干等生产环节开展了合作。

联合社社员培训（由联合社提供）

联合社采购的机器设备（由联合社提供）

2. 购销合作、联成整体，形成合作规模新效益

联合社把社员所需的种子、化肥、农药、农膜、农机具等整合起来，通过电子商务招投标或直接与生产厂家、商家谈判议价等形式，统一采购农资、农机，并以低于市场价供给社员，使社员生产成本大大地降低，且质量更好更稳定。2015 年联合社按股份投资 200 万元，创办日产大米 50 吨的大米厂，注册“金越”牌大米商标，收购社员生产的稻谷，经加工再由社员或联合社直销到客户市场，实现二次增值。2015—2017 年，联合社常年采购化肥、种子、农药等农资 1 000 万元左右，插秧机、烘干机、秧盘等农产品 500 万元左右，一般“抱团式”采购比市场购买成本下降 20% 左右。2015 年联合社按照社员股份投资 200 万元，配置日产 50 吨稻米加工设备，注册联合社

荣誉证书
HONORARY CREDENTIAL
荣获2016温州市优质本地新米品评金奖
特发此证，以资奖励。
温州市委农办 温州市农业局
二〇一六年十月

联合社的大米及获奖证书（由联合社提供）

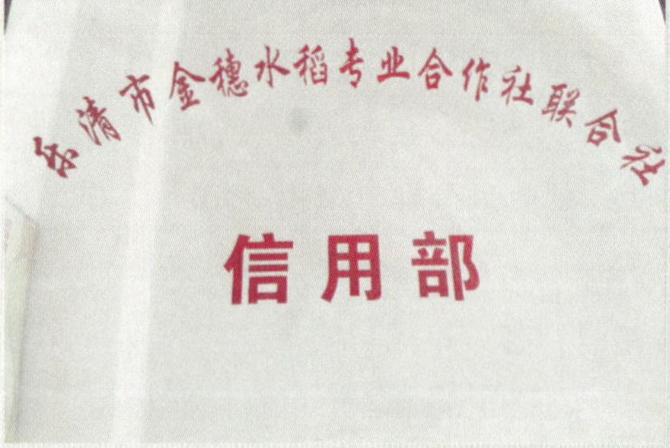

联合社信用部（周胜芳摄）

“金越”牌大米品牌商标，并通过食品加工质量安全生产许可证，根据市场需求，落实社员种植水稻品种及面积，按照无公害生产技术标准进行田间管理，收获的稻谷以略高于市场价由联合社收购，加工后的品牌大米由社员分销或联合社直销到餐饮单位，或由社会行业代理商进行销售。自产自销，品种纯、质量好，深受市民及餐饮食堂的青睐。2016 年联合社“金越”牌大米获温州市优质本地新米评选“金奖”，2017 年被浙江省农业厅推选为“2017 浙江好稻米”优质奖产品。2017 年联合社共收购社员稻谷 4 500 吨，经加工品牌大米后产值达 1 400 多万元，社员的稻谷增值达 120 万元，社员每亩稻谷可增收 100 元左右。

2016 年联合社统一采购经销化肥 2 300 吨，晚稻杂交水稻种子 2 万多千克，机插秧育秧秧盘 80 万张，组织统一采购插秧机 85 台、烘干机 15 台，直接降低了社员的生产成本的投入。共节约生产成本 150 多万元。2016 年总收入 1 250 万元，总利润 125 万元。其中农资经销收入 900 万元，大米加工总收入 350 万元。农资经销利润 60% 按社员经销额返回给社员 75 万元，按联合社注册投资额分红 6 万元，其余留联合社生产经营周转。至 2016 年底，联合社固定资产 230 万元，自有流动资金 300 万元。

3. 信用合作、调剂担保，挖出农民融资新效益

联合社是一个经营性服务单位，农资、农机的购销、稻谷收购都是以团购模式进行，需要资金的时效筹措。同时社员本身在生产过程中的农田转包租金、生产工人劳务工资等都需要资金的投入和周转。所以，联合社和社员在整个生产周期内资金捆绑式表现突出。在现场的融资环境条件下，如何解决成了一个难题。在有关部门的支持下，联合社与乐清市农商银行合作开展“信用担保、有效管控”的融资途径，有效地解决了这个难题，使银行、联合社、社员三者互惠互利，共同发展。具体做法：一是以社员在联合社出资的股金信用合作服务社员为界限，组成农信担保体。二是由联合社根据社员经营农田的面积、联合社股金投资的额度、社员家庭的经济环境、社会诚信度等要素进行评估，确定社员信用贷款的额度，额度最高不超过每亩 1 000 元。三是授信贷款社员在授信额度内必须交足 10% 的担保金。四是授信期为一年，一次授信，随借随还，利率按中国人民银行农业基准利率执行，贷款按实际发放金额和日期利息计息。五是授信额度超过 30 万元追加担保人，最高不超过 100 万。六是联合社和银行双轨控制信贷资金流向管理。2015—2018 年授信额度 1 500 万元，实际贷款 920 万元。信用合作解决融资难的好处：一是解决了社员生产资金所需贷款担保难；二是有利于社员在授信额度内灵活机动使用资金；三是利率低，同时可享受种粮大户的贴息，降低生产成本的投入；四是有利于种粮大户生产经营综合能力的提高和产业化水平的提升；五是有利于“三位一体”新型农业合作组织的培育；六是有利于金融部门更好地发挥为农服务途径的探索和业务上的创新。

为破解社员融资难融资贵问题，联合社成立了信用部，开展社员信用合作。一是内部资金余缺调剂服务。以社员出资的股金为限为社员提供借款服务。在联合社流转资金宽裕的情况下，社员因生产上急需资金，可向联合社申请应急生产周转资金，在股金范围内有息周转，超出股金的可由其他社员担保。这样既解决了社员资金短缺的困境，又使联合社的资金得到合理利用。2015—2016 年社员生产周转资金累计达 85 笔次 500 万元，社员按规定期内交还本息，周转月息按 1% 计算，共收利息 7 万多元，目前周转资金没有出现不良现象。

二是外部贷款信用担保服务。为使社员在生产经营中有一个方便合理的融资环境，联合社与乐清农商银行合作，由联合社社员自愿筹资 100 万元组成农信担保体，农商银行给予联合社社员保证金十倍以内的授信贷款额度。每个社员的具体授信额度由联合社根据社员的生产规模及信用状况给予审核确定，授信期为一年，一次授信，随借随还，利率按中国人民银行农业基准利率执行，贷款按实际发放金额和日期计息，授信额度超过 30 万元追加担保人，最高不超过 100 万元，实行“组织封闭、对象封锁、

上限封顶”原则。联合社收取1‰的管理费。2015年，联合社已与乐清农商银行签订了32家社员单位总授信额950万元的农信担保贷款合作协议，实际社员授信发放贷款690万元。2016—2017年授信1 500万元，实际社员授信发放贷款920万元。农信贷款有效地解决了社员生产资金需求，深受社员的欢迎。

三、发展模式剖析：三位一体合作发展模式

1. 以成熟产业为纽带，抱团形成一定规模，是“三位一体”合作成功的基础

水稻产业各个环节已比较成熟，对单个合作社或家庭农场、种粮大户等而言，既可以是“小而全”的经营主体，又可以进行分工合作，抱成更大的经营主体，发挥各自优势，实行利益共享。各个“小而全”的经营主体对自身的优势与劣势非常清晰，开展分工与合作时，很容易会达成一致意见。此外，合作后利益共享，让社员明明白白知道，参与合作节约的成本或赢得的经济利益，实现了联合社与社员的双赢。这是开展“三位一体”合作成功的基础。

2. 搭建利益链接平台，选好联社主要领导，是“三位一体”合作成功的关键

合作需要有平台，联合社按照浙江省联合社登记办法，由农民合作社自愿出资组建，订立章程，形成新的利益共同体，使合作有了类似于公司的运行主体。目前从事农业特别是水稻种植的农民年龄普遍偏大、学历较低，是较难进行合作经营重要原因之一。因此，联合社在选择社长、秘书长等主要领导时，特别要选择素质高、具有奉献精神、有较强的组织领导和掌控能力的人来担当。既能让社员充分信任，提高凝聚力，提高决策效力，又能化解个别农民的误解，顺利带领社员齐心协力朝一个方向前进。这是开展“三位一体”合作成功的关键。

3. 政策引导部门指导，完善联社运行机制，是“三位一体”合作成功的保障

农业既是一个传统产业，又是一个很值得研究创新的产业。农民由于其本身的局限性，很难站在整个产业的高度进行研究创新。因此，政府部门对农业经营模式的理论创新，需要与农民实际相结合，通过政策引导、部门指导、农民实践，不断完善创新农业经营模式，不断促进传统农业经营方式向现代农业经营方式转变。联合社逐步建立起较完善的规章制度，所有运作都要在制度的约束下操作，遇特殊情况，及时召开理事会、监事会或社员大会进行讨论，明明白白进行，不搞暗箱操作。联合社运作的每一个项目都坚持做到公开、公平、公正。如对采购农资的价格及销售定价、利益

分配做到及时公布，使社员每人心里明白。这是开展“三位一体”合作成功的保障。

建立健全的管理制度与紧密的利用机制：联合社内设有行政部、财务部、生产合作部、供销合作部、信用合作部、技术服务部、大米加工部，在理事会、监事会的领导、监督下，严格执行相关的管理制度和岗位职责，以服务成员为宗旨，利益共享，谋求全体成员 的共同利益，入社自愿、退社自由，成员地位平等，公平公正，实行民主管理。生产经营的利润除合理的管理费用外，60% 按照社员的购销量（额）比例返还社员，40% 按社员入社注册股金的比例累计在社员个人账户中，资金留在联合社作为 联合社经营资本周转，定期进行账户公示，每年度实行财务审计。

四、该模式适用条件

（1）社员间的产业链连接紧密。参加联合社的社员相互之间存在靠单个合作社解决不了的问题，相互间抱团发展能取得较好的规模效益。

（2）联合社不以盈利为目的。联合社存在的价值以为合作社社员开展服务为主要目的，而不是以营利为目的，能使参加联合社的合作社获得比未参加合作社更多的收益或服务，这是保障联合社顺利开展的重要基础。

（3）联合社需要有一位有威望的权威领导，同时还需要有懂合作经营的智囊团支持及专业的市场运营团队。目前该联合社的理事长包碎云除了经营农业外，还在经营房地产生意，有较强的资金实力支持联合社的各项发展，在联合社中威望较高。该联合社在发展过程中也得到了乐清市农业局原副局长（已退休）赵雪楼的大力支持，他退休后被联合社聘任为咨询顾问，为联合社的发展提供智力支持。另外，联合社还成立了一支专门的销售队伍，负责金穗大米销售渠道开发。

执笔人：周胜芳

课题组：乡村振兴研究室

创新“三位一体”合作抱团发展花卉产业

——记温州市侨乡花卉专业合作社

温州市侨乡花卉专业合作社成立于2013年，同年设立资金互助会。合作社主要从事绿化苗木、室内花卉、绿化工程等业务，合作社所在地丽岙街道是浙南地区最大的花木聚散地，目前全街边有从事花木种植、销售的人员近1 500人，已形成一条较大的花木种植销售产业链。

一、发展目标

随着十九大报告推进生态文明建设、实施乡村振兴战略、建设美丽中国的提出，园林花卉产业发展必将迎来又一个“春天”，温州市侨乡花卉专业合作社自成立以来，以打造绿的世界、花的海洋为己任，本着“人无我有，人有我优；优质服务，诚信经营”的理念，引领花卉潮流，服务生态温州。在合作社发展的同时，利用自身优势，提供系列服务，带动周边花卉农户共同发展花卉业，使丽岙镇成为温州市乃至全省知名的花卉产业基地。

针对个体花农、单个合作社、传统花木市场经营存在的困难，2016年8月，丽岙镇姜宅村开启“温州花城”项目建设。“温州花城”项目总规划面积约1 000亩，计划总投资5亿元，其中用地面积40亩的主体项目工程投资2亿元。在接下来的发展目标中，侨乡花卉专业合作社将以“温州花城”建设与发展为载体，遵循深化供销合作社综合改革实现生产合作、供销合作和信用合作“三位一体”发展的要求，在瓯海区农合联的统一管理下，使合作社社员增点扩面，并且在生产投入、实体店按揭、经营销售等每个环节都能获取相应的合作支持。

温州花城效果图（温州侨乡花卉专业合作社提供）

二、发展历程

花卉和蔬菜种植是丽岙的传统农业项目，种植花卉的历史可追溯到20世纪的80年代，合作社的很多会员都是靠在那个时代种花起家，到现在，蔬菜和花卉依然还是丽岙街道的两大农业项目，特别是花卉产业，现在已逐渐形成规模，成为了温州地区最大的花木基地。合作社的主要发起人徐协春，是温州市协春园艺科技有限公司的法人代表。改革开放之后，温州许多市民都愿意花钱来购花。1984年初，家庭贫困的丽岙青年徐协春，筹借了40元钱买了一辆二手自行车，每天带着两箩筐的山茶花和花泥，从丽岙一直到市区的松台山边一路叫卖，风雨无阻。1985年下半年，红火一时的山茶花市场开始走向衰弱，徐协春看好逐渐富裕的农村市场，便收集价廉物美的山茶花拉到塘下、梅头等乡下卖，生意红火。1987年，协春园艺场成立，骑车卖花逐步转为花卉苗木种植批发销售，花圃也发展到50余亩。1994年春，徐协春与同乡汪秀成、胡来锡等把目光投向了更“时尚”、利润更大且富有观赏性的南方花卉，从此开始了南花北引的里程。

1999年，温州市政府将丽岙花卉产销中心列入市农业八大精品建设项目之一后，市、区政府加大了对花卉产业的资金投入和政策扶持力度，丽岙的花卉产业因此得到了迅猛地发展，并逐步走上了规模化、集约化、产业化发展的路子。2007年3月，徐协春参观香港“2007年香港花卉展览”，回国后开始着手设计建设现代化设施园艺玻璃温室，标志着协春园艺开始正式踏上了科技、创新的发展模式。2009年9月，徐协春

1987年的协春园艺（协春园艺提供）

侨乡花卉合作社资金互助会开业情况（协春园艺提供）

与丽岙花协成员参观了“2009年中国第七届花卉博览会”山东青州展区和北京顺义展区，通过此次的参观，许多会员企业更是从中学习到了新品种、新技术的应用以及新的经营理念，并将其直接应用于自身企业的发展建设中，事实证明，这种形式的借鉴，不仅使企业少走了许多弯路，同时又可以在短时间内在一定程度上提升企业的整体形象。2012年我市丽岙花卉基地得到一道金腰带——丽岙花卉集体商标成功注册。这是瓯海区第一件集体商标，也意味着丽岙花卉企业展开抱团发展策略，一同走向品牌化、专业化发展道路。2013年，徐协春牵头成立温州市侨乡花卉专业合作社，合作社共有会员858人，合作社拥有各类花木场53家，2013年2月，在合作社的基础上，侨乡花卉资金互助会经温州市瓯海区农合联初审，同级地方金融管理部门、农业行政主管部门核准，在民政部门按照民办非企业注册登记而成立。

省委副书记王辉忠莅临丽岙农村资金互助会调研指导工作（协春园艺提供）

随着2014年温州市打造“时尚之都”及近年来的“大建大美”行动推进，花卉园艺行业又迎来了新的发展机遇。目前，合作社社员花木种植面积达到5 000多亩，年销售额达1.5亿元。上图为2014年2月，浙江省委副书记王辉忠莅临丽岙农村资金互助会调研指导工作。温州市委书记陈一新等领导陪同调研。

三、具体做法与成效

1. 借花展助推花卉文化

合作社成立以来已经连续举办九届迎春花展，通过向市民展示各色花卉提高市民对花卉文化的鉴赏能力。如2017年的花展，以“金鸡闹春花卉展、感受侨乡慢生活”为活动主题，以“迎春花展”为核心，展示浙南花城魅力，结合马术、进口商品、咖啡美食等特点，让市民充分体验侨乡休闲生活、感受浓郁的新春气息。其中协春城市森林花园作为花展主会场，园内温室雨林体验园以“诗意组合盆栽”为特色，并举办了首届温州迎春自贡灯会，展出22个大中型灯组，有镶金嵌玉、饰以彩穗的，也有题写诗文、造型古朴的，灯海与花海交相辉映，成为了春节游玩的亮点所在。分展区基本与上届花展一致，各花卉企业门面和场圃自行布置，各设拱门和彩旗等，展示年宵花卉档位、组合花档位、盆景档位、花艺资材档位、精品花卉档位等，体现特色花卉文化。

2. 借支部助推党建工作

合作社已经成立党支部，目前支部规范开展“两学一做”学习教育常态化、制度化建设，完善“五色五瓣”管理服务体系，组织党员深入学习贯彻党的十九大、省第十四次党代会等重要会议精神，落实“三会一课”、组织生活会、“党性体检、民主评议”等制度建设。在工会工作方面，合作社以贯彻落实《关于进一步推进企业工资集体协商工作的实施意见》（温委办发〔2014〕116号）为契机，大力开展丽岙花卉行业工资集体协商工作，历时1个多月，完成了丽岙花卉行业工资专项集体合同签订工作。

3. 借合作助推科技下企业

合作社成立以来，每年均通过科技下乡、科技下企、组织参加林木种苗花卉生产技术培训班等方式，直接培训花农300余人次，为花企、花农带来了先进的花卉苗木种植生产技术和经营理念。同时，合作社还积极组织社员参观了国内外各项花木节，通过参观，让会员企业从中学习到了新品种、新技术的应用以及新的经营理念，并将其直接应用于自身企业的发展建设中。事实证明，这种形式的借鉴，可以使企业少走许多弯路。同时充分调动合作社龙头企业的带头示范作用，以“基地+农户+市场”的经营合作方式，为800多农户服务提供种苗、技术、营销、资金、信息服务，带动农户发展花卉产业，帮助农户增收创收，提高农户的生活水平。

合作社农业技术培训班（协春园艺提供）

4. 借平台助推产业科普

一直以来，侨乡花卉合作社注重自身发展的同时，长期致力于为公众特别是大、中、小学生群体提供一个学习植物科普知识、展示花木新技术、新品种、体验园艺生活以及宣传弘扬传统花文化的科普教育基地。近年来，合作社内不少龙头企业相继成为浙江农林大学与温州科技职业学院的学生校外实习基地，接收学生数百人次前来实习实践，每年接收前来参观学习花木科普知识的大、中、小学生达数千人次。2015 年，在丽岙几家花卉企业的带领和合作社的配合下，丽岙花卉协会被中国科协、国家财政部授予“全国科普惠农兴村先进单位”，标志着丽岙花木科普教育事业将进入一个崭新的阶段。

四、发展模式剖析

温州市侨乡花卉专业合作社改变了过去花农单打独斗、盲目生产、抓小丢大、无力调控、效益低下的状况。通过产业的生产合作、供销合作和信用合作“三位一体”模式，不仅使社员能够抱团发展，还进一步丰富了温州花卉苗木产业结构，也为整个产业的发展奠定了坚实基础。具体模式如下：

1. 生产合作——科技支农

合作社与浙江农林大学、温州科技职业学院园林系、浙江省亚热带作物研究所建立长期的技术合作关系，长期聘请有关教授专家担任公司技术顾问，组建企业科技研发中心，从事花卉新品种和新技术开发，积极支持社员参与各项科研项目，已顺利完成“园艺植物静水栽培技术研究”“非洲菊种质资源收集与育种”等市级科技项目及“南方园林植物在温州非保护条件下安全越冬技术研究”“蝴蝶兰‘V31’花期调控技术研究及其应用”等区级科技项目多项。研发中心分别被浙江省科技厅和温州市科技局认定为“浙江省农业企业科技研发中心”和“温州市企业技术研究开发中心”。

近年来，侨乡花卉合作社通过科技下乡、科技下企、组织参加花卉生产技术培训班等方式，年均培训社员 300 人次以上，发放各种技术资料 5 000 份以上，为社员带来了先进的花卉苗木种植生产技术和经营理念，从而服务区域产业发展，助力乡村振兴。

2. 供销合作——信息支农

专业合作社应该通过建立与各级农业信息网站互联互通的信息网络，为社员提供及时准确的生产、技术、价格、供销等信息服务，畅通生产与市场之间的信息传播渠道，引导生产销售，促进产销对接。

侨乡花卉专业合作社首先积极为社员提供各种考察信息和市场信息，通过组团考察更好地了解产业的发展趋势和市场前景。合作社年均带领社员对外产业考察上百余人次，带领社员学习和引进花卉新品种、新技术以及新的经营理念，并将其直接应用于自身企业的发展建设中。同时，合作社还建立社员资源信息共享平台，充分调动合作社带头示范作用，为 800 多位社员服务提供种苗、技术、营销、资金、信息服务，带动农户发展花卉产业，帮助农户增收创收，提高农户的生活水平。

3. 信用合作——金融支农

信用合作是侨乡花卉合作社的亮点。侨乡花卉资金互助会现有会员 858 人，入会资金 1 108 万元，入会资金最多的 90 万元，最少的 300 元。目前资金规模已达到 5 000 万元左右，是目前温州市资金规模最大的资金互助会。

在侨乡花卉资金互助会内部，会员代表大会是互助会的权力机构，由 45 名代表组成，享有一票表决权。侨乡花卉资金互助会以吸收会员入会资金、互助金等作为主要资金来源，互助会互助金的投放主要是根据当地经济水平、行业特点以及小额分散的总体要求，综合考虑防范风险、服务会员、资金效益、持续发展等因素，既审慎又灵活地开展，规定单户最高投放金为 50 万元，贷款期限一般为半年；投放金为 2 万元及以下执行国家贷款基准利率下浮 10%，投放金的担保方式主要采用信用与信用保证方式，2 万元及以下凭农户个人信用就可，无须他人保证；2 万元以上的则需要其他会员信用保证。为解决社员融资难、融资贵问题提供了一条重要路径。

五、适用条件

温州市侨乡花卉专业合作社“三位一体”的模式并非在所有合作社都有效，需要具备一定的条件。首先合作社内部要有几家龙头企业，才能够带动整个合作社社员的科技水平提升和产业信息整合；其次合作社社员要有“农有、农治、农享”治理理念，才能进行可持续的合作；最后合作社的资金互助会由于专业性较强，需要有“专业、专职、专人”来运行，确保内部控制，严控金融风险。

执笔人：陈婵

课题组：农村金融与财务研究室

乡贤示范、龙头引领 创新发展特色农业产业

——记文成务实农业专业合作社

在广大基层农村，农民专业合作社已经成为现代化农业经营的主体。专业合作社是将农民的小规模生产方式和现代化农业经营模式相融合，既能实现农业生产经营的规模和效率，又能克服个体农户小范围经营的局限性，通过对农户实施产前生产引导、产中技术指导、产后销售保障，推进新型农业发展，对实现农民增收、有效落实精准脱贫具有举足轻重的作用。

本文以文成县务实农业专业合作社为例，通过实地参观农民专业合作社，对各合作社的相关负责人进行深度访谈，获取其发展现状、经营模式、销售渠道、产生效果等相关信息，探查合作社成长中存在问题，分析背后存在的原因，探讨瓶颈突破（发展制约）对策。

一、合作社简介

文成务实农业专业合作社创建于 2014 年，注册资金 100 万元，社组成员 6 户，核心基地 120 余亩，从事高山蔬菜、水果种植、种苗研发，为文成县优秀农业龙头企业、县级示范性农民专业合作经济组织。公司尊崇“踏实、拼搏、责任”的企业精神，并以诚信、共赢、开创经营理念，创造良好的企业环境。合作社驻地大峃镇王家村，辐射大峃、峃口、黄坦、西坑、百丈漈、南田等多个乡镇，带动农户 300 多户，种植面积 3 000 多亩，基本实现了种植（生产）、销售一体化。

二、合作社发展历程

文成王家村种植山药已有百多年历史，糯米山药是近 20 年来引进的改良品种。2014 年之前农户都是自主种植、销售，各自为政，尚未整合。商人王国标一次尝食之

后，想“好产品应该让更多的消费者享用”，故考虑怎样能将产品种销规范起来，将好的农产品推向更广阔的市场。于是2013年开始尝试山药种植试验，同时也向工商局等行政部门进行了商标注册等方面的咨询，也将相关理念与县农业局进行了沟通，县农业局也有意做大做强山药特产，想法合拍。因私人无法注册商标，需合作社或家庭农产方可注册，遂6户成员的文成务实农业专业合作社雏形成立，王国标任社长（总经理）。在合作社发展过程中，王国标总经理将其工业企业经营管理理念运用到农业合作社的生产管理中，也有助于合作社的发展运营。县农业局也大力支持特产种植发展，目前对种植户也有一定的种植补贴。

三、具体做法和成效

1. 推广方式

自合作社成立，为了向全国推广糯米山药，王国标总经理也想了很多办法，多次携带产品参加浙江省、上海市等地农博会、温州市农博会、新春展，抓住一切可行的机会提升产品市场知名度。2017年的，糯米山药被选为浙江省农博会品鉴会推荐食材，受到省厅领导及现场食客的一致好评。在上海农博会上，王国标总经理现场料制两大锅（70 ~ 80斤/锅）食材，被食客当场抢尝一罄，好评不绝。时任副县长梁广也亲临会场为糯米山药代言、宣传。在多方努力下，产品知名度有了极大的提高，消费者对产品也有了较高的认可。目前温州辖域（文成、瑞安、平阳、温州市区等地）产品主要走星级酒店为主的订单销售；温州以外辖域，主要通过网络平台、上门推销至各大酒店，通过手把手教厨师烹制方法，以飨客户。王国标总经理也成为文成糯米山药至关重要的推广人。

2. 经营成效

合作社山药销售辐射温州辖域，甚至外拓至杭州、上海、江苏等地。市场的保障有力支持了对社员最低价（保护价）收购的执行，有效解决了农民销售的后顾之忧[①]。以2017年为例，农户亩产3 000斤，合作社给予最低收购价为4元/斤，为农民亩均带来经济效益1.2万元，对部分社员的脱贫发挥了积极的效果。

① 不过王国标总经理也说了，考虑到合作社和农户的成本效益，对部分农户亦非绝对的订购包销，当收购的市场价畸高，超过合作社的收购能力时，农户在追求自身收益最大化，允许将部分产品进行自主销售，但前提要首先保障合作社的发展。如何构建合作社和农户之间的紧密关系，进一步维护合作社权威、提高农户收益也是其一直在考虑的问题。

四、发展模式剖析

该合作社积极落实“合作社 + 龙头企业 + 农户”模式。

1. 提供多样化服务

合作社为农户提供产前生产引导、产中技术指导、产后销售保障等综合服务。产前主要为农户提供种苗、肥料、农膜、农药等生产资料、农地信息、农业金融保险等。对于部分困难农户，合作社允许农户可先不支付农资费用，由合作社先行垫付，收获出售山药农产后，再扣除农资费用。在产中，主要给农户提供病虫害防治技术、技术培训等。产后主要是产品储运、销售等服务。

2. 实施规范化管理

“农户管种植、法人管销售”，合作社以市场为导向，与农户签订保护价收购合同，当市场价高于保护价时，按市场价收购；当市场价低于保护价时，按照保护价收购；但当市场价过高，考虑到合作社的成本收益，允许农户进行自主销售；通过灵活化的方式保护农户的利益。此外，在种植过程中明确标示禁止使用和限制使用化学农药目录，对使用禁止和限制使用农药的山药拒绝收购。

3. 参与精准扶贫

目前，社员中有低收入农户 40 多户，合作社通过订购保销模式在一定程度上能降低农户的销售风险，增加农民的收入，按 2017 年亩均收入 1.2 万元，一户种植 3 亩，至少能保证农户 4 万余元的收入，扣除亩均 1 100 元的种苗费，1 300 元的农药化肥费（人工和插杆没算），基本能确保 2.5 万元左右的种植纯收益；同时在产前、产中给予同样的帮扶，也降低了种植风险和天气因素外的生产风险。通过合作社，可以有效降低农户的自然和市场的双重风险影响。

4. 推进科学生产种植

一是实行五统。合作社采取“统一良种供应、统一栽植模式、统一给肥管理、统一病虫害绿色防控、统一订购销售”的生产种植模式。二是开展产品研发。合作社积极落实主产（糯米山药种植），采用精细化、科学化生产种植，兼辅其他经济作物，如高山蔬菜、水果、金线莲等，最大化保证农民利益。三是推进科学种植。采取优苗预供，宽陇栽种，单株控产，减轻农户种植难度，确保效益。四是实施产中管理。在入社农户中推广增施有机肥、生物农药、人工除草除虫等生产和作业方式；利用合作社平台，统一进购农资，规范使用，减少化学残留。五是产后保障。提供销售保障、确保增收；完善追溯机制，保障食材安全。订购销售的模式让菜农只管种植栽培环节，减少种植的后顾之忧，降低储运损耗，充分调动农户种植积极性；统一病虫害绿色防控，保障优质农产品供应，保证农产品质量安全，提高山药农产的市场竞争力。

糯米山药种块处理（王国标摄）

糯米山药芽长（王国标摄）

插杆（王国标摄）

绕藤上架（闫成进摄）

五、该模式适用条件

1. 乡贤引领

2015年、2016年、2017年连续三年中央一号文件论及乡贤，提倡凝聚各方人士支持家乡建设；习近平总书记也多次强调要充分发挥新乡贤的作用。文成务实合作社的成立到发展突破，都离不开社长的支持。社长原本从商，有自己的企业，相对终日劳作的农户具备更好的管理能力和经济头脑，后期通过自身对糯米山药产业的经营，努力实现的成绩，对农户产生了良好的引领和带头作用，对产业的兴旺起到了积极的效果。

2. 产业基础

良好的产业基础是产业振兴助推乡村振兴的关键。农户长期沉浸于某种产业的生产种植，必将更加熟悉产品特性，获取更高的生产效率和更低的成本。本例合作社核心基地种植山药已有百多年历史，糯米山药也有近20年的栽培史，多数有地农民每年都会在自家地里种植一些，食用在当地更是普遍；良好的口感品质，舌尖上的美味已在辖域内外形成了一定的口碑，唯独缺乏一定规模化、组织性的生产种植供给。

3. 地理资源

品质的形成需要自然资源条件配比，农产品就更加明显，这也是农产品地理品牌价值之道。以本例合作社山药为例，文成的气候条件也是保证产品口感的重要因素。所以乡村在选择产业时也要考虑自身的资源条件。

执笔人：王锦良

课题组：农村产业发展与流通经济研究室、文成县现代农业与康养产业研究院

创新发展“三位一体”合作 多元化发展农业产业

——记永嘉县佳行兔业专业合作社

一、发展背景与发展历程

永嘉县佳行兔业专业合作社 2007 年 9 月成立，现共有社员 2 367 户，经营管理人员 56 余人，专业技术人员 17 人，示范种植基地 60 余个，带动农户 5 000 多户，合作社产业覆盖了桥下镇 70% 的农业产业，包括水果种植、药材种植、农作物种植、兰花种植、畜牧业养殖、农产品加工等等。在种植产业，基地面积达 3.5 万亩，基地年产枇杷 45 万千克、杨梅 10 万千克、覆盆子 2 万千克、山茶油 1 500 千克及蜂蜜、茶叶、黄栀子系列产品，年产值 2 450 余万元。

目前，合作社生产基地已经辐射全县多个乡镇，形成了以“上湖枇杷”为主的 3 个水果产品体系和“农家烧、月子酒、女儿红、酒类”产品系列，产品远销北京、东

合作社产品展示（由合作社提供）

北、江浙沪等市场。2016 年生产总值 7 800 多万元，实现利润 1 500 多万元，自有商标“佳行”“六龙”“仙桂”“楠溪”等，荣获国家无公害农产品、绿色食品、有机食品认证，荣获永嘉县涉农商标创牌先锋、永嘉县名牌商标等荣誉。2017 年，合作社成员人均增收 1 万余元，比上年增收 2 000 多元，带动农户比上年增收 800 多元。

合作社先后荣获浙江省示范性农民专业合作社、浙江省优秀农民重要合作社、浙江省百强农民专业合作社、浙江省信用 AAA 级农民专业合作社、浙江省 AAA 级残疾人扶贫示范基地等 30 余项荣誉称号。

二、主要做法与成效

1. 健全组织体系，深化体制改革

建立“三位一体”办公室，由理事长担任办公室主任，监事长担任办公室副主任，股东担任成员。办公室负责对合作社生产、供销、信用三个环节进行责任分工，协调各环节各部门工作，优化层级分工。比如，制定劳动力的用工需求和派工清单，制订专人与农户基地建立一对一工作模式，大大提高工作效率。2018 年已派 15 位专员与 25 个农业基地建立一对一联系，工作效率提升 30%。

创新“3+1”改革模式，在信用合作、供销合作、生产合作“三位一体”的基础上增加“社会管理”，打造“3+1”综合性农民合作社，自觉承担起创新农村社会管理职能。即以农民合作社为载体，为农业生产提供双向信息，市场需求什么，农业生产什么，生产出来怎么导入市场，使一个个农民零散的个体形成与市场完全融合的整体，提高农民收入，增加农民的积极性，为乡村振兴、社会稳定、促进和谐发挥巨大的力量。

截至 2017 年底，共辐射周边 6 村 10 万千克枇杷等农产品进入市场，带动 100 多名农民就业，人均创收 2 万元。如 2017 年 4 月 25 日至 6 月 15 日，合作社短短的 50 天内对覆盆子、枇杷、杨梅三种产品全部完成采摘上市，用工总量约 15 000 个工时，每天 300 个农民同时作业，每天每人 150 元。打破原先农户无机械化采摘、零散劳动力无法快速采摘集中上市等用工难、抢收难的问题。

2. 开展生产合作，实施农产品统一管理

充分发挥合作社社员间的生产合作。合作社下属各产业忙季时间不同，如枇杷 2 ~ 4 月、桃子 4 ~ 6 月、柚子 6 ~ 10 月。各产业之间所从事的社员能够盘转时间，充分利用空闲时间相互帮助、以工抵工的方式降低生产成本，提高生产效率，同时解决用工难、用工贵的问题。

在农产品生产环节中实施五个统一，即：统一标准，统一品牌，统一管理，统一采购，统一销售。并在商标使用上依据农产品类别进行划分，如水果类统一用“上吴”商标；水产类统一用“楠溪”商标；畜牧业类统一用“佳行”商标；其他农产品统一用“仙桂”商标。为提高农产品附加值，实现高效农业的目标，合作社还把农产品分特级、高级、普通级，并制定相应的价格。合作社每年还聘请农科院、农业大学、农业局、畜牧局等专家进行技术培训。从农民的思想源头抓起，引导农民统一规范、统一标准，做高效农业的产业路线。

3. 开展供销合作，拓宽营销渠道

生产资料统一采购。合作社统一为社员采购有机肥、化肥、套袋、包装等。通过统一采购，提供合作社谈判话语权，许多企业愿意薄利多销与我们合作，平均每年可节约生产成本 100 万元，并发挥合作社的整体效应，假冒伪劣生产资料离农户越来越远。

构建合作社线上线下统一的全网络销售渠道。在线下，发挥合作社农产品品牌效益，建立农产品质量可追溯制度，准确定价，实现新鲜水果 24 小时送达目的地，实现为温州 50 多家农家乐、3 家农产品超市直接供货。在线上，运用电商平台（网址：www.wzlljy.com，淘宝店：b.mashort.cn，微商城：www.xianguinongye.com），统一销往全国各地，2017 年销售额达 2 450 多万元，发货 10 000 多单，客户满意率 98%。到目前为止，我们的农产品未出现卖难的问题，许多农产品需提早一个月预定。现在，合作社正在创建农产品展示中心，上塘店、岩头店、瓯北店等连锁门店正在装修中，预计到 2020 年，合作社农产品直销店将达 10 家，为社员销售农产品提供保障。同时，合作社与仙居六合农产品连锁店、广州梅州绿城农产品连锁店、温州 60 余家农家乐和农产品超市达成战略合作。

4. 开展信用合作，解决融资难问题

2013 年申请开办永嘉县佳行兔业专业合作社资金互助会，2014 年 12 月正式通过了各个部门的审批，依法取得资质。组建互助会运行团队 4 人，均为大专文凭，并去中行、农商行及其他互助会学习 2 个月后，正式上岗，掌握了国有银行的严格制度，结合了农商行的便民政策，制定了一套有自己特色的风控制度、操作规程、存款流程、贷款流程等等，保障互助会安全稳健地发展。互助会运行两年来累计发放贷款 1 000 多户，合计金额 1.2 亿元以上，解决了社员短期、中期、长期的各时间段资金需求，并在县残联的帮助下推出了扶残贴息贷款，让残疾人农户不但能够贷到款，还减少了他们的利息支出，为日后其他互助会的发展起到了引导性作用。从 2017 年到目前为止，互

助会共有会员 2 326 户，互助金存款 500 余万元，互助金累计贷款 2 000 余万元，与银行合作社放大贷款 3 000 多万元，有效解决农户融资难、融资贵的难题。

5. 强化学习培训，提升专业素养

加强业务培训，定期组织合作社社员参加学习培训班，教育、引导理事长和社员共同参与合作社管理，监督规范合作社运行。组织合作社经营管理人员到外地参观学习合作社规范化建设。加强自身学习，理事长李佳行自创办合作社以来，始终坚持“服务社员农户，带动农民增收致富”的目标，不断自我加压学习，他参加了全国合作社学习培训、温州市合作社财务学习培训、永嘉县营销培训班等。

佳行农村资金互助会（由合作社提供）

合作社理事长李佳行（由合作社提供）

三、发展模式剖析：合作社带动模式

（1）重视内部组织管理，优化内部管理效率提升。通过设立办公室协调各部门工作，提高在生产、销售和信用三位一体合作中的管理效率。

（2）在合作社管理中引入“社会管理”，打造“3+1”综合性农民合作社。即发挥合作社引领作用，通过对接市场需求，帮助小农户对接大市场，实现乡村产业振兴。

（3）合作社内部开展生产、供销和信用三位一体合作，实现农产品生产统一管理，解决农产品卖难问题，解决社员资金短缺问题。

（4）重视合作社社员提高业务水平。通过培训、考察等形式，提高合作社理事长及社员知识和能力水平，规范合作社运行。

（5）多元化产品经营，提高效益、降低成本。通过多元化的产品经营，利用不同产业社员劳作时间不同，充分利用空闲时间相互帮助，以工抵工的方式降低生产成本，提高生产效率，同时解决用工难、用工贵的问题。同时，产品经营范围较广能够提高社员经济效益。

四、该模式适用条件

（1）合作社理事长应懂经营、善管理。合作社理事长应并掌握一定的企业经营管理技能，能够发现合作社运行中存在的问题，并有能力进行组织管理优化。

（2）合作社理事长要有较高的思想觉悟。理事长在运行合作社时，始终围绕带动小农户对接大市场这个核心任务，规范合作社运行，并愿意接受社员的监督。

（3）合作社产品经营范围较广。能够通过多元化产品经营提高社员经济效益，同时降低用工成本。

执笔人：周胜芳
课题组：乡村振兴研究室

CHAPTER

第二章

以二产为主导的“二三一”融合发展模式

02

通过“标准化+技术创新”模式构造生猪全产业链

——记温州市味美思食品有限公司

一、发展背景和发展历程

1. 公司发展介绍

温州市味美思食品有限公司于2004年06月06日在温州市瓯海区市场监督管理局登记成立，注册资本58万元。法定代表人林宪忠，公司经营范围包括食品生产（凭许可证经营）；食用农产品初级加工；销售新鲜蔬菜；新鲜蔬菜和肉类冷库储存服务；自有厂房出租；下设食品销售、餐饮服务分支机构等。公司与多家温州猪肉公司零售商和代理商建立了长期稳定的合作关系，品种齐全、价格合理，企业实力雄厚，重信用、

浙江味美思农牧业有限公司（温州市味美思食品有限公司提供）

忠字系列食品（温州市味美思食品有限公司提供）

守合同、保证产品质量，以多品种经营特色和薄利多销的原则，赢得了广大客户的信任，公司始终奉行“诚信求实、致力服务、唯求满意”的企业宗旨，全力跟随客户需求，不断进行产品创新和服务改进。

公司隶属浙江味美思农牧业有限公司（旗下还下设子公司展宏畜牧），现代化养殖养猪年出栏 10 万余头，旗下忠字食品品牌是温州市最大肉制品加工基地，主要经营腌腊肉制品、卤肉制品、冷鲜肉及一系列休闲食品。加工基地占地 30 亩，建筑面积 30 000 多米^2，其中包括 5 000 吨冷库，拥有全套现代化自动生产线，并设有产品检测实验室，全面检测公司的卫生及肉制品质量；保障肉品全程保鲜、保质。作为温州地区规模最大的无公害肉食品和绿色产品加工基地，忠字食品实现了从生猪货源、产品加工到市场销售各环节产品质量的有效控制。

2. 发展历程

公司创始人林宪忠，在 20 世纪 80 年代初，20 岁出头的时候就开始自主创业，干的是鲜为人知的加工生意——炼猪油，这一干就是 10 多年，温州许多知名酒楼、糕点厂都成了他的客户，他也因此在而立之年时赚到了人生的第一桶金——800 多万元。随着调和油的出现以及人们健康意识的转变，炼猪油这个行当的生意也逐渐走到了尽头。

1997 年年底，林宪忠投入全部身家，与人合资在鹿城区藤桥镇“赶猪圈地”50 亩，

公司创始人林宪忠（温州市味美思食品有限公司提供）

创办了温州市南方牧场。为了能够科学养猪，林宪忠与英国 PIC 种猪改良公司合作，引进了 1 000 头品牌种猪；他还高薪聘请华中农业大学的博士生参与企业管理和技术改造。不过，令林宪忠没想到的是，牧场刚刚起步，懂行的合伙人突然提出了撤资，他不得不全盘接手，随后创立了展宏畜牧有限公司。为了使自己从“外行”迅速成为“内行”，林宪忠带领技术人员跟着英国 PIC 种猪改良公司的专家贴身学习，甚至把自己的被窝都安在了猪窝旁，一住就是两个多月，因此被人戏称为名副其实的“猪司令”。

林宪忠坦言，自己并不了解六次产业是什么概念，创办食品公司、搬新厂房、加大猪肉深加工力度的缘由，是不甘心自己养殖的精品猪没有卖出精品价。有感于养的是“名门之猪”，还养得这么讲究却未能体现其价值，2006 年，林宪忠决定做深加工，打出品牌，走产销一条龙路子，通过品牌和深加工产品提高产出价值。

2006 年，林宪忠创办温州市味美思食品有限公司，开始对自己养殖的猪进行屠宰后的深加工；2009 年，他投资 1 亿多元在泰顺开建浙南地区最大的生态型规模养猪场，并拟定了“养猪场＋沼气池＋茶园果林”的项目发展模式。

2012 年，林宪忠的味美思食品公司搬进了位于瓯海潘桥的现代化新厂房，这里有食品加工车间 30 000 多米 ^{2}、冷库储量 6 000 吨。有了优质的猪源，又有了新厂房、大冷库后，林宪忠开始进一步规划着他的生猪产业链，他想把“传说中的冷鲜肉”逐步推向市场，开始在市区龟湖路等处开出肉制品专卖店。

味美思食品公司在林宪忠的经营下历年被瓯海区评为优秀农业龙头企业、安全农产品生产先进单位。

二、具体做法与成效

1. 依托资源优势，推动农业产业化发展

实行农业产业化发展是味美思食品有限公司发展战略的核心内容。农业产业化实际是“农业产业系列化”，要把一个农产品扩展为一个多样化的系列，将农业生产丰富为集生产加工、流通在内的完整的系列产业。通过企业发展农业产业化，构建起一种新型的农业生产管理体系，主要通过形成新的组织形式，并采用产业化的经营方式，形成产品生产、产品加工和商业贸易紧密联系的产业链，实际上是将农村一二三产业紧密结合起来，按照市场需求导向，在企业现有的资源条件下，进行资源的组合、改造和拓展，形成产加销、贸工农于一体的采用现代企业管理方式的现代农业企业。基于此，味美思食品有限公司紧紧围绕“农业产业化”的经营思路，构建起集农业生产、农产品加工、农产品贸易以及农业相关产业的延伸开发的生产管理体系。

温州味美思利用关联企业（浙江味美思农牧有限公司）的生猪养殖资源，对自己养殖的猪进行屠宰后的深加工，开设门店进行销售，在产业链的每一环节（供销产）都参与并进行控制，对其来说，集中的空间布局、专业化的生产有利于资金的投入和集中监控管理，企业依托自身的产品深加工、服务功能，发挥开拓市场优势，还可带动农业产业化的方向。

2. 挖掘产品独特品质，推进企业产品及服务高附加值化

（1）突出产品特色。从农产品所处的自然环境及反映的文化背景入手，挖掘产品的特色，挖掘该产品区别于其他同类产品的差异特色，这是提高农产品附加值的关键，有利于农产品加工企业在市场细分化的激烈竞争环境中，发挥强烈的独占性，拥有更强的竞争优势。

温州味美思加工生产的产品凭借其区别于同类产品的具有地方独特味道形成了自身品牌的品牌竞争力，充分利用猪肉养殖优势，打造中高端产品，肉质产品所采用的原材料主要为关联企业生猪养殖基地提供，肉质香美，安全健康。

（2）注重品牌建设。品牌是区分农产品的典型标志。农产品品牌的使用是在产品同质化、差异化的竞争过程中逐渐形成的，使用农产品的品牌经营模式不仅有利于产品传播，同时对消费者的选择提供了帮助。农产品的品牌建设可以有效地提升农产品的商业附加值。任何企业都应该重视自身品牌的知名度，进而可以更好地树立企业形象，为自己带来更高的收益。

公司推出“忠字食品”品牌，主要经营腌腊肉制品、卤肉制品、冷鲜肉及一系列

"忠字食品"品牌
（温州市味美思食品有限公司提供）

"忠字食品"系列产品
（温州市味美思食品有限公司提供）

休闲食品。该品牌目前是温州市最大肉制品加工基地，温州味美思公司通过树立特色农产品品牌，使农产品附加值得到更大地提升，从而产生农产品的"品质差异"和"价格差异"，成功开创特产市场。

（3）增强服务理念，完善产销服务。在激烈的市场竞争中，农产品加工企业不仅应注重农产品的品牌、质量、特色和包装，还应打通终端消费市场与农产品加工企业的链条，积极回馈客户需求，使产销服务更加完善通畅，使农产品生产实现求有所供、供有所求。

为了增强服务，公司在温州市区开设了多家门店，让客户有更好的购物体验。

3. 提高农产品深加工程度，提高农产品附加值

农产品加工企业的快速发展在促进农民增收、扩大就业、保护环境和发展生物经济、文化与休闲旅游等方面发挥了重要作用。但与农业发达国家相比，我国大多数农产品加工企业的产品档次和售价较低，使我国出口的低附加值、初级的农产品在国际农产品市场上不具备竞争优势。

公司创始人林宪忠一直有一个创业梦：开拓更健康的冷鲜肉市场，希望能将一头猪分成多个部位进行科学深加工，分别生产不同的产品。为了实现这个梦想，2012 年味美思食品公司搬进了位于瓯海潘桥的现代化新厂房，这里有食品加工车间 30 000 多米^{2}、

冷库储量6 000吨。有了优质的猪源，又有了新厂房、大冷库后，林宪忠透露，根据目前的场地和条件，可以销售冷鲜肉，直接提高猪肉品质和价格，还可以将猪分成28个部位进行深加工，生产猪肉片、猪肉脯、腊肠、肉松、休闲油渣食品等系列产品。林宪忠预计，这种深加工、品牌化后的猪肉系列产品的价值，将比原先只做批发的价值翻上三四倍以上。

为了促进企业自身发展，势必要完整产业链条，提高产品的加工程度，从初级到精深，逐步发展，这样既节省了开支又可以加深企业的产业发展。农产品龙头企业的延伸发展不仅可以提高农产品本身的质量，还可以开发出新的食品，流通到千家万户的饭桌上，是一种扩大式的优势，解决了农产品“卖难”的问题，这种农产品的外延式开发使得企业在同类竞争过程中优胜劣汰的生存下来。农产品上市集中、销售周期紧张的矛盾，通过龙头企业进行农产品深加工转化得到有效的缓解，而且还有助于提高农产品的附加值，从而大大增加了农民的收入。

为了开展初级农副产品的附加作用，加快精深加工研发。味美思食品公司开展了与高校、科研院所人才交流技术合作，推动科技创新和成果转化，提高产品精深加工能力。

4. 拓宽农产品销售渠道

龙头企业的优势在于销售方式的多样化，比如批发销售未加工或者初级加工的农产品或者网络零售精品加工产品等。农业龙头企业可以从企业的层面寻找商机，扩大营销范围，拓宽销售渠道，完善现代农业市场体系。

美味思食品公司在品牌推广以及市场营销渠道搭建方面做到了全面化和多样化。其以企业自身特色农产品为基础，同时销售在同一地区的主导产业为辅助，通过在新浪、公众号、第三方推广等各类信息平台，形成从全国买到全国卖的新型销售渠道。此外参加各类农产品展销会、展览会等活动，参与网络平台的展示等，利用这些机会推介自主品牌。同时，积极与农产品产地批发市场联合，打开批发销售量，利用现代物流业采取集中配送，同时根据自身发展的条件设立专卖店，以及网店、微店等电子商务等现代物流、营销方式，全方位利用各种资源宣传推销，提高品牌知名度。

通过推广，味美思食品有限公司的新鲜肉已经在各大医院、福利院、学院等、提供配送；休闲食品目前在全国各地设有经销商、酒店代理，同时和银行、移动电信等内部网进行了合作推广产品。

5. 标准化生产 + 技术创新，提升产品品质

大多数农产品加工企业的发展都缺乏农业高新技术的指导和控制，缺乏如农产品

原料的初级生产、后续生产加工过程和成品质量检验、减少企业生产能耗、控制对周边环境造成的污染等企业运营各方面的技术支持。因此，我国农产品加工企业产品及服务要实现高附加值化发展，就必须不断提高自身的技术创新能力，深化农产品的加工层次，提高资源的综合利用能力。

（1）建立标准化的生产体系。味美思食品有限公司建立了严格的质量检测体系，运用现代化的生产管理技术和方法，进行农业标准化生产加工，以生产有机食品、绿色食品和无公害食品为主要方向，向消费者提供质量安全、营养结构合理、品种丰富的农产品。

（2）积极推动技术创新。技术创新是农产品深加工企业产品及服务实现高附加值化发展的不竭动力。味美思在发展的过程中注重提高技术创新能力，公司成立了专门的食品科研研发团队，通过引进科技与管理人才，加大科技研发投入，建立和完善企业技术创新机制，提高自主创新能力、技术进步的实用化水平及核心竞争力，进而将科学技术的链条拉长，提高加工产品的质量、档次和增值率，提高了其农产品的竞争力。

（3）采用先进的技术装备。“先进、经济、适用、安全”的农产品加工技术装备是实现农产品深加工企业产品及服务高附加值化发展的关键。优越的技术装备能大幅度提高农产品生产和加工的效率，节约生产成本，提高农产品的质量。为了生产出质量更好的、品质更优的产品，加大对农产品深加工技术装备的投资力度，味美思食品公司投资建立了现代化新厂房，设有食品加工车间、冷库储量等先进设备。

三、发展模式剖析

味美思食品有限公司在发展过程中，与现代农业紧密结合，促进农业全产业链发展，其充分利用资源优势，做到了“全产业链”发展的模式。

全产业链是指以市场为导向，掌控整个产业链条，即从原材料的种植或者开采开始，经过初加工、深加工、产成品销售、分销及物流等每一个环节都可控、可追溯，形成一个完成的产业链。农业全产业链是以农副产品的种植、技术支持、收获、初加工、深加工、贸易、物流、品牌推广、分销为一体的整个农业全产业链条。在这个链条中，成规模的农业种植基地、采购商、加工企业、销售商等可以成为一个链条的核心。

市场经济条件下，企业和农户参与市场的最终目的都是为了获取利润，社会分工细化加深了产业链条深度和广度，参与者的增加加大了链条断裂的风险，任何一个环节的失误就会导致整个产业链的断裂，产业链上的每个环节都会受损。如农产品种植质量会对畜牧业养殖产生影响，如果饲料环节出了问题，畜牧业生产的产品就不符合加工的标准，在产业链上，畜牧业养殖环节、生产加工环节、销售环节是互相影响的。

味美思食品有限公司依托企业资源优势，在最基础、最核心的生产力方面，公司实行种养、加工、销售相结合，公司创始人林宪忠在展宏畜牧以及在泰顺开建浙南地区最大的生态型规模养猪场进行生猪养殖，味美思则进行加工和销售，该方式能有效解决产品盲目生产、产销脱节、市场不稳定等问题，使得公司的生产完成产业链向上和向下的延伸，扩大公司经营领域，延长农业产业链，实现农业生产的转化增值，提高农业总体经营效益，进而实现公司经营效益的整体提高。

从味美思食品有限公司的具体情况来看，采取这种模式，一是由农业企业的特性决定了其主要产品的附加值较低，企业必须采用有效的手段来降低生产环节和加工、流通、销售环节的成本费用，从降低企业经营成本方面来控制成本支出。二是企业领导者林宪忠不甘心自己养殖的精品猪没有卖出精品价，有感于养的是“名门之猪”，还养得这么讲究却未能体现其价值，林宪忠希望通过做深加工，打出品牌走产销一条龙路子，通过品牌和深加工产品提高产出价值。

味美思食品有限公司的发展模式，其本质是以按照现代企业的经营理念，以市场需求为导向，以企业为核心，以养殖为基础，优化组合企业现有的生产资要素，形成养殖、加工、包装、冷链仓储、物流配送于一体的生产经营体系。具体地，从农业养殖环节来看，通过关联企业建设标准化的生产基地，并采用公司统一安排生产、统一管理、专人指导，一方面能确保农业生产的顺利开展，便于公司从宏观上进行管理；另一方面有利于保障产品品质，从源头确保产品质量。从加工环节来看，公司通过引进农产品的加工生产线，对农产品进行深加工，并将此环节打造成为公司主要的利润来源之一。从市场销售环节来看，公司通过构建市场销售网络、打造物流渠道、完成市场铺货等方式进行产品的市场销售，此环节是公司最大的创利来源。

四、该模式适用条件

温州味美思食品有限公司“全产业链”发展模式并非所有企业都能适用，需要具备一定的条件。一是企业要走多元化发展的道路，或者企业有关联的资源优势，这是该模式应用的基础条件。二是企业要有充裕的资本，产业链各个环节的正常运行都要有资金的支撑才能保障，无论是建设标准化生产种植基地、现代化农产品加工中心还是产品包装、冷链运输业务都需要较大的资金投入。三是企业要有前沿的战略眼光，坚持以市场需求导向构建产业链。

执笔人：石露

调研组：农村金融与财务研究室

通过“公司+基地+合作社+农户”模式实施茶产业品牌战略

——记浙江泰龙制茶有限公司

一、发展背景和发展历程

茶叶是泰顺县传统经济作物，产茶自然生态条件得天独厚，是全国和全省茶叶生产优势区域之一。茶产业产值占农业总产值 1/3，已成为泰顺生态农业的支柱产业，对促进农业结构调整、增加农民收入、扩大就业和建设社会主义新农村发挥着重要的作用。

浙江泰龙制茶有限公司成立于 2007 年 3 月，注册地泰顺县仕阳镇上排村，由在外经商多年后回乡创业的温州市技能大师谢细和投资创办，注册资金 500 万元，固定资产近 2 000 万元。自有 1 200 亩出口茶叶种植基地，建有名优茶和大宗茶加工厂区，年加工茶叶能力 350 吨，是省级骨干农业龙头企业和省标准化名茶厂。公司主要生产销售“天香一家”牌系列扁形、条形、卷曲形、针形绿茶和红茶等不同类型名优茶，适应市场对多茶类的需求，产品因其优质耐泡，价格合理、消费层面广的特点，并获得浙江省著名商标、浙江名牌产品、浙江名牌农产品，浙江省工商企业信用 AA 级守合同重信用单位和中国“中茶杯”名茶评比一等奖。

1. 重视科研合作，实现技术创新

为了可持续发展，加大了科技创新力度，公司投入巨资用于茶叶新产品及高新技术的开发和研究。公司在自身的浙江省农业科技研发中心和温州市谢细和技能大师工作室的基础上，与浙江大学农业与生物技术学院茶学系、中华全国供销合作总社杭州茶叶研究院、泰顺县茶叶科学研究所、温州科技职业学院等院校和泰顺县茶叶特产局建立长期的科研合作关系，为公司科技研发与创新奠定良好的技术基础。在技术依托单位的帮助、指导下和全体研发人员的共同努力下，优势基地建设技术、茶园管理控制技术、茶厂优化改造技术、茶叶清洁化加工技术、茶叶质量可追溯技术、两端质量检

浙江泰龙制茶有限公司生产车间（陈维斌，潘雪娥摄）

测技术、无公害茶园建设和精品茶叶生产，新开垦茶园促成栽培研究，大宗茶机采技术，茶园虫害物理防治技术研究，适于三杯香茶制作的茶苗培育和基地建设，“三杯香”茶标准技术，泰龙茶叶增香提质技术研究，微波杀青技术，机采茶保优提质技术研究，远红外线提香技术，清洁连续化加工技术，适于三杯香茶制作的土茶筛选和基地建设，适于三杯香茶制作的紫茶品种筛选和繁育，紫茶特色品种的发掘和繁育开发等引进与应用，取得了较好成效。

2. 精选优质原料，开发名优产品

公司主要生产销售“天香一家”牌系列绿茶、红茶和白茶等产品，以适应市场对多茶类的需求。产品精选海拔 680 米以上的高山老茶树鲜叶为原料，凭借传统的制作工艺，造就了泰龙茶优异的品质：泰龙三杯香茶细紧苗直、大小均匀、色泽绿润、香高持久、滋味鲜醇、回味甘甜、清汤绿叶、反复冲泡三杯后犹存余香；泰龙红茶外形完整紧结，显锋苗，色泽乌润，汤色橙红亮丽，滋味醇厚鲜爽，香高持久，回味甘甜，

经久耐泡；泰龙白茶白色银毫，芽头肥壮，汤色黄亮，滋味鲜醇，叶底嫩匀，滋味鲜醇可口，实为原生态天然饮品。

3. 线上线下联动，拓展销售市场

公司实施订单收购、合同联结、合作联结等利益联结方式，积极引导鼓励农民发展茶叶种植业，茶叶产业成为带动农民脱贫致富的支柱性产业。公司在北京、杭州、苏州、徐州、温州等省内外大中城市陆续开设泰龙茶业专营店，拓展省级及地区代理商，产品进入全国连锁超市 110 多家门店。

为拓展营销网络销售渠道，公司2014年成立了谢泰龙电子商务有限公司，在淘宝、天猫、京东等网络销售平台开设了产品旗舰店，并开设微信分销平台，从而形成了泰龙茶业产业化、规模化、线下线上全覆盖销售的发展道路。

浙江泰龙制茶有限公司直营门店（陈维斌，潘雪娥摄）

4. 积淀千年茶韵，传承茶叶文化

公司位于省级万峰现代农业综合区的万排，常年云雾蒸绕，日月高洁，生态环境得天独厚，生产的茶叶以芽叶肥壮、白毫显露、香高味醇而著称。被誉为“中国最美茶园”的泰龙牛军洋茶场，是温州地区第一家（目前唯一一家）的茶叶出口种植基地，也是中国著名音乐家周大风创作泰顺县歌《采茶舞曲》的采风体验地。泰龙茶博馆占地一千多平方，含茶史厅、茶事厅、品茶厅、品牌厅及茶文化长廊等，以实物、图片、文字等形式全方位介绍泰顺茶历史、茶农事、茶品牌等茶文化。

茶博馆内轻快悠远的古筝旋律回荡耳畔，伴随着茶艺表演和四溢的茶香，古老的茶壶器皿和制茶工具，一张张老照片默默讲述着泰顺与茶结缘的历史。依托茶园、茶博馆、茶文化长廊，探索发展茶园观光、绿道骑行等体验式骑游，以打造“中国最美茶园”和茶旅规划理念，全方位展示茶文化。

5. 带动周边农户，助力乡村振兴

公司成立了万众茶叶专业合作社、泰龙植保专业合作社和万龙农机专业合作社，并带动周边农户，建立了稳固的联结利益机制，从源头保障产品质量安全。公司制定龙头企业产业化帮扶规划和实施方案，通过订单合同收购，保护价收购，切实维护好茶农的利益，努力做到企业发展与茶农收益双赢，共同推动茶产业持久发展、规模发展。

公司主要荣誉一览表

序号	年度	荣誉
1	2018 年	浙江省 AAA 级守合同重信用单位
2		泰顺县县长质量奖
3		2018“浙茶杯”优质红茶推选活动金奖
4		亚太茶茗大奖峨眉山国际评比大赛金奖
5	2017 年	泰龙三杯香入选 2017 年度全国名特优新农产品目录
6		浙江省出口农产品生产示范基地
7		温州市小微企业成长之星
8		第十五届温州早茶节金奖
9		浙江省第一批农业机器换人示范基地
10	2016 年	浙江名牌产品
11		浙江省名牌农产品
12		浙江农业博览会优质奖
13		第九届中国义乌国际森林产品博览会金奖
14		温商茶园三杯香基地
15		第十四届温州早茶节金奖

续表

序号	年度	荣誉
16	2015年	浙江省骨干农业龙头企业
17		浙江省出口茶叶种植基地
18		浙江省优秀科技特派员示范基地
19		第十三届温州早茶节金奖
20	2014年	首届三杯香茶艺大赛金奖
21		浙茶杯优质红茶推选银奖
22		第十二届温州早茶节金奖
23		温州市科技型企业
24		浙江省科技型企业
25		温州市涉农企业（组织）商标创牌先锋单位
26		浙江省著名商标
27	2013年	温州市农业标准化推广示范项目
28		温州市十佳农业龙头企业
29		浙江省标准化名茶厂
30		温州市知名商标
31		温州市名牌产品
32		浙江省工商企业信用AA级守合同重信用单位
33		第十一届温州早茶节银奖
34	2012年	泰顺县农业标准化推广示范项目
35		泰顺科技示范基地
36		温州市百龙工程农业龙头企业
37		浙江省农业科技企业
38		浙江省农业企业科技研发中心
39	2011年	温州市农村科普示范基地
40		第九届温州早茶节金奖
41		第九届中茶杯全国名优茶评比一等奖
42		泰顺县青年科技创业创新成长型项目竞赛银奖
43	2010年	温州市农机科技示范基地
44		泰顺县茶叶技术提升示范企业
45		温州市扶贫龙头企业
46		第四届中国温州网上特色农业博览会优秀企业奖
47		温州市农业骨干龙头企业
48		上海国际茶业博览会银奖
49		第八届温州早茶节优质奖
50	2009年	泰顺县诚信民营企业
51		泰顺县强龙兴农12345工程农业龙头企业

二、具体做法与成效

1. 建设原料生产基地情况

泰龙茶园基地坐落在万峰省级现代农业综合区内的万排牛军洋村里洋，海拔 680 米，群山连绵，云雾弥漫，昼夜温差较大，产茶条件得天独厚，生产的茶叶以芽叶肥壮、白毫显露、香高味醇而著称。

泰龙牛军洋茶场是温州地区仅有的茶叶出口种植基地和泰顺县三杯香茶叶主要的生产基地，茶场前身为始建于 1969 年的万排茶场。为改变工艺落后、效率低下，茶树品种单一的局面，公司陆续投入资金对茶场进行技术改造，在最初的本地群体小叶九坑种基础上，引入了龙井 43 号、福云 6 号、中茶 108 号、福鼎大白茶和迎霜等优良茶树品种并实行集中连片规模种植，使茶园面积由先前的不足百亩，扩展至现在的 1 200 亩左右。

基地道路通畅，基础设施和配套设施完善，具有新品种、新技术的引进、示范、推广、种植等技术研发能力和生产能力。通过加强基地建设，集聚优势企业连接基地、带动农户，促进规范化、标准化生产，全面提高茶叶品质，进一步扩大“三杯香”的生产规模。

浙江泰龙制茶有限公司茶叶种植基地（陈维斌，潘雪娥摄）

2. 企业与农户的利益联结方式

多年来，公司采取“公司＋基地＋专业合作社＋农户”和“合作组织＋农户”等经营模式，把发挥龙头企业带动作用结合起来，带动当地茶叶产业规模化发展，逐步形成茶农增收脱贫的新途径。公司实施订单收购、合同联结、合作联结等利益联结方式，积极引导鼓励农民发展茶叶种植业，辐射带动了周边1 530户茶农，农村富余劳动力实现家门口就业，茶叶产业成为带动农民脱贫致富的支柱性产业。

3. 带动农民就业增收情况

公司制定龙头企业产业化帮扶规划和实施方案，通过订合同收购，保护价收购，切实维护好茶农的利益，努力做到企业发展与茶农收益双赢，共同推动茶产业持久发展、规模发展。2015年公司通过2 900亩订单基地采购茶青、毛茶金额达2 324万元，合同联结带动农户数65户，按合同价收购农产品比按市场价多向农户支付的金额481万元，合作联结带动农户数1 441户，通过合作方式向农户返还的利润120万元，直接促进农户均增收3 210多元，真正做到了企业与农户利益共享，互惠共赢，为带动农民就业增收、促进县域经济发展做出了巨大贡献。

4. 为农户提供农业生产经营服务情况

公司以省级农业企业科技研发中心、市级技能大师工作室、泰龙植保、万龙农机等专业合作社为依托，免费提供种植、绿色防控、机械采摘等技术培训和现场技术指导服务，发挥龙头企业优势，在资金、农资供应、技术服务上大力给予农户帮扶和支持，使他们有强力的、有效的保障机制，最大程度降低生产经营风险。公司规划万峰省级现代农业综合区茶叶主导产业示范区高效生态观光茶园基地建设及技术提升，强化以主导品种、主推技术和主体培训服务措施，通过改造低产低效茶园，发展高效生态观光茶园基地。切实提高茶产业综合效益，推动茶业向标准化、专业化、集约化、规模化、品牌化方向发展，推动产业升级，促进茶叶产业持续健康发展。

5. 参与农业“两区”建设情况

万峰省级现代农业综合区区块布局呈“三区一园”结构，2010年10月列入浙江省第三批现代农业综合区创建点。通过五年多时间，总体上完成综合区创建工作，建成示范区面积23 121亩，其中茶叶示范区18 500亩。公司参与了万峰省级现代农业综合区的精品茶园、示范基地、茶叶种苗基地以及万排茶博馆的建设，加快茶厂优化改造，打造三杯香品牌。以完善农业科技创新体系为抓手，积极研究适合现代农业综合区以及主导产业示范区和特色精品园发展的生态高效种养模式及农作制度，组装配套和推广成套的清洁生产、资源循环利用等实用技术。

6. 加强质量安全管理情况

为了茶叶感官审评、理化检测和出厂检验的需要，近年来公司购置了电动振筛机、电子天平、水分测定仪、茶叶筛分机、干燥箱、干燥器等配套检测设备，以及快速检测设备农药残留快速检测仪，并先后委托中国茶叶学会、中国科学院茶叶研究所、泰顺县农业局和泰顺县食品检验检测中心等有资质的检测机构定期检测。系列产品均未受到质量问题的投诉，产品经过省、市质量检测机构的检测各项指标均符合国家标准和企业标准，抽检和送检产品合格率均为100%。

为确保产品销售的正常运行并确保销售过程的产品质量，确保优质售后服务并使顾客满意，公司制定并实施了《泰龙产品销售与售后服务管理制度》。架设了产品质量溯源平台，运用现代信息技术和信息管理手段，探索在茶企业开展质量安全追溯体系建设。消费者只要通过智能手机扫描产品二维码，或在平台网站输入产品追溯码，即可追溯查询产品的生产、检验、监管和消费环节。

7. 节约资源保护环境情况

公司厂区茶叶加工过程中基本无废水、废气污染环境，少量产生的废水、废气均低于国家环境质量标准允许的限量标准。公司回收废弃农药瓶袋做无害化处理，加工废弃物如茶片、茶梗等堆制后作茶园肥料，茶末茶粉经超微粉碎后做茶食品配料添加或袋泡茶用。

公司茶园基地采用中耕机沟垄耕作，并利用合理密植等保护性耕作技术，使用生物农药来控制杂草和病虫害，自有1 200亩茶园配置喷灌设施、太阳能杀虫灯和色板。病虫害防治遵循“预防为主，综合治理”方针，综合运用各种防治措施，保持茶园生态系统的平衡和生物多样性。

8. 发展生态循环农业情况

为了能够保护和改善生态环境，防治污染，维护生态平衡，提高农产品的安全性；为了实现经济增值，实行废弃物资源化利用，降低农业成本，提高效益，确保茶农增产增收，促进农业可持续发展，公司扎实开展了现代生态循环农业建设工作。

茶园基地采用低耗高效农机具和清洁能源产品作业，施用菜籽饼有机肥、畜禽粪便等生物化肥，铺设喷滴灌管道，大量节俭劳力和能源，实施农畜禽结合生态循环，做到有机肥、沼液和茶杆还园的综合利用。推广应用太阳能杀虫灯和色板粘虫纸，以减少茶园农药使用次数，杜绝了高毒、高残留农药的使用。

通过开展生态循环农业工作的实践证明，组织生态循环农业具有减轻劳动强度，节省工时，解决劳动力不足或不集中，确保安全高效，用药对路，提高防治效果和效益，降低生产成本，减少环境污染，保障茶叶高产丰收，产品质量安全，促进茶农增产增收等多方面的优点。

9. 参与公益事业情况

公益事业也是生产力，承担社会责任能提升企业的价值观和竞争力。企业参加公益活动的意义，不只能外显企业的价值取向，也承担了企业的社会角色责任和义务。公司的省级农业企业科技研发中心、市级技能大师工作室自设立以来，以提升社会服务意识和服务能力为抓手，积极引导和鼓励服务社会，服务地方，能力不断提升，有效地提升了公司、研发中心和大师工作室的声誉。

茶叶是泰顺县传统经济作物，茶叶生产历史悠久，产茶自然条件得天独厚，茶产业产值占农业总产值 1/3，已成为泰顺生态农业的支柱产业，对促进农业结构调整、增加农民收入、扩大就业和建设社会主义新农村发挥着重要的作用。泰龙作为泰顺茶叶的行业龙头，继续坚持以市场为导向，以提高效益为目标，以科技为动力，改造基地、优化加工、提升品质、打响品牌为重点，进一步创新机制，强化措施，多方联动，努力促进泰顺茶产业跨上一个新台阶。

三、发展模式剖析

（1）泰龙公司充分利用了泰顺地区山地多、环境好的自然资源特点，开发生态好茶，得到了消费者的认可。

（2）企业负责人是温州市技能大师，技艺精湛，并且在创办企业前有十余年茶叶销售经验，既懂生产、又懂经营。

（3）企业注重技术研发，与国内多家科研院所开展技术合作，不断改进和提高生产技术。企业连接基地、带动农户，促进规范化、标准化生产，全面提高茶叶品质。

（4）积极引导鼓励农民发展茶叶种植业，实施订单收购、合同联结、合作联结等利益联结方式，实现企业与农户利益共享，互惠共赢。

（5）发挥龙头企业优势，在资金、农资供应、技术服务上大力给予农户帮扶和支持，强化以主导品种、主推技术和主体培训服务措施，切实提高茶产业综合效益。

（6）坚持生态发展理念，严格遵守国家生产标准化，保护和改善生态环境，防治污染，维护生态平衡，提高农产品的安全性，实现企业生态效益。

四、模式适用条件

（1）企业采用“公司＋基地＋专业合作社＋农户”的模式将当地原来“低小散”的茶叶种植产业整合起来，通过龙头企业的带动实现企业和农户双赢，增加了农民收入、繁荣了地方经济。适用于有一定种养殖产业基础，缺少农产品收购、加工企业的产业。

（2）技能大师或行业专家作为企业的主要经营、管理者，重视企业的技术提升和运用，加强产品质量管理，不断开发新产品。

（3）助力地方经济发展，带动农民增收，通过订单合同收购茶农的产品，切实维护好茶农的利益，努力做到企业发展与茶农收益双赢。

执笔人：高光照

课题组：农村土地研究室

“工厂+合作社+农户”模式发展红薯枣深加工

——记永嘉县谢氏农业开发有限公司

一、发展背景与发展历程

永嘉县谢氏农业开发有限公司坐落在国家4A级旅游区楠溪江、有“中国长寿之乡”之称的鹤盛镇湖头村，2013年7月成立，注册资金100万元，股东成员8人，公司以收购红薯，加工成红薯枣并销售为主，是一家从事绿色休闲农产品加工、研发、销售为一体的农业开发企业。公司“工厂+合作社+农户”的模式，2017年资产总额达1 000万元，全年销售额达2 000万元。公司创立红薯枣自有品牌“楠溪湖头山”，品质

红薯枣品牌及其包装
（谢氏公司谢玉林提供）

公司红薯枣生产基地
（谢氏公司谢玉林提供）

佳，客户黏性大，与 76 个微商合作，另有部分产品销往温州水果批发市场、瓯北、上塘、乐清等地的固定客户。公司 2014 至今连续被评为县级农业龙头企业，2016 年获得永嘉首届百佳诚信企业。

二、具体做法与成效

1. 与农户定点收购，提高农户收入

公司推行“工厂 + 合作社 + 农户”模式，采取集中种植红薯，有效带动农户致富。市场平均 8 毛钱一斤的红薯，加工成红薯枣后能卖到 12 块一斤，这一进一出，就翻了 15 倍。“有人收，放心种。用心种，价格高。”销路有了保证之后，村民们不断扩大红薯种植面积，提高种植水平。公司跟 500 多农户签下了收购协议，为其提供红薯枣生产原材料，收购价格高于市场，但要保质保量。工厂产量也从最初日产 200 多斤增长到了 2013 年的日产 2 000 多斤，年产值达到 2 000 万元。

以红薯枣为纽带，公司带动了一批人致富。因为红薯枣，村里平均每户能够增加 10 000 元左右的年收入。公司红薯枣加工厂从最初的 4 个员工发展到了 90 个，员工都

公司雇佣村民从事红薯削皮、清洗、切片等流程（谢氏公司谢玉林提供）

聘请当地的村民，每个员工每年能拿到 3 万 ~5 万元的收入。

2. 单品打造红薯枣，深化加工过程

以“红薯枣”为单品进行全产业链打造，针对原料红薯，选取牡丹、小仙薯两个品种，借鉴香菇的加工工艺和设备，公司先后投入 500 万元，自制红薯枣的加工生产设备，量产的红薯枣主要由机器烘干，经过三蒸三晒或四蒸四晒，从原料变成成品仅需 5 天，将红薯内部的糖分彻底激发出来后再制成红薯枣，口感比直接经过太阳紫外线晒制的红薯枣更好，也更加健康卫生。

同时，以“工厂 + 合作社 + 农户”的产业化经营模式，确保红薯枣品质，生产基地都位于水源、土壤、空气无污染的、生态自然条件优越的地理环境，并通过统一收购、统一加工、统一销售和统一品牌，稳定红薯的收购价格和红薯枣销售渠道，提高种植农户的经济效益，有利于增加项目区农民收入，实施产业扶贫和精准扶贫，具有良好的社会效益。

3. 快销模式卖产品，保证客源稳定

公司生产的红薯枣中近半是通过批发市场等途径进入水果店销售的，水果店主到批发市场进货时，往往需要提前一天预订。水果店原先摆放在收银台附近的新鲜水果，很多都被换成永嘉红薯枣。产品具有鲜明的个性特色：典型种性、时令时差性和多元

微信代理商参观生产基地（谢氏公司谢玉林提供）

配搭性；产品风味口感独特、外观色形搭配美观、包装乡土化气息浓郁。

在微信朋友圈卖红薯枣，通过这种方式卖出去的红薯枣已接近生产量的一半。公司三年前刚开始在线上卖红薯枣的时候，只有两三名代理商在做，现在的团队已发展到 76 多人。瓯海的周松英就是谢氏农业开发有限公司众多代理商中，最早在微信朋友圈卖红薯枣的。刚开始卖的也不多，但现在一年比一年卖得好，2017 年下半年就卖掉了 30 多万元的红薯枣。

三、发展模式剖析：“工厂 + 合作社 + 农户”模式

1. 立足传统特色农产品，深耕加工方式

高山之上，稻米难种，红薯枣是当地的特色食品。每到秋冬季节，家家户户院落里晾晒着橙红色的红薯，远远望去错落山间，自成一景。利用现代加工技术改良红薯枣生产流程，在原料和产品品质上突出地方特色，与目标市场消费人群的饮食文化、消费习惯对接。公司创始人在 2009 年前就从事农副产品批发，收购板栗、菱角等，对本地市场、资源、客户有一定了解，后从事红薯枣的加工，自己研发生产加工设备，开发新加工方式，提高日产量，通过工艺流程，保证红薯枣的品质。

2. 围绕周边市场需求，产销一体化

围绕红薯枣的生产、加工和销售，在互利的基础上通过合同与广大农户结成产加销一体化的经济实体，建立优质红薯生产基地，以社会化服务为纽带，实行市场牵公司，公司连合作社，合作社带农户。公司以合同方式按计划对农户进行生产资料、技术方面进行投入和服务，按合同收购农产品，承担自然风险和市场风险。公司强化农业资源产出并使其增值，然后组织销售。

3. 依托家族企业，小而精管理

公司股东 8 人是七兄弟和姐夫，家庭都喜欢留守乡村，每户家庭管理公司红薯枣加工流程中的一环，收购、削皮、清洗、切片、蒸熟、烘干等一系列环节，收购红薯原料时，资金缺口达到 200 万 ~500 万元，由每户家庭筹措，到红薯时令已过，加工结束，销售回款，公司利润平分给八户家庭。公司员工发展到了 90 个，因为是时令产品，员工都聘请当地的村民，每个员工每年能拿到收入，也解决了赡养父母、抚养子女的问题。

四、该模式适用条件

1. 结合当地传统农产品特色

永嘉民间制作红薯枣的历史已很悠久，始于何时已不可考。当地具有一定规模化，相对较为成熟的红薯种植业，能为公司提供足够的可供生产的原材料，通过打造红薯枣品牌，引导农户生产高品质红薯，尽量使红薯提前上市，尽快加工成红薯枣，增加农产品有效供给，满足消费者对农产品不断增长的安全需求和品质需求。

2. 对接周边市场需求

利用现代加工技术改良红薯枣生产流程，缩短工期，在原料和产品品质上突出地方特色，物流相对较为便利，运营的成本较低，与温州周边的市场消费人群的饮食文化、消费习惯对接。

3. 喜欢留守乡村

公司股东是一家兄弟姐妹，喜欢留守乡村，赡养父母，抚养子女，家族团结，共同承担公司的经营风险，平均享有公司的利润。

执笔人：林玲玲
课题组：乡村振兴研究室

实施“专业化、标准化、自动化”生产模式研发休闲食品

——温州市老李食品有限公司

一、公司简介

温州市老李食品有限公司，位于温州市南端千年古镇——桥墩，创建于 1995 年，是一家集卤制味休闲食品研发、生产、销售为一体的浙江省骨干农业龙头企业。公司有食品园区总建筑面积 3 万米 ^{2}，拥有豆制品、卤制品五条自动化生产流水线，生产设备处同行业领先地位，实施“专业化、标准化、自动化”的生产模式。有员工 500 多人，其中高级管理和专业技术人员 20 人，是一支具有高素质和业务技能过硬的专业食品生产团队，管理技术实力雄厚。销售网络覆盖全国各地，产值逐年递增。

老李食品有限公司总部（陈章纯摄）

二、发展目标与历程

公司始创以“老李五香干”为主导产品，以独特的卤制工艺融入现代先进技术，不断开发生产“老李”牌系列休闲食品，目前有卤制、烤制、泡制等系列产品，其中卤制品占总销售额的50%~60%。销售网络覆盖全国各地，目前已俏销北京、海南、甘肃、黑龙江等20多个省、市，销量逐年快速递增，2017年销售额达6 000万元。

至今，公司已荣获“浙江省名牌产品”“浙江省骨干农业龙头企业”“浙江省工商信用AAA级单位”“浙江省著名商标”“温州市十佳农业龙头企业”和“苍南县百强企业”等荣誉称号。同时，公司产品也荣获“中国国货名牌产品”“第七届中国国际农产品交易会金奖”“后稷奖”和“后稷特别奖”等近百个奖项。

公司坚守“团结、拼搏、创新、发展”的经营理念，肩负广大消费者的责任和全体老李人的重托，做优、做精、做强、做大，目标成为全国一流的现代化食品企业、打造卤制食品全国知名品牌。

三、具体做法与成效

1. 产品、技术多足发力，以“特“赢市

休闲卤制食品是为了满足消费者“休闲”需求而应运而生的食品，是能使消费者感到轻松、休闲、享受的食品。因此，该行业的特性决定了产品更新速度快，时尚化趋势强，消费群体普遍年轻，这就要求企业必须随市场而动，紧跟市场潮流，加快产

老李五香蛋（图片来源：互联网）

老李烤鸭小腿（图片来源：互联网）

老李泡凤爪（碎爪）（图片来源：互联网）

品的研发和推广速度。

老李食品在企业发展的过程中，不断开发新产品，以天然化、健康化、时尚化、功能化的产品迎合市场消费者的日常生活和饮食习惯，产品种类包括卤鸡翅、卤鸡腿、卤猪蹄、卤蛋、五香干等，改变本地卤制品加工企业一年只能做 1~2 季的窘境。在产品开发技术，公司引进新设备新技术，拓展新市场，在做精、做优、做特、做大卤鸡翅等肉类制品的同时，着眼豆类制品的长远发展和巨大市场潜力，组织企业技术精干力量，借力院校科研力量，成功攻关豆腐干双层包装新技术，让全国同行业刮目相看，同时新研发的五香味、海鲜味、麻辣味、酱肉味等豆腐干，风味多样化，散装、定量装，适应着不同需求的人群，也让各路商家早已闻“香”而动，闻“风”而来。

2. 现代化管理为品质保驾护航

在管理上，公司注重施行现代企业管理制度，大力推进企业管理的目标化、精细化、压力化、合理化和科学化，形成了独具特色的卤制品行业企管模式，为企业几度接受市场大洗牌、大考试，终立不败之地。在经营理念上，老李公司坚持“诚信为本、质量为先”，严格贯彻落实国家食品安全的法律法规，建立健全的HACCP质量控制体系和GMP体系，把好“两个关、一过程”，确保产品质量符合国家标准。

3. 上下游关系稳定，增量保质促规模发展

“老李”作为卤制品深加工企业，其上游产业主要包括家禽、家畜的肉和内脏、豆制品、部分水产品。上游原材料价格的变动会直接影响休闲卤制食品的生产成本，进而影响到产品的利润空间，老李食品的原材料主要来自山东、河北，其稳定合作的上游供应链供货来源保证了加工产品的质量和利润。休闲卤制品的下游是消费市场，休闲卤制食品最终销售给广大消费者，主要目标市场包括休闲食品市场、餐饮消费市场、情景消费市场。随着经济发展和城乡居民生活水平的提高，餐饮、旅游业的快速发展，休闲卤制食品消费有着较大的市场空间。下游行业对产品质量要求的日益提高，也将使规模化休闲卤制食品生产成为行业的发展趋势。

4. 产业发展，带动群众增收致富

老李食品董事长马显秋作为一名农民企业家，在自身企业发展壮大的同时不忘带动当地农户一同致富。针对本地的水产品、外地购入的肉类、豆类，公司与种植户签订了保护价收购合同；吸纳下岗工人、解决农村剩余劳动力400多人，其中女工主要安排食品深加工前的清洗以及产品制作完后的包装，每月工资稳定在2 500~3 500元，男工主要负责食品卤制，工资水平在4 000~5 000元/月。同时。老李食品还吸纳20个左右的低保员工，在扶贫、解决就业、支持公益事业建设等方面发挥积极作用，帮助本地群众解决就业问题，有效带动增收。

四、发展模式剖析——龙头企业带动脱贫致富模式

1. 扩大规模，走好深加工之路

老李食品借助河北、山东的黄豆、畜禽原料资源所具有的规模优势，通过引进先进技术，不断挖掘深加工，打造“原料供应—粗加工—卤制品精深加工产品链”，依托多品种精深加工，提高产品附加值，同时，通过扩大厂区规模，一手推开市场之门，一手挽起农民同奔富裕。老李食品于2012年通过竞拍获得14 377米^{2}用地面积，用于实施年产5 000吨卤制品食品生产线建设，总生产规模可达到年产5 000吨卤制品，员工需求量也由原来的200人增至400人，带动当地群众就业增收。

2. 拓宽销售渠道，线上线下融合发展

随着信息技术及移动互联网技术的飞快发展，消费环境及消费手段正发生变化。老李食品同样迎合市场需求拥抱互联网，运用新兴渠道的力量来销售产品。在稳定对接的农贸市场、超市等固定线下渠道的同时，天猫、淘宝等线上平台也成为老李食品拓宽销售领域的选择。坚持品质，依靠创新，抓住消费升级的机遇。老李食品成立专门的线上营运团队，依托销售终端和消费者大数据，搭建大数据雷达平台，以洞察消费者需求，随时调整线下产品开发、销售战略，实现线上线下融合发展。

五、该模式适用条件

老李食品的深加工模式对于食品加工行业有一定的借鉴意义，特别是企业在行业中有自身优势地位和优势产品的，能及时满足市场需求，在主导产业的基础上，有研发新工艺、新口味，开拓新销售渠道能力的。但这种模式的使用需要公司具备优势产品和一定的品牌影响力，否则随意开发的新产品线存在一定的风险。同时，需要公司管理者有一定的战略远见和较为科学的经营管理理念，能在企业发展的关键阶段做出正确的战略部署。

执笔人：陈章纯

课题组：乡村振兴研究室

龙头企业为农户提供“三位一体”服务

——记浙江铁枫堂生物科技股份有限公司

一、公司简介

作为乐清铁皮石斛产业协会会长单位的浙江铁枫堂生物科技股份有限公司建于2010年，公司坐落于雁荡山麓。公司下辖7个子公司，建有石斛种植基地2 000多亩，铁皮石斛组培苗厂房5 000多米^{2}，是一家集铁皮石斛品种选育、组培苗繁育、大棚种植、林下原生态种植、石斛枫斗GMP加工、电子商务、铁皮石斛中药养生为一体的科技农业企业和生物医药企业。公司拥有科研团队，与多家高校和科研单位建立长期科

铁枫堂公司标志（史册摄）

研合作关系并成立了国家中医药管理局铁皮石斛重点研究室、陈剑平院士专家工作站、现代中药制剂教育部重点实验室铁皮石斛联合实验室、浙江省农业科技研发中心。

铁枫堂还先后被评为浙江省科技农业企业、浙江省优秀创新型企业、浙江省农业龙头企业、浙江省林业龙头企业、浙江省信用管理示范企业、浙江省消费者信得过单位、非物质文化传承基地、浙江老字号、浙江省著名商标、浙江省中医药文化养生旅游示范基地等。铁枫堂公司项目分别被列入国家星火科技计划项目、中央财政林业科技推广示范项目、中国梁希林业科技二等奖、浙江省重大科技专项、浙江省科技兴林一等奖。铁皮石斛产品获得有机产品认证、农产品气候品质认证和森林食品认证。

二、发展目标与发展历程

1. 发展目标

公司秉承“传承、创新、发展、共赢”的经营理念，努力把“铁枫堂”打造成“一二三产业融合发展、铁皮石斛 + 互联网 + 金融”的铁皮石斛产业集团。公司董事长宋仙水希望铁枫堂能将石斛这一单品做到全国第一，成为行业内的标杆。宋董认为，目前国内最大型的几个中药饮片公司做的产品都是涵盖各式各样的中药材，产品多达千八百种，虽然是最大型公司，在行业内也承担着领军者的职责，影响力是极强的，但是由于产品种类过多，虽然能在产品质量方面做到严格把关，但却不能做到每样产品都是精品。宋董说“自己就是要一条道走到黑”，把石斛这一单品做大做强，做广做深，做到全国乃至全世界的第一。

2. 发展历程

雁荡山的石斛种植始于明朝，出名于清朝。作为历史上最长寿的皇帝，乾隆同样对铁皮石斛情有独钟。史载，乾隆下江南游猎途中，在雁荡山一间民宿中偶然见到了铁皮石斛，并见证到了其神奇的滋补功效，不仅亲封献药者为龙凤仙草御使，更作诗题词表达对雁荡灵山仙珍的敬意。道光二十年，浙江铁枫堂生物科技股份有限公司创办人宋仙水的太祖父宋康池在大荆龙皮岙开设中草药铺，开始采集、加工、销售雁荡山铁皮石斛；曾祖父宋万连以铁皮石斛等道地药材治病救人而闻名乡里，康有为曾为其题字“中医世家”，胡雪岩曾亲自上门采购雁荡山铁皮石斛，蒋叔南曾为其题字“铁枫堂”由此得名。1972 年铁枫堂创始人宋仙水父亲宋启富在大荆创办“铁枫堂石斛枫斗加工厂”，当时产品主要销往杭州、上海、广东等地，并打入香港和东南亚市场。

2009 年 11 月，乐清市人民政府出台了《乐清市人民政府关于加快铁皮石斛产业发展的若干意见》。于是宋仙水传承祖辈的铁皮石斛养生文化和传统技艺，结合现代生物科技，创办了“浙江铁枫堂生物科技股份有限公司”，直到2010年，浙江铁枫堂生物科技股份有限公司正式成立。2011年，铁枫堂在雁荡山国家森林公园灵峰林区承租了1 100亩的森林资源进行仿野生原生态种植，石斛种植进入正轨。2013年，与浙江省农科院院长、中国工程院院士陈剑平签约成立院士工作站，铁枫堂拥有了自己强大的科研力量。同年，铁枫堂所在的北垟村被农业部认定为第三批全国“一村一品”示范村镇（铁皮石斛）。2014年，建成专业的铁皮石斛质量检测中心（成分、农残、重金属检测），进一步加强对产品质量的监控。2015年，参股浙江宝斛林科技股份有限公司，涉足铁皮石斛现货交易。2017年还在杭州成立了占地一百多亩的做石斛饮料的子公司，跨足食品深加工业。公司董事长宋仙水也被授予“第八届全国农村青年致富带头人”“2016年度浙江省新农村建设带头人金牛奖”“浙江省劳动模范”等荣誉。

三、具体做法与成效

宋仙水表示，铁枫堂早在2011年公司成立之初就一直致力于三位一体带动农户发家致富，只是以前不懂理论，都是在过程中自己不断摸索探究，发展至今成为集“生产合作、供销合作、信用合作”于一体——“三位一体”典型向全市推广。

1. 生产合作

铁枫堂与农户们在生产方面最密切的合作就是种苗的供应。2009年宋仙水在北垟村做第一个基地时很艰难。虽然雁荡有石斛的种植历史，但由于没有大面积人工种植过，所以老百姓对宋仙水团队不信任，对基地前景表示担忧。因此在土地流转时遇到很大问题，大部分农户都不愿意将土地租给铁枫堂，后来经过镇政府及村双委的积极斡旋，终于建立了第一个基地。

第一个基地不出意料获得巨大成功，老百姓们看到有利可图，纷纷表示愿意将土地流转，铁枫堂也在老百姓们的支持下建成了10个基地，并且大批农户也愿意种植石斛，于是2011—2012年雁荡山的石斛种植进入初步发展阶段。石斛种植在大棚前需要经过十个月三个阶段的育种阶段，育种是最有技术含量的过程，那时候刚起步，大部分农户没有这门技术，于是当时的几家石斛龙头企业就为农户们供应大量种苗。并且还提供种植技术服务一条龙服务，定期下去给农户们检查石斛种植情况并给予指导。乐清市政府对石斛业也相当重视，在2014年的文件中更是提出全国迄今为止补助力度最大的补助条款：一亩石斛一万元补助，且不需要立项，直接补助。在龙头企业的帮助下以及乐清市政府的助力下，2013—2014年雁荡石斛业进入井喷式发展阶段。雁荡

石斛苗培育车间
（史册摄）

的石斛业发展也带动了全国的石斛种植业发展，由于有了乐清市政府这一补助样板，许多乐清老板带着乐清的政策奔走云南等地，带动当地石斛业发展。

2. 供销合作

2012 年雁荡乃至全国的石斛种植都还处于初级发展阶段，那时候的产品既不愁销价也不愁销量，在这样的背景下，2013—2014 年的爆发式发展将雁荡的石斛种植业带到了一个新的高度，但与此同时由于产业的发展，石斛供应量直线上升而需求量却没有跟上脚步，于是出现了严重的滞销情况，价格更是一路下跌，从 2013 年的亩产值达 35 万元跌到今天的亩产仅三四万元。生产商以及种植户们信心倍受打击。2013—2014 年顶峰期的时候最多有 33 家种植石斛的企业，以及不计其数的散户，但是现在仅有三家还在投入生产。虽然产量逐年下降，但是销量仍然不容客观。2013 年前，中间商都是到雁荡上门采购的，但是近几年全国的石斛种植业都在持续发展，大部分客户被云南等地抢夺，宋仙水认识到需要建立一个属于铁枫堂乃至整个雁荡石斛的销售团队。于是重金打造了自己的营销团队，团队不仅帮助铁枫堂提高销量，并且帮助个别小农户找到销路。

在一些农户没有钱买种苗的时候，铁枫堂为他们提供种苗赊账服务，并且在赊账的基础上，会提供不间断的免费的技术指导，承诺在石斛成熟之时以高于市场价 20% 的价格回收产品，以解除农户们担心石斛没有销路的后顾之忧。

在铁枫堂的积极推动下成立了产业联盟，合作的基地有五六百个，为他们提供种苗并免费为他们做产品检测，给他们继续支撑在市场的信心。通过产业联盟的方式把不愠不火的产业基地重新盘活。乐清差不多有一万亩石斛，公司通过各种供销合作的方式能够帮助消耗 1/3 的产量。

3. 信用合作

铁枫堂与农户之间信用合作最多的是在买卖产品过程中的赊账服务。农户可以赊账向铁枫堂买入种苗，铁枫堂偶尔也会赊账从农户手中买入成熟石斛产品。其次也有一些和银行挂钩的信用合作，一些与公司合作较多的农户或企业向银行贷款时，铁枫堂会为其提供供销合同，大笔资金来往的企业，铁枫堂也会提供一定额度的信用担保；农行针对在铁枫堂买入石斛线条的加工户提供了 10 万元额度的信用卡，帮助农户解决入市的第一笔资金的问题。最新的信用合作方式是，前年跟供销社底下的农信担保公司合作探索的，老百姓充分利用铁枫堂的仓储空间，将自家产品储藏入公司仓库，由铁枫堂提供第三方资压，由银行评估，评估后可以按产品市场最低价及原价的五折进行抵押贷款。另外最近还在跟农业银行和合作社探索另一种信用合作方式。

4. 解决剩余劳动力

加工鲜石斛条需要经过多道工序，需要将石斛碾扁，灭活石斛，保留其营养成分也可让药性更温和更中性，这些过程都需要手工完成。需要的人工都是从村里挑选的

铁皮石斛加工车间（史册摄）

农村妇女，石斛加工业帮助北垟村以及附近多个村庄消耗了大量的剩余人工，且公司没有对工作时间做具体安排，员工可以自行选择上班时间，也可以将石斛带回家中加工，不仅有效利用农村剩余劳动力，也满足了农村妇女照顾家庭的现实需求。石斛加工的人工费是按石斛的等级有所不同的，等级最高的被称为龙头凤尾，鲜条细小且不规则，加工难度高，加工费一市斤高达 500 元，农妇们在加工旺季日工资有 200 多元。2013 年以前大部分地区都不掌握这一技能，所以全国许多地方甚至缅甸都会将石斛送至雁荡加工，但是现在云南培育了一批有加工能力的员工，且人工费更便宜，所以全国很多产品甚至本地一些厂家也将产品送至云南加工，导致带动周边农妇靠加工石斛致富的能力减弱。

5. 建立写生基地

铁枫堂跟中国美院合作在北垟村成立了写生基地，让美院的学生来基地画石斛，目前已经出版一本雁荡石斛的美术作品集。将文化与中草药种植结合起来，提高石斛的知名度，是宋仙水的一大创新点。

四、发展模式剖析

铁枫堂作为集“生产合作、供销合作、信用合作”于一体的“三位一体”典型向全市推广，该发展模式有其自身的特点和优势。生产合作以及供销合作都已经十分成熟，信用合作的方式虽然有较多种，但仍处于起步阶段还有待进一步加强。

1. 公司自身的科研能力是生产合作的基础

铁枫堂与农户间的生产合作的重点在于向农户提供并提供技术指导。2013 年以前，公司的科研能力主要体现在不断完善的育种体系上。有了育种技术，铁枫堂不断向发展中的种植户们提供种苗，实现了生产合作，成功拉动了雁荡石斛业的发展。2013 年之后随着育苗技术普及，公司与农户间的生产合作主要是通过技术支持实现的。为更切实地解决了农户在种植石斛时遇到的各种难题，宋仙水秉承大胆的创业创新理念，先后搭建了国家中医药管理局铁皮石斛品种选育与生态栽培重点研究室、中国工程院院士专家工作站、教育部现代中药制剂铁皮石斛联合实验室、浙江省农业科技研发中心及乐清市铁皮石斛研究院等五大石斛科研平台。正是公司自身过硬且一直走在行业前列的技术实现了与农户之间的生产合作。

2. 打造区域品牌、拓展销路是供销合作的保障

由于中药饮片市场销售模式的转变，从原本的按产品销售转变到现在的按品牌销售。原本顾客进入药行卖草药的时候只会指明需要什么草药，但是现在随着中药饮片行业产品分类越来越精细化，各个厂家都有了自己较有代表性的拳头产品，顾客们也开始对草药的品牌开始讲究起来。为了适应目前的销售模式，铁枫堂致力于打造雁荡石斛的区域品牌，自 2010 年开始，宋董就积极推动乐清市成功申报了“中国铁皮石斛之乡”“ 中国铁皮石斛加工之乡”“国家铁皮石斛生物产业基地”“浙江省铁皮石斛生产基地县”“浙江省林业（铁皮石斛）特色小镇”“全国一村一品（铁皮石斛）示范村”“温州市非物质文化遗产”“ 农业部地理标志产品”等公共项目的建设。现在正积极申报国家地理标志证明商标，为乐清铁皮石斛的区域公共品牌打造做出了关键性的贡献。另外，铁枫堂开始跨足食品加工业，旗下设立了石斛饮料公司，拓宽销售渠道。正是品牌的打造以及销售渠道的拓宽，保障了铁枫堂的石斛销量，也保障了与农户之间供销合作的顺利进行。

经贸学院教师、乐清供销社工作人员及铁枫堂董事长在铁枫堂展销馆合影（史册摄）

五、该模式适用条件

集“生产合作、供销合作、信用合作”于一体的“三位一体”并不适用于所有企业。首先企业需要与农户有密切联系，这是“三位一体”模式的前提，其次企业需要有过硬的技术，具有帮助农户生产的能力。再者公司需要有优秀的营销团队帮助供销合作的顺利进行，最后“三位一体”模式，带领农户发家致富。

执笔人：史册，邱国丹

课题组：“一带一路”涉农贸易研究室

合作社担起农民利益“保护者”职责

——记温州市藤穗粮食专业合作社

一、公司简介

温州市藤穗粮食专业合作社主要经营米加工，为成员所需的农业生产提供农机作业、生产技术服务及农作物病虫害统防统治，谷物、蔬菜、水果种植、销售等产品。公司尊崇“踏实、拼搏、责任”的企业精神，并以诚信、共赢、开创经营理念，创造良好的企业环境，以全新的管理模式，完善的技术，周到的服务，卓越的品质为生存根本，始终坚持用户至上，用心服务于客户，坚持用自己的服务去打动客户。

温州市藤穗粮食专业合作社科普基地（刘秀梅摄）

温州市藤穗粮食专业合作社烘干基地（刘秀梅摄）

二、发展目标与历程

浙江省农业市场化改革起步较早，农民专业合作社等新型主体发育较为快速，根据《农民专业协会示范章程》《农民专业合作社法》《浙江省农民专业合作社条例》等法律规范的颁布实施，浙江省农民专业合作组织发展可划分为自发 发展（1980—1993年）、推动发展（1994—2004年）、依法规范与持续发展（2005年至今）等三个阶段。

广大农户对发展合作社的需求是强烈的，最需要的是产品销售合作社。温州市农民专业合作社在组织农产品销售、加工和生产技术服务等方面取得了显著成效．但也存在发展形态小散弱，经营业务单一，产业链细而短，地区、合作社间发展不平衡，缺乏专业人才，内部运作不规范，经营管理水平不高、效益不显著等问题，资金短缺成为农民专业合作社发展的瓶颈，同时存在自身盈利和积累功能缺失，直接融资能力弱，金融支持严重不足，间接融资能力极其有限等问题。

温州市藤穗粮食专业合作社位于温州市鹿城区藤桥镇，2008年，为了响应中央号召及改善当地土地抛荒实际情况，成立温州市藤穗粮食专业合作社，在藤桥镇后垟村的交通要道两侧建立了固定的连片水稻种植示范基地，从事粮食生产种植、销售、农业技术、农机服务，担当起农户利益“保护者”职责。基地总面积1 120亩（土地流转700多亩），带动农户500多户。随着合作社实力和影响力的不断壮大，合作社将生产领域合作扩大到农产品物流、农产品加工及销售上，增加农产品附加值，加强横向合作，突破区域限制，拓展业务范围，加强和金融机构的合作，在规范化建设、品牌化经营、市场渠道开拓方面取得了显著效果。2018 年 2 月，温州市藤穗粮食专业合作社被评为省示范基地（水稻）。

三、具体做法与成效

1. 促服务，发展规模化农业

规模化的农业产业基地可使农户联合起来一致对外，有效避免恶性内部竞争，同时，由于部分经营环节统一提供服务，农户原来用在品种改良、病虫防治、产品销售等环节的精力节省下来，可以集中精力按照统一的生产技术规范要求搞好生产管理，降低农户的种植成本，据测算，每亩地每年可降低种植成本 220 元左右。社员加入合作社后，跟合作社签订合同，统一种植公司提供的品牌；而合作社为社员提供农资、培训和技术服务、统一的农机服务，最后按照合同统一收购社员的农产品。在这种模式下，公司通过合作社收购农产品稳定了货源，而且统一生产能够更好地保证农产品的品牌和质量。而农户参与合作社之后，能够享受合作社提供的一系列服务，而且公司直接和合作社交易，省去了中间费用，收购价格要比市场价格高。合作社统一繁育种苗、统一品牌销售、生产资料集中供应、统一技术指导，规模化经开展农机作业，在插秧、病虫害防治、收割、烘干等环节，以机械代替手工，提高劳动效率，农户的腰包鼓了，参社的热情高了。

2. 依托科技，固基础、提素质、抓宣传

首先，选育优良品种、调整种植结构。从现实来看，温州市人多地少，耕地资源紧缺，如果要大面积恢复粮食生产，只能走“多熟制”的路子，恢复并扩大推广“双

浙江省现代农业科技示范基地（刘秀梅摄）

农业科普讲座（温州市藤穗粮食专业合作社提供）

季稻模式"，成了其中的关键。双季连作模式的推行，有效增加了种粮农民的收入。提高复种指数，提高单位面积粮食产量。使用生态循环和秸秆还田及清洁田园和统防统治，选择优质品种进行优化种植和严格按照绿色模式统一种植。与亚作所合作进行水稻病虫害绿色防控基地，并与农科院开展科技创新合作。

其次，提高种植农户的科技素质。自成立以来，直接与有关科研部门和单位联系、合作、聘请技术顾问，举办科学技术培训，牵头开展科技示范活动，多形式、多渠道开展农业先进技术和实用技术的普及与推广。近几年来办了多期科学技术培训班，内容包括：（1）无公害水果玉米栽培技术、订单农业知识。（2）蔬菜生产过程中的病虫害防治。参加培训成员达到了 500 余人次。为进一步推广农业标准化生产，加快本组织农业标准化生产示范区建设，经常组织管理骨干和生产大户到各地参观考察农业发展较为规范的企业、基地，通过科技培训和考察学习，成员增强了合作意识，科学栽培技术和经营管理知识普遍提高。

最后，全面开展科普宣传。创办鹿城区第一家农业科学普及展示厅，展厅面积 200 多米^2，投资 12 万多元，分为农业作为科学展示厅、古老家具展示厅、古代农业农具展示厅、科学生态农业展示区及科普图书室。黄建云还建立了惠农服务站、农技培训室、视频宣传专栏、广告等各种宣传，全面开展科普宣传知识，提高农业科技表质，通过发放科普宣传资料和开展技术咨询，让村民了解科技在种植方面发挥的效益，让科技深入人心。创建青少年科普基地，宣传农耕文化。

3. 顺应互联网时代，创品牌电商

2013 年起，在鹿城供销社和温州市鹿城区农林水利局的指导下，开始筹备农产品电子商务相关的准备，2015 年 8 月，依托已有“老藤农”O2O 直销平台注册了温州网潮儿电子商务有限公司，正式开始着手电子商务。在同类品种中帮助农户农产品统一收购，以“藤穗”绿色品牌统一销售，围绕粮食引导同区域、同类型合作社在劳动技术、产品、品牌等方面开展联合生产，利用区域特点、优势，创建品牌，温州网潮儿电子商务有限公司是以鲜活农产品同城配送，坚果、休闲小食品、干货等生态健康农产品的研发、分装及网络 O2O 品牌销售的现代新型企业。在此过程中，通过名特优农产品的对接，先后与 30 多个农产品供销社达成了合作协议，专业电商技能培训 10 余次，帮助农民销售农产品，销售额达 860 万，销售内容包括了温州本地藤穗大米、白枇杷、桑葚、泰顺猕猴桃、楠溪江柚子、文成的粉干、藤桥的鸡鸭、洞头的海产品等。

4. 注重社会效益

在产业帮扶上，帮助多家低收入农户，在土地流转上免费提供零星田块，引导农户种植优质农产品。免费赠送化肥、技术，提高他们的技能。提供低收入农户来本社就业。积极参与脱贫贫困村建设，还在帮扶和带动方面正积极有序地开展为农户和低

2018年迎春慈善晚会（温州市藤穗粮食专业合作社提供）

收入服务，特别是在就业方面积极探索，满足低收入家户就业。在技术培训、农机服务大面积地开展服务。2017 年，带动农户 238 户，帮助 40 多户低收入农户脱贫，为农户粮食烘干 300 多吨，捐赠藤穗大米 4 500 斤给弱势群体及贫困户，为本村脱贫建设农业设施道路 400 米，共投资 20 多万元。包括耕田、收割、烘干、统防统治等远远低于市场价格，服务于农户。

四、发展模式剖析

1.“合作社 + 农户”，提高农民组织化程度

以往散户在农业生产中往往先进技术推广应用难度大、传统理念难转变。合作社采取统一技术标准，统一病虫防治，统一生产经营管理等服务，从根本上改变了一家一户传统的生产经营方式，充分发挥“联结、纽带、组织、载体”功能，实现了规模化生产和标准化示范，提高了农民的组织化程度，降低了生产成本和交易费用，增强了农业竞争力，加快了农业产业化进程。所以该合作社向农户部分经营环节统一提供服务，这样农户精力节省下来，搞好生产管理，降低农户的种植成本。以合作社为组织方，便于组织农户，也没有人数的上限，便于统一组织生产、管理与销售，解决的是生产销售问题，保证经济收益直接到农户手里，顺应国家正倡导的精准扶贫战略，反过来，提高了农户的积极性，帮助合作社做大做强。

2.“合作社＋电子商务”经营模式，促进农村经济增长，提高农民收入

引导合作社探索电子商务经营模式，扩大农业的产业群，延长农业的产业链。通过将粮食电子商务化，通过网络交易平台来实现商品的销售。粮食专业合作社和电子商务平台建立创新经营平台，灵活建立季节性短期或长期契约，制定订单制或其他合作计划，由农民专业合作社来担当商品的提供方，电子商务平台作为销售方。这在很大程度上保障了农户的经济利益，同时还能提升农产品自身的市场影响范围，为农民独立完成农副产品的网络销售打下坚实的基础。

随着“互联网 +”农业的发展，藤穗农民专业合作社也在发展壮大，越来越受到重视与支持，大大增强了其作为市场主体的地位，推动了农民专业合作社从自发发展阶段向规范发展阶段的转变。“藤穗”绿色品牌统一销售就是这种模式的实践。利用现代化的信息技术手段，发展品牌的电子商务合作社等创新模式，让绿色美丽经济成为农民增收致富的新增长点，发展壮大专业合作社，增加农民经济收入。

五、模式推广适用条件

（1）“合作社＋农户”模式，比较适合产业单一的合作社，更好地做技术和品种引进或推广。合作社需要积累销售渠道优势和仓储设施设备、储备的粮食生产管理技术和人力资源等为合作社发展壮大提供系统的资源要素支撑。然后是履行合约承诺优惠收购和提供全方位指导等方式赢得成员信任。通过“合作社＋农户”的模式可以增加农民收入，提高农户参与积极性，帮助合作社做大做强。

（2）“合作社＋电子商务”经营模式，有助于推进农村电子商务的可持续发展，是一个系统工程，需要政府、产业、电商企业、研究院所的多方支持，更需要广大专业合作社、农民的主动参与。

首先，这种模式需要大量的电子商务人才。电子商务人才是农民专业合作社发展电子商务的核心，因为农民的文化水平普遍偏低，缺乏对互联网技术的掌握，因此该模式适用于较完善的人才培养机制，合作社社员对电子商务技能有基本掌握的情况。

其次，要有影响力的农产品品牌。农产品品牌的推广能够让农民专业合作社的农产品辨识度提升，提高对消费者的吸引力，让合作社的农产品在众多相同农产品中形成比较优势。但在目前农民专业合作社发展电子商务的进程中，众多合作社对品牌的建立意识较低，对如何打造品牌的方式所知甚少，导致合作社在发展电子商务中缺少竞争力。所以，要发展“合作社＋ 电子商务”经营模式，就必须要有影响力和客户忠诚度的品牌。

最后，相对完善的物流体系。物流水平直接影响了消费者对农民专业合作社的信任度和忠诚度，目前其他领域的电子商务物流在我国已经发展为较成熟的状态，但是合作社发展电子商务仍处在起步阶段，纵观我国物流体系，对于农产品一类的生鲜产品仍没有完善的机制保证农产品运输“短、平、快”的要求，这对于没有足够资本进行物流外包的合作社有着极大的挑战。

执笔人：刘秀梅
课题组：农村金融与财务研究室

CHAPTER

第三章

以三产为主导的“三二一”融合发展模式

03

（一）以旅游引导的消费带动融合模式

以企带村　村企共建

——记浙江聚优品生物科技股份有限公司

一、公司简介

浙江聚优品生物科技股份有限公司（以下简称聚优品公司）成立于2013年12月，注册资金1 000万元，公司坐落于素有世界地质公园之称的雁荡山北麓，铁皮石斛养生小镇核心区——大荆镇下山头村。是一家集铁皮石斛品种选育、智能化温室大棚种植、林下近野生种植、铁皮石斛科普、铁皮石斛深加工、中医药养生、休闲旅游为一体的

铁皮石斛种植大棚（照片由聚优品公司提供）

铁皮石斛精深加工产品展示区（照片由聚优品公司提供）

现代化智慧农业科技园区。公司基地规划建设 2 000 亩，总投资预计 3 亿元。目前已投资 8 500 多万元完成 200 多亩铁皮石斛核心区种植及 700 多亩水果林种植。现为整个乐清市基础设施投入最好，规格最高，坚持有机种植的铁皮石斛产业园区。

公司崇尚自然生态、注重科学技术，以林下近野生有机种植技术为核心，运用物联控制系统和有机农产品安全溯源系统，严格按照“生产标准化、经营规模化、管理规范化、产品品牌化”的要求，走“高端、高质、高效、生态”的经营路线，生产出无公害、绿色、有机的铁皮石斛产品及铁皮石斛精深加工产品。

公司拥有一支强大的科研团队，与温州大学、浙江农林大学和多家科研单位建立长期科研合作关系。公司将按照科学的种植管理模式和产品质量标准，把聚优品和枫之灵打造成浙江省乃至全国的知名商号和品牌，公司目前已投入生产的“枫之灵”铁皮枫斗口服液、面膜、冲剂等深加工产品，在业内有广泛的销售力和影响力。并与国际知名研发机构紧密合作研发以铁皮石斛为原料的铁皮石斛酒、保健食品、精华护肤品等已陆续上市。深挖铁皮石斛效用、延伸铁皮石斛产业链，同时开发以铁皮石斛为主题的休闲旅游产业，开设铁皮石斛主题餐厅、购物广场、石斛资源圃等。

二、发展目标与历程

1. 发展目标

目前公司已成为带动乐清市优化生态环境和综合利用土地的典范，辐射周边村进行产业结构调整，整合区域内的资源优势、产业优势、技术优势及机制优势，大力发展铁皮石斛种植、产品精深加工、休闲旅游设施等配套产业，要建设集生产、研发、商贸、养生、旅游及各类关联服务功能于一体的特色产业发展新平台。计划3年投资2.85个亿，种植模式包括培育、大棚种植、仿野生种植、深加工等一起，预计收益2亿元一年，目标年销量70吨；同时带动二产、三产发展，形成铁皮石斛旅游项目，建设铁皮石斛的深加工区、铁皮文化博物馆、铁皮石斛酒厂，发展铁皮石斛文化休闲体验。农业旅游观光结合的农耕乐园、铁定溜溜园，发展以四季果园和以石斛等养生产业为主题的餐饮、购物、民宿等项目，促进集体经济增长。

2. 发展历程

2003年，聚优品公司的创始人，时任下山头村的村主任方玉友，打算为村里引进二产，想把村里的滩涂地收拾平整，建石材厂，增加村集体收入，但由于土地性质等问题，他的想法当时未实现。但这为后来发展农业产业提供了前提，十年磨一剑，直到2013年国家调整农业产业结构，发展现代科技农业，方玉友和其兄弟方玉占事业有成之后，回报家乡，为家乡建设美丽乡村带来新的发展观念和建设思路，在考察众多项目之后，兄弟俩决定在村内种植铁皮石斛，而且是规模化、现代化、标准化、智能化有机种植，下山头村在2013年真正开始实行土地流转，同年12月，浙江聚优品生物科技股份有限公司成立。村组织成立村股份经济合作社，村民将土地流转到股份经济合作社里，再由村股份经济合作社将土地出租给浙江聚优品生物科技股份有限公司。三面环山的下山头村的生态环境给铁皮石斛提供了天然的生长条件，以前村庄地理环境封闭的劣势由于兄弟俩的战略眼光和布局变成了可持续发展的优势。

目前公司的铁皮石斛健康产业及特色水果产业的全面建设为村庄发展提供了强有力的经济支撑和产业支撑，为广大村民带来了更多的就业岗位。实现了龙头带动、产业融合的协调发展。2017年底，实现产值2 800多万元，接待游客量30.5万人，旅游收入400多万元。新增周边村民就业岗位500多个。

公司的发展得到了社会各界尤其是政府领导的大力关怀和鼎力支持，国家林业局副局长彭有冬、全国绿化委员会副主任赵树丛、浙江省副省长孙景淼、浙江省林业厅

政府领导莅临公司考察（照片由聚优品公司提供）

巡视员吴鸿、浙江省林业厅厅长林云举、中国工程院院士陈剑平以及温州、乐清等地方领导和专家先后莅临我公司指导、考察、调研。公司作为乐清国家铁皮石斛生物产业基地骨干企业，承担省部级项目 3 项，其中“雁荡山铁皮石斛产业化关键技术研究与应用”获得 2016 年梁希林业科学技术二等奖、浙江省科技兴林一等奖。栽培技术获得国家实用型专利 2 个。产品获得有机认证证书。公司先后获得国家 AAA 级旅游风景区、浙江省生态文化基地 、浙江省最美赏花地、浙江省中医药文化养生旅游示范基地、浙江省林业重点龙头企业、浙江省现代农业科技示范基地、浙江省农业科技企业、温州市百龙工程企业、浙江省林业厅雁荡山铁皮石斛种质资源库（分库）等荣誉称号。

三、具体做法与成效

（一）具体做法

1. 项目带动，规划先行

下山头村，坐落于雁荡山北麓，位于乐清市大荆镇，西邻大荆镇中心城区，三面环山，空气清新，风景秀丽。村域面积约 2.1 平方千米，由下山头、西岙和高宅三个自然村组成。耕地 830 亩，林地 1 739 亩。全村人口共计 630 户，30 个村民小组，1 980 人。其中，老年人口 300 人，平均年龄为 78 岁，青壮年劳动力 1 188 人，多数出外经商或进城就业。下山头村规划设计稿是由浙江大学建筑设计研究院编制，从最初的村庄的现状勘测、实地考察、分析，到后期的规划设计方案共计用时一年有余，整体规划设

↑ 樱花路（照片由聚优品公司提供）

计费用约 200 万元，后期聘请北京林业大学园林学院以及台湾薰衣草旅游策划的团队到下山头村进行景观规划、酒店民宿设计及铁定溜溜项目规划等。设计费用已达 1 000 多万元。

2. 土地流转、保障收益

2013 年，下山头村针对当时土地抛荒严重的现象，村组织成立村股份经济合作社，将村民土地流转到股份经济合作社里，引入工商资本，再由股份经济合作社联合工商资本成立浙江聚优品生物科技股份有限公司，实行村民出土地，以企带村，村企共建的发展模式。

下山头村在号召农户进行土地流转前期做了大量的工作，首先村双委多次召开会议进行讨论如何既能快速发展下山头村经济，又能提高村民的幸福指数。同时多处走访其他乡村进行交流学习。密切与市、镇领导沟通现行土地相关政策。为保障入股农户的合法权益，聘请法律顾问撰写相关合同，经过多次斟酌修改，最终形成《下山头村农村土地承包经营权流转入股合同》。土地流转入股的主要内容为：一是明确土地流转费，并每隔五年递增 10%，每年支付一次，确保农户土地流转费不低于同期其他村庄土地租赁费用；二是入股土地期限为 30 年，股金按耕地 3 万元 / 亩、旱地 7 200 元 / 亩，确保了农业开发年限及农户的入股股金；三是农户仅以土地入股，不再进行投入及负担经营风险，极大地保障了农户权益。

下山头村在号召农户进行土地流转的工作中，村双委成立工作小组，分步骤有计划地进行。首先召开村民代表大会，把为什么要土地流转，流转的目的告知给村民代表和党员。然后再逐个自然村召开村民会议，把相关事宜和政策告知给农户。同时把中央相关农业产业化经营试点等新闻做成宣传栏内容，让农户彻底了解流转土地的目的。然后村双委成员再分成两个工作组，按照每个小队进行入股工作。这样的做法既能保证宣传到位，又能逐个解决农户入股的问题和疑虑。第一批流转土地户数达到 65%，第二批流转土地户 30%。

3. 项目推动，三产融合

以聚优品公司为载体，以打造石斛产业为特色的诗意山水旅游村为目标，全面推动铁皮石斛一二三产业的发展。提升一产，优化种植技术以行业示范和标杆要求，高标准建设特色产业现代农业科技示范基地；主攻二产，提升产品附加值。依托初具规模的种植产业，逐步发展加工、储运、包装、销售为一体的产品加工产业链，提高产品附加值。目前，已形成枫之灵、灵仙草、方斛堂等多个知名品牌商标；拓展三产，发展乡村生态旅游。依托下山头村的自然资源以及铁皮石斛示范基地，推进乡村生态旅游开发。大力发展休闲观光农业，打造“农耕乐园”“生态景观河道”“樱花长廊游步道”“铁定溜溜村”“百果园”等农村景观景点。通过举办特色农业节会，吸引外地游客前来休闲旅游观光。

（二）主要成效

1. 村民收入大幅增加

村民们心中都有一笔账，下山头村人均不足 1 亩，种植粮食亩产收入仅为几百元。而土地流转后就能得到每年 1 200 多元的土地流转金，还能参与企业劳动，获得劳动收入，以后还可以享受“企业”的红利。每年的腊月二十，是村里发放土地流转费的日子，也是下山头村村民们最开心的日子，村民们都会到村委会领取几百元到几千元不等土地流转金。喜滋滋分享着“村企共建”的成果。土地入股让下山头村村民都成为聚优品公司的股东，农民将由“面朝黄土背朝天”“日出而作，日落而息”的传统种植收入模式向“租金 + 股金 + 薪金”的“三金”收入新模式彻底转变。在确保村民土地租金收益的同时，也增加了就业机会，使得每户村民每年增收 5 000 元以上。

游客在种植园拍照留念（照片由聚优品公司提供）

2. 村容村貌极大改善

原来村民上山，晴天道路崎岖不平，雨天泥泞不堪，村民有诸多抱怨。四年多来，

修建完毕的环村路（照片由聚优品公司提供）

下山头村远景环村路（照片由聚优品公司提供）

方玉友累计投入 1 500 多万元帮扶下山头村加强基础设施建设，进行“输血”，村内修建了 5 千米的环村路，并配套建设了路边绿化带及花坛，安装路灯 100 多盏；安装开通了自来水、进行污水管网建设。全面启动联建公寓房工程，使得村民的居住环境大大改变。新建桥梁 5 座，拦水坝 2 座。即将建设村文化礼堂和村民中心，1 200 米景观河道建设，10 公顷农耕乐园，景观道路，生态公墓建设等。在 2016 年，新的环村路建成了。路面是由上海迪士尼原班人马打造，路面宽敞，颜色及花纹非常漂亮，村民无不叫好。现在清晨及傍晚饭后，环村路三三两两出来散步的村民特别多，环村路也吸引着大批的外村人休闲散步。环村路的畅通为以后的工作开展打下了坚实的群众基础，在以后的项目建设中，村民们抱怨和疑虑已经没有了。

目前，聚优品每天都吸引近百名游客前来参观，更有国家、省市级领导前来参观调研。村民们每天看着来往的车辆和人员，心中油然升起一种自豪感，下山头村变了……4.5 千米畅通的环村路两旁全部美化、绿化，仅 2017 年植树 1 万多株，包含热带棕榈、加纳利、茶梅、樱花、红叶石楠等树种，绿化草坪面积 2 万多米 ^{2}。荒山成了花海和果园，过去泥泞狭窄的道路一下变得宽敞漂亮，还有荷花池、游泳池，村民无不叫好。700 亩的水果林和 450 亩的珍贵彩色健康示范林，让山间呈现出美丽的林相。过去泥泞狭窄的道路变成了宽敞漂亮的水泥路，通往大荆镇笔直的道路干净宽敞、绿化错落有致，每个路段的树种在不同的月份绽开不同的花朵。使下山头村真正成为百花村、百果园和百树林。

铁皮石斛餐厅（照片由聚优品公司提供）

铁皮石斛护肤品展销柜（照片由聚优品公司提供）

3. 产业融合优势突显

下山头村规模经营，发展绿色富民产业，大力发展铁皮石斛种植、产品精深加工、休闲旅游设施等配套产业，建设集生产、研发、商贸、养生、旅游及各类关联服务功能于一体的特色产业发展新平台。铁皮石斛产业——稳健有序，铁皮石斛一二三产全面铺开。第一产业——种植铁皮石斛、打造四季飘香的百果园，种植春见、蓝莓、红心柚、枇杷等多种水果。第二产业——发展石斛冲剂、石斛口服液、石斛啤酒、石斛面膜等各类深加工产品，建设石斛展览馆、铁皮石斛酿酒厂。第三产业——生态度假酒店、沿河商业街、农耕乐园休闲观光、铁定溜溜园休闲观光旅游项目。2018 年 5 月，下山头村田园综合体项目成功入选温州市首批田园综合体试点项目。

4. 精神文明效果显著

现在村内每年开展铁皮石斛品赏节、梨花节等系列节日活动，丰富了村民的文娱生活。如今的下山头村打牌搓麻将的少了，养生锻炼的多了，吵架斗殴的少了，团结互助的多了，好吃懒做的少了，学文化学技术的多了。村民们经常利用老年会广场组织各种文娱活动。每天清晨傍晚，不少村民伴着舒心的音乐翩翩起舞。荷花池边三三两两的村民在公园散步，也有一些小朋友在环村路上骑着小自行车，场景好不温馨惬意。在全村开展美丽乡村建设的同时倡导精神文明建设，村庄变美了，环境变好了，家庭和睦了，干群关系融洽了，到处呈现一片祥和、文明、友善、发达的美好景象。

四、发展模式剖析

聚优品公司与下山头村的发展模式可以总结为“村民出土地，以企带村，村企共建”，该发展模式尤其自身的特点和优势。

1. 项目带动，规划先行

好的规划是促进项目推进的第一保证。方玉友的“蓝图”不仅仅是一家聚优品公司，更在于通过现代化的经营方式，植入乡村旅游、特色民俗、文化创意等项目，陆续促进集体经济的增长。因此，在最初美丽乡村规划时，斥资200万元，从最初的村庄的现状勘测、实地考察、分析，到后期的规划设计方案共计用时一年有余。美丽乡村初见成效后，后期聘请北京林业大学园林学院以及台湾薰衣草旅游策划的团队到下山头村进行景观规划、酒店民宿设计及铁定溜溜项目规划等。

2. 项目推动，带动收入

以前种田效益低下，村内劳动力向非农产业转移，村里不同程度的出现耕地抛荒现象，现在通过实现土地流转，将连片抛荒地集中，由村股份经济合作社通过公司投入资金、技术来开发经营，既可以防止土地抛荒，又可以达到合理利用土地，从而增加农民收入。目前铁皮石斛种植已达200亩，山体果园种植已达到700多亩。农民将由“面朝黄土背朝天”“日出而作，日落而息”的传统种植收入模式向“租金＋红利＋务工收入”的收入新模式彻底转变。

3. 项目推动，三产融合

以打造石斛产业为特色的诗意山水旅游村为目标，以聚优品公司为载体，全面推动铁皮石斛一二三产业的发展。依托下山头村的自然资源以及铁皮石斛示范基地，一产“接二连三”，工商资本的投入，推进乡村生态旅游开发。大力发展休闲观光农业，打造“农耕乐园”“生态景观河道”“樱花长廊游步道”“铁定溜溜村”“百果园”等农村景观景点，带动村民、村集体共同发展。

4. 统一思想，目标明确

在进行土地流转的最初，部分农户对入股存在疑虑，不愿意转让土地承包经营权。一旦转让土地，他们觉得丧失对土地的使用权，如同失去了保障。另外，土地用途被改变，部分农户不理解。为发展山体经济，种植水果，修建村内机耕路，会用到入股农户的土地，改变其耕种状态，农户会认为自己承包的土地永远丧失，无法耕种。

为此，村双委做了大量的工作，统一思想认识，宣传到位。一是把“以企带村，村企共建”的规划目标、工作要求宣传到位，做到及时与村民沟通、通气，让村民了解、理解公司的设想和规划，激发村民参与“以企带村，村企共建”的热情和积极性。二是把共同发展宣传到位。把企业的发展与地方经济发展、村里经济发展和群众增收的鱼水关系，共兴共荣的道理向村民讲清楚、讲透彻，使大家明白三方利益——自己的利益、村里的利益和企业的利益是一致的、共同的，从而心往村企发展一处想，劲往村企共兴一处使。

五、该模式适用条件

聚优品公司“以企带村，村企共建”模式并非所有企业都能适用，需要具备一定的条件。一是村庄必须具备公司项目开发和发展所需的重要资源，如本案例中下山头村拥有适合石斛种植生存的土地资源，这是该模式发挥作用的前提和基础条件。二是需要一定的资本注入。不仅是项目方面的投入，周边的基础设施方面也需要相当的资金投入，否则无法保障项目的正常运作和取得令人满意的效果。三是公司领导者需要具备战略眼光和布局，有振兴乡村的高尚情怀，还要善于挖掘潜在市场机会的能力，具备先进的经营管理理念。

执笔人：邱国丹，闫秀丽

课题组：“一带一路”涉农贸易研究室

党建 + 产业 + 文化

——记瑞安市塘下镇陈岙村

乡村振兴战略是习近平同志 2017 年 10 月 18 日在党的十九大报告中提出的战略。农业农村农民问题是关系国计民生的根本性问题，必须始终把解决好“三农”问题作为全党工作的重中之重，实施乡村振兴战略。在各地都如火如荼地寻求乡村振兴的突破之道时，位于瑞安市塘下镇东北隅的曾被称为“穷山恶水”的陈岙村早已开始摸索出一条独特的乡村振兴之路。

本文以瑞安市塘下镇陈岙村为例，通过实地参观考察整村的建设现状，对陈岙村的书记和相关负责人开展深度访谈，了解陈岙村的发展历史、发展模式、现阶段的发展成效和远期的规划，探查该村乡村振兴的发展模式，总结分析乡村振兴发展的教训和经验。

一、村简介

塘下镇陈岙村位于瑞安市塘下镇东北隅，属塘下镇场桥办事处，东邻温州龙湾区海城街道东溪村，西连西岙村，南邻埭头村，罗（凤）梅（头）公路穿过村前，给陈岙村带来了便捷的交通条件。陈岙是个依山傍水、环境优美的生态村庄。全村总面积 2.2 千米 ^{2}，其中村庄面积 0.42 千米 ^{2}，山林面积 2 805 亩，耕地面积 160 亩，全村有 275 户，1 203 人，党员 71 名，外来人口 1 000 余人，村集体年收入超 500 万元，农民人均收入高于全镇平均水平。2017 年 1 月 4 日，温州市旅游景区质量等级评定委员会发布公告，场桥陈岙生态旅游休闲区被评为 AAA 级景区。2017 年 11 月，陈岙村获评第五届全国文明村镇。

村内游客中心及游船区（戴佩慧摄）

二、发展历程

过去的陈岙村，与贫穷、落后、饥饿、闭塞、偏远相伴，村边小溪杂草丛生，青山周边满是坟墓，村里脏乱和水污染现象严重。陈岙山地贫瘠少土且多裸岩，山势陡峭不长树。村里人除了耕种少量水田外，大都靠山吃山，以采石、砍柴、种红薯为生，生活十分艰辛。由于无法依靠当地的资源，陈岙人只能靠起早摸黑的干活以挣得一些微薄的收入。但一年下来，即使是最强的劳动力、最好的年份收入也超不过 300 元。而祖祖辈辈依靠的采石副业更是艰辛劳苦、却收入甚微。当时村里通往外界的仅为一条 2 米来宽的砂石路，路当中铺着石板，两边是泥沙和小石头，道路坎坷不平。由于极端的贫困落后，村民的婚嫁、教育问题都难以解决。村里经济状况差，村集体负债一度达 86 万元，在塘下镇属于不发达的村之一。

改革开放以后，以陈岩洪为首的一些农民以队办集体企业的形式创办了耐火砖厂，解决了部分富余劳力出路和生活问题。此外社员陈圣同带头闯出了养蜂致富路，带出了一批养蜂户，使部分社员手头有了少量的积蓄。此后通过社员陈庆荣的引领，全村又连续创办了 5 家陶瓷企业，并自发形成了一支 100 余人的推销员队伍，村民的生活水平也进一步提高。到了 20 世纪 90 年代末，在个私经济蓬勃发展的大背景下，电镀、水暖等行业迅速崛起，电器、标准件等生产企业也相继创办，工业逐步发展成为陈岙主要产业。进入新世纪之后，因意识到“绿水青山就是金山银山”的真理，2002 年，

陈岙村村内民居
（戴佩慧摄）

村里开始治理陈岙溪，上马小流域整治工程，修建自来水厂来增加村集体收入，每年为村集体增收几百万元。后来，村里又启动陈岙溪第二期和第三期蓄水工程。近年来，陈岙村更是积极投身“五水共治”，彻底关停30多家非法电镀企业和迁移合法电镀企业9家，消除电镀业对环境的严重影响。村内还通过平整乱坟堆，迁移陈岙周边山体上的5 000多穴坟墓，整理出几十亩山地，打造休闲宜居生态村并建成村属标准厂房出租，使村集体每年收入达500多万元。后来又通过土地整理开发出75亩土地，为村集体筹得2.42亿元巨额资金，开始拉开了新一轮大建设大发展序幕。通过村集体控股、村民搭股，建起了集观赏和学、游、消暑于一体的大型室外游泳池。2014年下半年成立了九龙旅游公司，相继成功开发了九龙游泳中心、九龙生态垂钓中心、九龙峡谷激情漂流、九龙皮划艇运动中心、九龙人家农家乐等项目，大力发展乡村旅游，走出了一条产业“退二进三”转型升级新路子。近年来村两委通过整合土地资源，房产对外租赁，盘活资产，开展旧村改造等村级建设工程，固定资产投资规模激增，村容村貌大改观，村综合经济实力稳步增长。拥有了“全国文明村”“国家AAA级旅游景区”“中国美丽乡村百佳范例”“浙江省先进基层党组织”等数十张国字号、省字号金名片的美丽乡村建设典范村。村民人均年收入从1978年仅60元左右，猛增到2017年的35 281元，是远近闻名的富裕文明村。

三、发展模式剖析

通过参观和访谈，我们总结陈岙村的发展模式主要是以“党建 + 产业 + 文化”的模式循序渐进的开展。

1. 党建引领，村民共建

陈岙村巨大变化是从陈众芳当选村支部书记兼村委会主任开始。陈众芳上任后，通过调查研究，发动群众，做规划、治水、治山、旧村改造等一系列举措，使陈岙村旧貌换新颜，成为新农村建设的典范。针对连乡镇政府都感到头疼的青山白化治理、拆除违章建筑、整治取缔非法电镀业和小熔炼业等大难题，党员干部都能主动担当、以身作则，从我做起，绝不退缩。党员干部克己奉公，村财务和重大事项，都按照规程都在阳光下操作（村民打开电视，便知晓村里的账务），甚至很多党员干部愿意用私人资产支持公务和村集体的建设。这样一支有凝聚力、号召力、战斗力的干部队伍，使得新农村建设就有了主心骨和火车头。同时陈岙的发展，也离不开村民的协同共治、全民参与。为打造美丽家园，切实改善村民居住条件和环境，2003 年村委托规划设计部门编制了《陈岙村村庄规划》。在陈岙村，生产区域、生活区域、休闲区域泾渭分明。陈岙溪那头，是 5.5 万米 ^{2} 标准厂房。在休闲区，天然泳池、垂钓基地、激情漂流沿陈岙溪分布，配套的农家乐、特色民宿已在谋划。而溪这头，古榕、市民广场和文化礼堂又将休闲区与生活区隔开。整体布局形成生产、生态、生活和谐共荣的一张网。所有的项目，经过专业的规划和村民的同意，并由村民共建共享。接下来的陈岙村，已编制乡村旅游规划，将陈岙打造成一个功能设施全、生态环境好，集乡村民宿、水上娱乐、温汤养生、露营探险、休闲度假的美丽乡村，目前部分项目已开始实施建设。

2. 兴业为基，多元发展

乡村振兴离不开产业的兴旺，陈岙村在过去属于资源贫乏的村庄，在十多年的发展中陈岙人善于思考，敢为人先，产业上因地制宜，从最开始的采石业、耐火砖厂、陶瓷业、电镀业及后来发展起了乡村旅游业、养老养生产业、休闲产业、农家乐等。每一个阶段的发展虽也带来了一些负面的影响，但也正是这些各种各样的“业”，既安顿了村民，也发展村集体经济，改善了村民们的生活。

尤其在近些年，从依托陈岙溪，经历治水、蓄水、卖水，村集体赚到了“第一桶金”，并以水做文章，在休闲区开辟天然泳池、垂钓、漂流等项目。沿陈岙溪建起约 100 亩的休闲娱乐健身场所，包括大型水上乐园、网球场等娱乐设施；陈岙溪长

陈岙溪治理后建成的泳池（戴佩慧摄）

1.7 千米、160 米落差的水道漂流项目，每年营业额达 600 万元。从 2008 年开始，村里就着手对参差不齐、多数为破旧瓦房危房的农房进行改造。期间共拆除房屋 529 间和厂房 397 间，拆除面积 11.5 公顷，并通过建设标准厂房，统一生产、管理、治污，并成为村里最大的集体经济来源，2014 年收入达 500 多万元。村内还投资 2.5 亿元，经过四年的努力，建成旧村改造一期工程中溪花苑小区三个团块小洋房排屋，计 336 套，建筑面积 62 872 米 ^{2}，建成大型地下停车库 3 万米 ^{2}，实现人车分离。建筑形式以庭院为基本单元，景观建设融入青山、绿水、古榕的江南民居风格，即景在屋中、屋在花园中的诗画家园，使小区的品位得到极大提升，成为浙南地区农房建设的示范窗口。目前，建筑面积 42 888 米 ^{2}、投资 2.5 亿元的二期旧村改造工程“中溪锦苑”正在启动中，建设规模为 360 套，地下停车场 1.6 万米 ^{2}。而这也成为村集体营收的新亮点，吸引了大批的游客前来旅游健身和借景摄影。

3. 文化共建，打造品牌

在乡村振兴的发展道路上，陈岙村同样关注乡风文明的建设。为解决“老”的问题，村集体投资 850 万元建成 11 幢 132 套计 11 000 米 ^{2} 的老人公寓，对年满 60 岁的本村老年人免费提供住宿并配备多功能厅、棋牌室及相应的社区配套服务设施。同时，每年划拨 110 万元为每位老人发放养老金及生活补贴，不仅解决全村老人老有所居的问题，也最先开始了农村社会化养老的尝试。

为活跃和丰富群众文化生活，陈岙村近年来建成了包括科普展示馆在内的温州市级科普文化中心、村级农家书屋、多媒体文化活动室、电子阅览室及乡风文明馆和移风易俗走廊等文化设施。加强了书画、摄影、舞蹈、戏曲活动队伍建设，设置书画摄影沙龙工作室。成立村文明协会、业余太极拳剑和文艺体育爱好者队伍，并每在节假日开展活动。编写《陈岙村史》、陈岙村歌《富在青山绿水间》、越剧新唱《美丽村庄数陈岙》。业余文艺队的两个保留节目《首首都是心里的歌》和《唱一唱陈岙村》，还成为省魅力新农村评选节目的重头戏。为推进邻里和睦，制定《陈岙邻里公约》，连续举办“中秋邻里文化节”，评出文明户、好人好事进行表彰。为杜绝旧不良风俗复现，制定了《陈岙村移风易俗村规民约》，建立村民议事会、道德评议会、禁赌禁毒会、红白喜事理事会组织，特别是由村集体出资 300 余万元，将原钱、陈、董、叶、戴姓氏 5 个宗祠和多个宗教活动场所全部集中到“畚斗肚”地块，建成“陈岙宗祠文化园”，为宗族和谐相处提供了阵地，消除了各宗祠祭祀祖先互相攀比、互不服气闹矛盾现象。同时，开展文明创建工作，制订和落实“垃圾不落地、出门讲秩序、办酒不铺张、邻里讲和睦”的制度，倡导喜事新办、丧事简办，有效地解决了原来办酒席铺张浪费和送丧发放礼金乱象，深得全体村民的好评。

村内古榕树（戴佩慧摄）

陈岙村还举办了“醉美陈岙生态旅游文化节”、连续两届的“陈岙九龙杯”跨越大罗山徒步登山越野大赛，利用省级大罗山登山健身步道组织邀请国内外 1 600 多名选手参赛；努力办好温州 11 个县（市区）代表参加的温州市第二届休闲“岙运会”；连续三年协办以“同心·同行·同梦”为主题的海峡两岸瑞台青年交流活动。力求通过这些活动不断提升陈岙的知名度和影响力。

四、陈岙村发展经验

1. 党建引领，规划先行

乡村振兴，选好带头人是关键。在乡村振兴的道路上，没有一套标准的模式可以借鉴，上级的政策支持对很多乡村来说并不能完全适应。因此针对乡村自身的发展状况，要想有所突破，还需要村干部有一定的担当。陈岙村的历史性变迁离不开党的政策，更离不开一支有着富有公心、责任心、充满战斗力能发挥带头示范作用的党员队伍。党员干部事事以大局为先、大局为重，讲团结、讲民主，开诚布公，真诚相待、互相补台，做到心齐、声齐、动作齐，才能推动乡村振兴战略的真正落实。此外通过观察陈岙村的发展变化，我们也可以发现要想将乡村振兴带到正确的轨道上来，乡村发展还需规划先行。陈岙村的村庄的规划是由专家依据现代化小城镇理念结合村里的实际情况来设计的，而不是由某一些人拍脑袋决定。如何进行区域的规划、如何实现产业转型、如何兼顾村民的利益，各方面的措施都需提前规划，考虑周全。由此再落实规划才能既改善了村庄的居住环境，也通过经营相关的项目获得了收入，大大提升了村民的生活水平。

2. 产业多元，善于经营

乡村振兴，兴“业”是根基。虽有党员干部的带领，但是乡村若无“业”可做，就导致青壮年人口外流，经济凋敝，村庄空心化、人口老龄化。因此，“业”才是乡村的根，乡村要振兴，必须要先兴“业”。乡村振兴必须做到村村有产业，人人有事业，家家户户都能够安居乐业。陈岙村的发展就是善于因地制宜，因时就势，找到多元化的产业发展路径，而不局限于单一的资源和产业。同时村民通过“亲带亲，邻帮邻”，积极带动大家转产转业，能及时地实现产业的转型升级，找到多元化的发展路径。除此以外，乡村振兴还应懂得以“经营理念”管理乡村，要积极打造乡村品牌，这不仅增加了全村的荣誉感和士气，也更加容易为乡村的发展争取更多的资源和客源。尤其是以陈岙村这类以乡村休闲产业为产业转型目标的乡村，更应懂得推广乡村和乡村旅

村支书家训（戴佩慧摄）

游项目，吸引更多的游客参与休闲旅游项目，增强产业兴旺发展持续的动力。

3. 乡风文明，环保共行

乡风文明也是十九大中提出的对乡村振兴的要求之一，然而很多乡村的发展中也往往忽视这点。乡风文明是关系到乡村振兴的长治久安的，乡风文明是对教育、卫生、良好的民风民俗的一系列要求，需要长时间的推进和熏陶。可借鉴陈岙村的做法，通过加大文化设施的投入，推进村民共同参与文化项目，增强村民的荣辱感和集体意识，又通过公约的制定和评比活动等引导和规范村民的行为。在轻松愉快的氛围中达到了潜移默化的效果。

此外环境也是乡村振兴持续发展的保证。中国的工业发展走的是先污染后治理的模式，现在这种以损害自然环境为代价的发展被证明是不可持续的。陈岙村就吃过环境破坏的亏，后来通过治水、治山，迁移污染企业，在发展中坚持把环境整治放在优先位置，现在清新的空气、郁郁的青山、潺潺的绿水成为该村的“摇钱树”，也让村里的“业”实现了可持续发展。因此陈岙村通过宣传和加大对垃圾清扫、管理力度，全面实行垃圾分类和资源化处理，既扮亮了村庄，又进一步增强了全体村民的环保意识，爱惜环境成为广大村民的自觉行动，由此也获得了"全国文明村"等荣誉。

乡村振兴的发展之路没有放之四海皆准的法则，每一个乡村都需要结合自己的实际情况找到适应的发展路径，陈忝村的快速发展必然也存在着一些误区和艰辛的过程，但也是我们摸索乡村振兴之道中值得学习的经验和教训。

执笔人：戴佩慧

课题组：农村产业发展与流通经济研究室

整村置换
古村落发展文化旅游产业

——记永嘉县岩坦镇屿北村

一、发展背景

屿北村始建于唐代的永嘉县岩坦镇屿北古村，迄今已有千余年历史，拥有全国历史文化名村、中国传统村落、中国景观村落等称号。全村至今仍保留着45座较完整的四合院古式建筑，其中有11座属省级文保单位，被认为是浙江省古村落整体景观保存最完好的村落之一。

屿北村小桥流水（史册摄）

屿北村老村街景（史册摄）

屿北村古道（史册摄）

屿北村文化底蕴深厚，南宋抗金时期吏部尚书汪应辰及其弟为躲避秦桧的迫害，隐居于此，之后他的儿子汪逵世袭了他的职位，因而也有了“一门三进士，父子两尚书”的美谈。据记载，南宋以来屿北村曾先后出了 1 名状元、8 名进士、30 名贡生和庠生，可谓地灵人杰。

屿北村红色旅游资源也相当丰富，屿北革命第一人谢文景的事迹，为屿北古村烙上了红色印记，他在屿水村成立了温州市第一个党支部。当时中国共产党永乐抗日游击自卫总队也曾在这里展开武装斗争，而国民党反动派对这个根据地发动过五次围剿，对屿北村进行烧抢掠夺，直至改革开放，这个根据地才得以重修，这些革命儿女为屿北古村增添了宝贵的精神财富。屿北村也是楠溪江最具有耕读文化的代表村庄之一。

然而多年来，屿北村因为地理位置偏僻，“养在深闺无人识”，同时古村落的保护限制了村民日常的居住条件改善，影响了群众的生活质量。如何改变这一困局成为当务之急。2013 年，永嘉的领导班子前往丽江考察时，被当地古色古香的小城美景和庞大的游客数量所触动，回来后便开始重新思索永嘉的发展方向。于是永嘉请来上海世贸控股（集团）有限公司董事长、永嘉籍温商李焱然，商议达成屿北古村项目整体开发协议，尝试古村居民整体置换到新区再进行保护开发的“整村置换”新模式。

二、发展目标与历程

（一）发展目标

“整村置换”总体目标是以“中国古村落文化创意谷”为核心定位，将屿北古村落打造成集“中国古村落文化影视基地”“中国艺术作品创意生产基地”“中国古村落休闲生态城”“中国民族文化古村落建筑基地”等为一体的楠溪江最大的文化旅游综合体。

具体设想是将这片占地面积达 5.1 万米 ^{2} 的古村里的原住民全部腾空，以 1 ∶ 1 的住房面积置换到邻近的新区之中；世贸集团将以文化产业植入的方式，对古村进行综合性保护与发展，把其中的部分古民居，建成状元博物馆、匾额博物馆、祖师爷博物馆等，将屿北打造成一座“中国古村落文化创意谷”，再逐步引入永昆、瓯塑等民俗元素，总投资预计 20 亿元。计划分三年实施完成对屿北村的综合建筑改造、道路整治、场地建设等 8 大类综合整治项目。

（二）发展历程

永嘉县政府 2013 年与上海世贸控股集团签订开发协议。2016 年 3 月，“整村置换”模式在经历长达 3 年的酝酿后迈出了关键一步：永嘉县完成土地用地功能调整，将屿北村中的 100 亩农保地调整为建设用地。同年 6 月，当地完成 7 000 多亩自留山林流转

屿北村宣传板
（史册摄）

屿北村“整村置换”项目开工仪式（来源于网络）

到村集体；8 月，村民代表大会全票通过了整村开发决议；12 月，温州市政府批复了屿北村 100 亩安置房农转用指标；2017 年 2 月份，屿北村整治项目的整村规划设计启动，涉及资金约 8 000 多万元。

三、具体做法与成效

1. 签订置换合同

根据安置方案，村民交出古村落产权给村集体。以村集体名义，同世贸集团签订五十年租赁合同，建成后景区收益世贸集团占 75%、村集体占 25%。屿北村共 437 户村民，常住村民达 200 多户，由于“整村置换”模式在浙江省是第一次实施，很多村民并不信任，因此不愿意签订置换合同，尤其是许多低保户以及外出工作的村民。为了让村民们达成共识，村里动之以情，晓之以理，给村民们算了一笔账：新房子换老房子，1 ∶ 1 免费置换，还可按每人 20 米 ^{2} 增购，几乎免费住新房；田地和林地由村集体统一租给开发商，田地每亩年租金 600 多元，林地每亩 26 元；等景区投入使用，门票、停车场、住宿等更能带来常年稳定的收入分成。越来越多村民主动来签合同，截至目前，置换率已经达到 90%，已经可以无所阻碍地推进古村落的改造。

2. 搭建安置房

屿北村“整村置换”规划中最为核心的计划是以 1 ：1 的住房面积置换到邻近的新区之中，村民可按合法建筑面积等额置换，无房户可相应“分配”定额指标在新区安置，以解决 17 户无房户面临的困难。搭建安置房成为计划的首要任务。2016 年 12 月，温州市政府批复了屿北村 100 亩安置房农转用指标，整个永嘉县仅有两百亩安置房农转用指标，一个屿北村就占了半数。由于村集体资金缺失，由上海世贸集团垫资一亿，为项目的整体推进奠定基础。

为了使要新建的安置房融合至古村落景观而不显突兀。世贸集团找来国内一流的古民居设计团队——无锡拈花小镇的主创设计团队对古村和新安置点进行打造，仅新村部分的设计费用就达 500 余万元。这些安置房不是简单模仿城市住宅的现代小楼，而是按照极富江南韵味仿唐宋风格的独幢别墅来设计，不仅造型古朴典雅，还各自带有花园和菜地，能够满足村民的农耕需要，且新村建筑为 1~3 层，容积率不到 0.7。目

屿北村安置房建造（史册摄）

屿北村改建街景（史册摄）

前现在已建成 11 幢安置房，预计 2019 年上半年正式竣工。

另外 20 世纪八九十年代建设的房子也进行统一设计，拆建或者做外立面改造，统一改造成明清时代风格。于是，屿北古村就呈现出了一个村落、三个区域的风貌：古村部分、由七八十年代房屋改造而成的“风貌协调区”、带有楠溪传统文化元素的安置房区。每个区域都将是新的“景区”。今后，流转的 400 多亩田地也将呈现出一片休闲农业的景象，村里的 7 000 多亩山场也将打造成“风景山”。

3. 修建博物馆

上海世贸控股(集团)有限公司董事长、永嘉人李焱然说“屿北光有古村落建筑还不够，必须要植入文化的内容，做到内外合一”，而且他认为“人文知识培养不分阶层，理应成为每一个人的必修之路，他希望更多人有机会接受熏陶”。因此，博物馆在古村改造时成为重要元素。一号博物馆，叫仕学堂，即科举博物馆，是根据“一门三进士，父子两尚书”这一佳话而建造的。鲜为人知的是，博物馆里每一件藏品都是世贸集团在近 20 年间从全国各地搜寻而来。仕学堂内不仅藏品多而珍贵，整个仕学堂建筑就是一座具百年历史的文物。这里的每一根梁柱、每一座门框几乎都从江西玉山运送而来，整幢建筑以 1 ∶ 1 还原重建，建筑面积超过 400 米^2。另外馆内珍藏 1 000 多块内容不乏庆贺、祝寿、喜中进士等意的古匾额以及顶戴花翎圣旨、清朝龙袍、官服等藏品，让参观者可以一饱眼福。

仕学堂还只是冰山一角，按照李焱然的计划，其公司还将继续打造土酒博物馆、

屿北村仕学堂
（史册摄）

夜明珠博物馆、祖师爷博物馆等六个展馆，包含 30 余种工艺的匠义工坊、星光森林、主题水秀、音乐酒馆等近 30 个项目，致力将古文化与现代技术完美结合，将屿北打造成一座“中国古村落文化创意谷”。

4. 综合整治、兴建各类基础设施

2017 年 5 月，屿北古村落文化旅游区项目正式走出古村换新颜第一步，但彼时的新村与古村整体形象十分不协调，与“宜居宜业宜游”的美丽家园背道相驰。为此，经永嘉县政府同意，启动了屿北小城镇环境综合整治项目，通过整治将全面改善屿北新村的外部环境面貌，同时考虑到屿北古村自身特色，围绕既要保护好历史传统文化，又要改善古村周边环境的原则，在拆除新村内危旧房的同时，同步进行现有民房的外立面改造、三线落地、道路改扩建、灯光亮化、景观绿化等项目，总投资约 8 000 万元，分二期实施，深刻改变屿北新村的人居环境，让屿北在整治中焕发“新生”。

巧妇难为无米之炊，为了给村集体带来收益从而进一步壮大村集体，也为了解决古村落的停车问题。截至目前，屿北村已经建成一号、二号及三号停车场，基本已经能满足旅游旺季所需。停车场作为投入少、收益高的项目，可以在短时间内收回成本，但由于现在还是在试运营阶段，所以均不收取停车费，预计明年将开始收费。未来还将兴建 70 多亩涵盖吃、住、行为一体的接待中心。

5. 引入多种业态

作家冯骥才曾说，如果没有人住在里边，村规、民俗、村里的历史记忆都将消失，所有的村庄都是没有生命的，只有留住原住民才能留住古村落的“魂”。浙江有上千个古村，目前被列为中国传统村落的古村有逾 400 个，近些年来，人们围绕古村保护与开发利用的争论从未间断。金华金东区岭下镇后溪村，两年前曾面临“网友和专家要求留下、而村民普遍要求拆除”的困境；还有一些古村，由于法律或政策原因无法拆除，但村民搬走另建新村，让古村徒留躯壳的情况，亦不少见。

而屿北村的置换，是留住“魂”的改造。一方面，世贸集团对于整个古村的改造，将严格遵守文保单位的要求，在统一规划、统一设计的前提下，引入多种业态。古村部分改造完成后，会请有意愿的村民再迁回这里工作，或是展示酿酒、织布等村中的传统手工技艺，或是从事其他服务或管理岗位，以不同的方式参与到古村的活化过程之中。另一方面，由七八十年代房屋改造而成的“风貌协调区”将进行商业布局，目前有两种引入方式，正处于探索之中。一种是将店面整体出租后，由租赁公司负责与其余餐饮住宿企业合作开发“风貌协调区”，并统一管理的模式；另一种则是由村民自行经营或者自行与餐饮公司签订合同，租赁店铺，村集体只负责引导村民进行合理经

营的，合作管理的模式。

经过两年多的发展，屿村的“整村置换”规划初见成效，不仅已经建成多座安置房、多家博物馆以及其他大量基础设施，且由于村落的改造、田园综合体的打造，创造大量就业岗位，如绿化工人、建筑工人、停车场收费员等。就业渠道的拓宽，使得村里的后进生即贫困户不断靠拢集体，使得屿北村更加团结，也更有利于下一步规划的实施。去年中央电视台财经频道（CCTV-2）、新闻频道（CCTV-13）等四个中央台频道对屿北村端午节期间的民俗活动如包粽子、撞蛋等进行了滚动播出，屿北村的建设也因此产生一定社会效应。屿北村村委会主任汪志义说，即使开发建设还在进行中，现在古村日均游客量近 2 000 人次，节假日更是达到上万人次。村里仅有的几家农家乐和餐饮店生意都已经明显提升。游客数量的增加也使得屿北的农副产品附加值不断提高，素面从 2017 年每斤 7.8 元涨到现在每斤 10 元。

四、发展模式剖析

“整村置换”古村落开发模式，一改过去单户单宅自行开发的旧模式，打破原来的岩坦发展模式的瓶颈，即新房子、老房子产权都在农户自己手上，村集体一旦进行改造，就会备受老百姓们的干涉，而“整村置换”就是牵着牛鼻子走，村民通过产权流转，将产权统归于村集体，以村集体名义与企业合作开发。由“一村一公司”对古村落进行整体打包开发，避免了短期性资本的投入，能够在保护中有序开发、在开发中合理保护，村里的古村部分、田地、山场，全部交由开发商统一开发。今后的收益，由开发商和村集体分成，实现村企共赢。企业通过“新村换旧村”的途径，对屿北古村总占地面积 5.1 万米^2 的古村整体置换到新区进行保护与利用，对划定 100 亩的新区安置房采取统一设计、统一建造、统一分配的方式重新建造一个唐宋风格的景观村落。村民置换新村入住将大大改善人居环境、提升生活品质，还可保证持续稳定的集体收入；企业在整村置换后能够实现对项目的统一设计、统一开发、统一管理，有利于提升景区的品质。

围绕“一带两城五组团”发展布局，结合“生态名镇、旅游强镇”战略发展定位，岩坦镇紧紧抓住乡村振兴战略和温州西部生态休闲产业带两大机遇，以建设温州市唯一的省级田园综合体试点——楠溪源头田园综合体为核心，充分整合“浙南山地民居典型黄南林坑”“屿北古村文旅振兴项目”“嘉纳庄园”“花漫源头”“水彩前溪”等资源，形成现代版的楠溪江耕读文化体验精品线，谋划打造 19 公里高标准、高质量的黄南林坑—屿北—嘉纳—前溪乡村振兴示范带，加速推进乡村振兴战略实施。屿北的“整村置换”模式，以点带面，带动岩坦镇整个面的发展，截至目前，示范带中的 19 个村落均已实现村民土地流转的过程，所有土地现均由村集体代管并进行统一改造与开发。楠溪源头田园综合体作为全市唯一的省级田园综合体创建试点项目，是全镇乃至全县、全市、全省的特色项目品牌，更是撬动“源头生态型组团”发展的重要杠杆。该项目以屿北古村和嘉纳庄园为“两大核心”，涉及 6 个村、12 000 余亩土地、21 800 亩山林、650 亩水域滩林，获得省级财政支持 7 500 万元。为了充分发挥楠溪源头田园综合体的综合效应，带动周边村居。

五、该模式适用条件

屿北古村之所以一鸣惊人，就是因为它将生态、文化、旅游进行了有机融合，通过整体改造和宣传，形成了自己的品牌。并不是所有的村庄都适合“整村置换”模式的，须符合以下条件：一是村庄自身需要有足够的生态、文化、旅游资源，这是该模式的前提；二是需要有合适的企业愿意合作，这是该模式发挥作用的基础条件。因为在“整村置换”模式的开发过程中需要投入相当的资本，较难找到适合的合作企业；三是村庄不宜过大，由于是整村打包统一开发，需要进行农户土地流转，因此村落范围过大、人口过多，会给前期流转合同签订造成困难；四是需要有工作认真负责、对村落发展有自己独特的见解和看法的村两委扎根常驻古村。屿北村的村支书说在“整村置换”的这几年“头发黑变白、皮肤白变黑、工作白加黑”，可见改造工作之辛苦。

执笔人：史册

课题组：乡村振兴研究室

落后村生态转型逆袭模式 发展乡村旅游产业

——记苍南县龙港镇中对口村

中对口村，地处温州苍南县钟山脚下，横阳支江之畔，全村现有 3 个自然村，土地面积 1 050 亩。中对口村一直将全域土地整治作为全村建设发展的重心，积极探索出了一条具有中对口特色的生态转型之路。从薄弱落后村蝶变为远近闻名的美丽样板村，环境面貌全面改善，安全隐患彻底根除，发展活力充分激发，先后获得浙江省美丽宜居建设示范村、土地综合整治示范村、美丽乡村特色精品村、3A 景区村庄、生态文化基地、森林村庄、温州市先进基层党组织等各项荣誉。

中对口村的新颜（由村委会提供）

一、发展背景与发展历程

改革开放以来，中对口村一直以布脚料加工、褪色染料加工、初级气流纺、废旧衣服收购等为主业，村中垃圾满天飞、污水横流、河道堵塞、臭气冲天，河道两边简易厂房乱搭乱建，杂乱无序。全村原房屋402间，大部分属于C级、D级危房，房前屋后垃圾成堆，蚊蝇漫天飞，人居环境非常差。“四无”企业13家，建筑面积23 500米^2，存在重大的安全隐患。同时，为了解决苍南县垃圾围城的困境，中对口村为了全局考虑，同意垃圾焚烧发电厂建在村中，农民信访不断，村级组织建设乏力，战斗力不强，是名副其实的后进村。那时大家都说，“女人都不愿嫁到中对口村”。是个非常典型的落后农村。

近年来，中对口村两委以开展农村土地综合整治工作为突破口，以“绿水青山就

中对口村的旧貌（由村委会提供）

中对口村的美丽民居（由村委会提供）

是金山银山”为发展理念，对农村生产、生活、生态空间进行全域优化布局，对“山水林田居”等进行全要素综合整治，对农村人居环境进行修复治理，结合美丽乡村建设与振兴乡村战略，开展全域土地规划整治。中对口村本着“宜拆则拆、宜园则园、宜建则建、宜绿则绿”的原则，发扬“一张蓝图绘到底、一届接着一届干”的精神，谋在前列、干在实处，全力统筹安排好农村土地利用格局，打造全域土地整治“中对口模式”新样本。

通过土地综合整治项目的实施，中对口村构建了以“一区二园三中心”（农房聚集小区、现代农业示范园、月亮湾亲水公园、村民文化中心、居家养老中心、康复养生中心）为主体的空间布局，全力推进农村全域土地综合整治，优化农村用地空间，实现农村农业发展和生态文明并重管控，达到田园生产、田园生活和田园生态有机结合，为乡村振兴夯实基础。

二、主要做法与成效

近年来，中对口村念好农村全域土地综合整治的文章，拆除第一批危旧房 300 间，完成第一期美丽民居 586 套，利用第一期拆后复垦土地 35 亩建设现代农业示范园，招引一批高新的现代农业项目，带动农业产业的发展和农民致富，绘制了一幅中对口村乡村发展的美丽蓝图。

中对口村推进农房集聚、实施建设用地复垦等，开发利用好土地，念活了“土地经”，取得了阶段性的成果。主要做法：

1. 念好“拆字诀”，拆违控违初显成效

长风破浪会有时，直挂云帆济沧海。农村房子拆迁是非常困难的，必须要有自断后路、破釜沉舟的决心。为了顺利推进拆迁工作，中对口村村两委顶着压力带头先拆自己家的房子，起到示范引领作用，然后以踏破百姓门槛走进群众心坎的精神，一遍又一遍地做群众思想工作，最终达到村民自发自拆。同时结合“五水共治”“三改一拆”“四边三化”“无违建村”以及“大拆大整、大建大美”等工作推进，加大执法力度，有计划、有步骤地依法拆除违法建筑。目前，拆除 13 处“四无”企业生产用房，建筑面积共计 23 500 米^2；拆除危旧房 300 间，有效震慑了违法行为，乡村环境明显改善。

2. 念好“整字诀”，村容村貌全面提升

改革就是创新，创新就是生产力。中对口村在土地整治过程中，创新了“保量不保位”工作方法、表土剥离工作法，提高了土地利用效率，促进土地资源空间利用最大化。村两委充分利用“全域土地综合整治”后新空间，打好“山水林田居”生态立体战，以“千村整治、万村示范”为抓手，全力开展农村环境综合整治、生活垃圾分类、公厕革命、省级美丽宜居示范创建等重点工作，同步推进土地复垦、绿化美化、污水集中处理、居家养老服务等“X 个配套”民生项目。结合美丽乡村建设，坚持“拆建并举、拆绿并进、拆复同步”的原则，利用拆除后的违章建筑和“四无”企业用地建成村公共设施，改善了全村基础设施条件，形成了渠相通、路相连、林成网、田成方的现代生态乡村雏形。

中对口村大力拆违（由村委会提供）

中对口村老年公寓（由村委会提供）

巾帼义工队入户宣传垃圾分类（由村委会提供）

3. 念好“建字诀”，加速推进建设项目

农村现代化、村庄景区化、民居生态化是新时代下的乡村美景。中对口村以“五十年不落后、一百年不后悔”的建设理念，开发建设了高品质高质量的现代化生态小区，目前已建设美丽民居总建筑面积 14.56 万米 ^{2}，容积率 1.93，共 934 套，其中住宅面积 10.86 万米 ^{2}，地下停车库 600 个，总投资 4.3 亿元。以“环境综合整治”“四边三化”“五水共治”为手段，梳理治理河道 2 300 米，建成生态河道 1 100 米，休闲绿道 1 500 米，环村自行车绿道 3 000 米。另外提升滨水公园、亲水平台、生态公厕、木拱桥等一批绿化景观小品。为解决“出门一把锁，进门一盏灯”的村中老年人生活状态，规划建成了居家养老服务中心，实现了集中供养模式，让老人们老有所依、老有所养。改造文化礼堂，开设彩虹课堂，让留守儿童的周末有个开心快乐的环境，放飞未来。同时也建设垃圾资源化利用中心、文化广场、景观公园等一批公共设施，为村民们文化休闲健康生活提供了良好场所，也极大提高了村民们的幸福感。今日的中对口，路面干净，河道清洁，早已不见了昔日的脏乱差，行人徜徉其中，可以尽情地品味水乡特色，饱览田园风光。

中对口村的美丽村景（由村委会提供）

三、发展模式剖析——落后村生态转型逆袭模式

1. 探索建立“党建引领、三治融合”的农村治理模式

深入实施红色细胞工程，实行“党建+网格化”，开展“党小组进网格”行动，制定党员干部网格责任制，全村划分8个网格，每个网格4名党员，实现党小组网格全覆盖，切实强化村党支部领导核心作用和党员先锋模范作用，切实做到“一个支部一个堡垒、一个党员一面旗帜”，把党的政治优势和组织优势转化为为民服务、加快发展的强大力量。建立自治立规矩、德治提素质、法治作保障的“三治融合”机制，成立美丽中对口建设领导小组，修订“村规民约”，完善重大项目“五议两公开”制度，建

中对口村党组织活动（由村委会提供）

中对口村党员巡逻队（由村委会提供）

立门前“三包”责任制、垃圾分类实施办法和考核细则、红黑榜等制度，组建常态化的党员先锋队、老人文明劝导队、巾帼义工队，真正形成了人人参与、人人监督、人人争先恐后的美丽乡村建设氛围。

2. 探索建立“农房集聚、美丽宜居”的农村建设模式

坚持绿色、协调、创新、共享、开放五大发展理念，根据“两美浙江”和“美丽浙江南大门”建设的总体部署，以科学规划为龙头，以“江南水韵、田园生活、美丽民居”为内涵，以洁化、绿化、彩化、亮化、文化、序化、美化“七化”为途径，以“环境综合整治”“四边三化”“五水共治”“三改一拆”为手段，依托水乡资源、田园风光、自然地形和风土人情，着力推进“农房集聚、美丽宜居”建设。坚持“拆建并举、拆绿并进”，加大资金投入，建成文化礼堂、健身广场、灯光篮球场、羽毛球馆、生态公厕、污水管道、滨水公园、亲水绿道、清水平台、停车场、新华桥、云湖路、六角亭、木拱桥等一批基础设施，建成生态河道 1 000 多米，新开挖河道 400 米，建成老人公寓和公益园，拆违 20 000 多米^{2}并实行“拆后建绿和复垦”，努力建设成为一个田行方、树成行、沟相通、渠相连的“有青山、有湖面、有公路、有航道、有公园、有文化礼堂、有老人公寓”的美丽村庄。今后，将坚持走大农业、大生态、大旅游休闲农业之路，大力发展村民致富产业和村级集体经济，增加村民就业机会和致富门路，努力建设聚人气、长名气、来财气的农村观光旅游基地。

3. 探索建立“干部主导、村民主体”的农村改革模式

借着龙港“镇改市”之强劲东风，中对口村率先推进“三分三改”、土地综合整治、

中对口村的和谐风景（由村委会提供）

农房聚集、老人集中供养、农村生活垃圾分类、“妇改联”等农村改革，取得了明显成效，成为龙港国家新型城镇化综合试点农村就地城镇化示范村。

四、该模式适用条件

（1）村两委领导班子重视党建工作，敢于从班子、党员、群团三个方面入手，抓严抓实抓强党建，强化党支部在村级组织中的领导核心作用。村干部主动带头，发挥党员先锋作用，发动群众参与，凝聚战斗力克难攻坚。

（2）村两委领导班子要有魄力、有统筹谋划能力，有冒险精神，敢于实施农村改革，获取相关政府部门的支持。同时还应该有甘于奉献精神，愿意承担大的责任，同时对于担任村干部拿低工资无怨无悔。

（3）能及时抓住发展契机。中对口村借助在本村扩建苍南县垃圾发电站的契机，获取政府用地指标和资金支持，从而启动整村实施农房集聚建设，置换出原先的农房用于发展都市观光农业。

执笔人：孙毅杰

课题组：乡村振兴研究室

十村抱团　打造田园综合体

——记平阳南雁诗画碧溪乡村振兴示范带

一、发展背景和发展历程

党的十九大报告提出实施乡村振兴战略，勾勒出新时代农村发展的宏伟蓝图。“建设好生态宜居的美丽乡村，让广大农民有更多获得感、幸福感”，这是实施乡村振兴战略题中之意。

平阳县因地制宜推进村庄环境整治和美丽乡村建设，在保留乡村特色风貌，共护青山绿水的前提下，以西部生态休闲产业带及美丽乡村风景线为依托，以推动村集体

《平阳县域总体规划（2006—2020）》（图片来源：平阳县农办）

经济发展和带动村民增收为目标，重点打造一条涉及雁前、蒲岭、笠湖、东门、雁山、溪南、前山、迢岩、双旺、堂基等 10 个村，全长约 16 千米的“南雁诗画碧溪示范带”，以示范带建设促全局发展，践行“两山”理论，助力乡村振兴。

二、具体做法与成效

（一）具体做法

1. 筑点成线以线带面，打造特色田园乡村

吴山风情小镇建设地点为雁前村，建设期限为 2016 年 10 月至 2018 年 11 月，规划总用地为 19 亩南雁游客服务中心、71 亩吴山安置小区主体工程和生态停车场。此外，该镇还进一步探索谋划多元发展模式，联合雁前、南雁、笠湖、蒲岭、溪南 5 个村，创建集现代农业、休闲旅游、田园社区等产业为一体的田园综合体。

南雁诗画碧溪示范带涉及 10 个行政村，其中有 5 个重要节点村涉及吴山风情小镇、开心农场、玫瑰小镇等 6 个项目。南雁镇依照“先谋划后规划，先规划后建设，先局部后整体”的原则，有计划、有步骤、有特色、有重点地开展美丽乡村建设，做到空间布局优化，功能定位合理，梯次衔接有序，实施落地可行。在示范带沿线各村不断推进美丽乡村提升工程，打造重要景观节点，连点成线，努力打造吴山至堂基段山水休闲风景线。完善各村公共服务配套设施，加快沿线房屋立面改造，大力整治农村公共空间和庭院环境，深入推进农村厕所革命、污水革命、垃圾革命，实现农村生活污

吴山风情小镇效果图（图片来源：网络）

雁山横溪自然村筹资1 200万元建设滨水公园、道路提升、生态停车场等项目，乡村面貌大幅改善

水管网和终端运维管理服务全覆盖和农村生活垃圾分类处理全覆盖，不断美化全域环境。通过示范带沿线特色村、精品村的辐射带动，筑点成线、以线带面，逐渐形成了层级分明、特色鲜明的田园乡村规划布局。

2. 生态优先农旅融合，推动农业产业发展

优美的生态环境和完善的基础设施，为南雁镇发展特色产业、增加村民收入打下了坚实基础。该镇依托“旅游＋生态”“旅游＋文化”“旅游＋农业”的新业态，引进企业，成立合作社，加快推动农业产业发展，全面提高乡村旅游的丰富性和体验性。拟建成“开心农场”“南雁玫瑰小镇”和“龙兴养生园”等农业生态休闲观光基地，集种植园区、玫瑰花海、房车基地、健康养生等多种功能为一体。

开心农场风貌（鲁青摄）

龙兴养生园风貌（鲁青摄）

3. 探索增收致富渠道、努力实现富民强村

周岙村土地入股温州钟记生态农业发展有限公司，发展百香果基地，实现村集体和村民经济双增收；笠湖村土地入股开心农场休闲农业观光园，每年获得 15 万元红利……南雁镇鼓励村集体参与项目建设，带动村民参与农村建设与实体经济运行。同时，通过土地流转、入股分红、乡村游、民宿、物业出租等多形式增加村集体经济收入，创造农民增收致富新渠道。

此外，该镇还深化“三位一体”农民合作组织体系建设，完善提升农合联组织，实施农民合作社提质行动，提升示范性农民合作社 2 家、家庭农场 1 家；实施职业农民培训计划，培育农业领军人物及新型职业农民，实施科教兴农战略，创建现代农业

开心农场休闲农业观光园（鲁青摄）

开心农场休闲农业观光园（鲁青摄）

科教示范基地 1 个，村民不仅富了“口袋”，而且富了“脑袋”。

根据计划，平阳县将在 5 年内打造 13 条乡村振兴示范带，南雁诗画碧溪示范带的建设，为全县的乡村振兴提供了一个可看可学的样板。随着平阳县示范带建设的不断推进，一幅幅乡村振兴的美好蓝图正逐步变成现实，走进农村群众生活。

（二）具体成效

1. 构建国家 5A 级风景区的生态屏障

针对风景区核心区建设与城镇近郊生态用地不断被蚕食的状况，划定各类生态保护区范围，明确保护措施，为风景区生态文明建设打下良好基础。依托风景区与城区的蔬果园＋后花园＋旅游区的模式，打造多元复合的新型乡村经济振兴路径。

针对资源条件好，且特色经济发展较好的村庄，规划作为核心特色村。针对现代农业发展较好的地区，结合国土综合整治，建设规模化的家庭农场以及农业庄园，农民转为农业工人。针对资源条件较差、经济发展长期滞后的村庄，作为过渡村，结合新市镇建设，逐步拆迁安置到城镇地区，妥善解决就业问题。

同时，大力发展高附加值生态农业、特色农业和特色农产品加工，在开心农场等旅游龙头项目的带动下，大力发展乡村休闲旅游，把规划区打造温州新的旅游板块，大幅度提高农民的收入水平。

2. 突出城乡差异的美丽乡村风貌

挖掘与保护历史遗迹，传承与弘扬传统文化，强化乡土材料、乡土工法、乡土形式和乡土植被，避免城市化景观的入侵，增强美丽乡村对城市居民的吸引力。对文化景观示范带沿线主要节点进行资源特色的解析，从空间特色、文化底蕴、旅游资源、生态景观、沿线村庄等几个方面进行分析，将节点的特征个性进行充分挖掘。

基于对现状村庄及景观节点的分析，对条件类似的节点进行归纳分类，并有针对性地提出总体引导要求。如对村庄节点分为特色发展型村庄、保留改造型村庄、历史文化型村庄和新建迁并型村庄。

在规划研究范围内选取重要节点进行深化设计，重点打造，强化特色，通过景观节点设计引导实施。提升景观环境品质，展现南雁多元文化，增强节点标示性。

规划以畲族文化体验和朱子文化教育为主，辅以建设生态园艺农场和道家养生园等，打造集特色民俗文化和生态体验于一体的旅游片区。基于对现状生态环境及景观节点的开发利用，打造开心农场、采摘园区、休闲度假酒店等多元化旅游片区。规划以打造南雁旅游景区为主，建设包括吴山特色风情小镇、南雁吴山游客中心和特色商

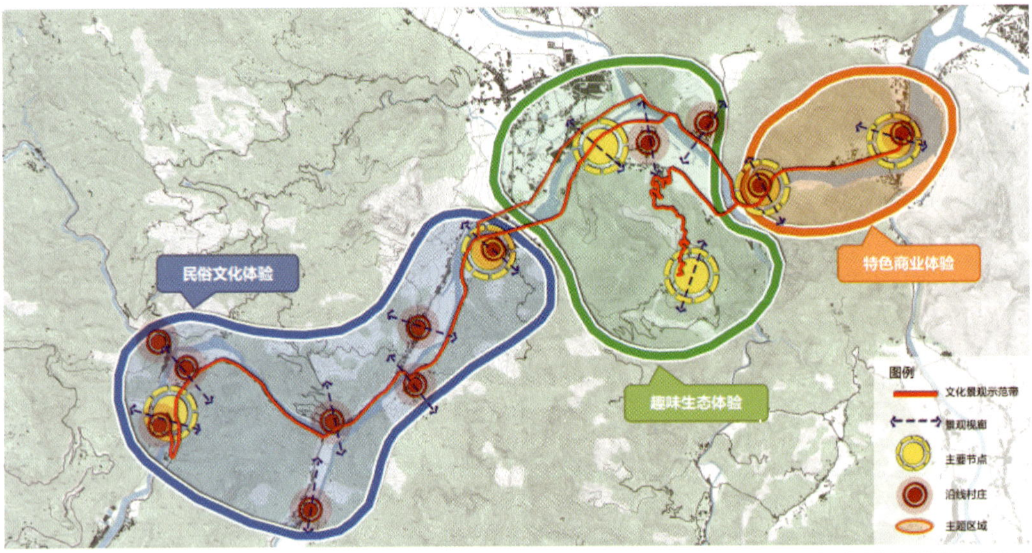

《平阳县域总体规划（2006—2020）》（图片来源：平阳县农办）

业街等。通过景观节点设计引导实施，提升景观环境品质，展现南雁荡山旅游景区入口形象风貌。

3. 采用“面、线、点”的空间景观系统构建策略

根据规划区现状资源禀赋及特色，从“面—线—点”三个层面，依次构建空间景观系统。

“面”——整体引导控制，分区风貌协调。通过现状资源及特色梳理，将全线分为三个功能区段，并根据各个功能区段的特色，制定规划设计策略，强化区段特色的同时协调区段景观环境。

“线”——组织视线廊道和界面，打造步移景异的景观效果。既包括灵溪线、桥南线和仰砚线串联的整个生态景观大道的廊道，也包括了每个节点的视线廊道。

“点”——强化重要节点形象，凸显各个节点特色。在灵溪线、桥南线和仰砚线的沿线梳理出多个景观节点及村庄节点，通过分类制定规划设计策略，提出整治提升方法。

三、发展模式剖析

1. 拉长产业融合链条模式

根据农业区域已形成的主导产业、优势产业和特色产业的实际，鼓励引导拉长产

平阳五十丈粉干（图片来源：网络）

业链条，加快推动三产结合，着力提高农业品附加值，实现农业发展的“接二连三”。如五十丈的粉干已具有一定的知名度，以粉干制作为依托，增设游客体验中心、粉干历史展览馆等，吸引更多的游客参与，提高周边的农家乐、乡村客栈等的发展。

2. 培植新产业新业态模式

推动互联网、云计算和大数据等与现代农业有机结合，完善农村新型生产经营体系，促进工业智慧化、跨界融合化、品牌高端化，实现农业提质增效。如推进特色农产品在线经营，如五十丈粉干、招斌土鸡等，实现农产品进城；蒲岭村可利用其交通优势，发展田园物流、共享农田、智慧农田等。

招斌土鸡农家乐（图片来源：网络）

龙兴养生园建设前后航拍对比图（鲁青摄）

龙兴道家养生园航拍图（鲁青摄）

3. 挖掘农业多种功能模式

深入挖掘农业的多种功能，释放农业的巨大潜能，提高农业的综合效能，实现农业发展方式的根本转变。如围绕蔬菜果品等特色优势产业，重点推进工业和旅游业融合，着力拓展农业功能空间。结合南雁旅游景区提升工程，打造森林康养示范基地、休闲观光农业园等。

4. 放大园区集聚效应模式

用园区化的理念发展现代农业，并以农业产业园区为载体集聚发展特色采摘、文化传承和养生度假等关联产业，着力打造产业形态多元、功能丰富多样和生产技术先进的现代农业综合发展平台。创新推行“龙头企业＋合作组织＋农户”“龙头企业＋基地＋农户”和“龙头企业＋家庭农场”等产业化发展模式，大力支持工商企业下乡办工厂、建基地、发展园区，如开心农场休闲观光园、温州钟记生态农业园、龙兴道家养生园等。

5. 建立利益联接机制模式

以产业链条为载体，以利益联接机制为纽带，以产业入股为手段，构建风险共担、利益共享、合作共赢的经济发展体。

四、该模式适用条件

1. 村民有较强烈乡村振兴发展需求

规划编制之前应完成对乡村振兴内的逐户调研工作，了解乡村振兴发展现状，如

平阳县佳茂禽业专业合作社资金互助会（鲁青摄）

家庭结构、外出务工、产业支撑、土地权属、土地流转等实际问题，同时能够对村民生活状态、环境及民居院落形式建立直观认识，并在与各户的访谈中把握村民对乡村振兴发展的基本需求和更高层次意愿。乡村振兴规划是引导实际建设和乡村振兴未来发展的，与生活在此处村民的切身利益息息相关，所以维护农民利益应是规划编制的首位，应尊重农村风土人情和农民的生活习惯，在此前提下，客观评价当地发展水平和实际情况，不以刻意打造特色为目的，实事求是地以解决农村发展实际问题为目标进行规划。

2. 整体规划有较强可操作性

乡村振兴规划应同时从理论研究和技术操作上对乡村振兴发展产生指导意义，应注重从前期分析到用地、产业、环境整治、建筑民居、基础设施及公共服务设施配套的完整体系构建，以满足基本生产生活需求为前提，以指导乡村振兴未来实际建设为目标，形成乡村振兴的全面规划。

3. 融合区域特色发展造福村民

越是在发展实际中特色不够鲜明的乡村振兴，越是在区域中存在一定的普适特点，规划应当注重乡村振兴在整个区域中的发展作用和典型性，为其未来在区域中与周边乡村振兴应当相融还是差异化发展提出引导建议。

执笔人：鲁青

课题组：乡村振兴研究室

（二）以科技手段带动的应用渗透型产业融合模式

以服务促销售 以人才树品牌　以合作求发展

——记浙江丰年农资有限公司

一、公司简介

浙江丰年农资有限公司是乐清市供销社属下，主要从事农资经营配送、仓储、技术服务等于一体的农业生产资料公司。丰年农资公司成立时间已有 37 年，公司注册资金 500 万。现有职工 28 人，其中大学文凭 13 人，本科学历 4 人，硕士研究生 1 人，农技人员 8 人。公司下设有两个配送中心，以及农药部、化肥农膜部、种子部、技术推广部、财务部 5 个经营部门，配备有配送车辆 10 辆，技术服务车 3 辆。丰年农资公司的经营网络覆盖除洞头外的温州其余 10 个县市区和台州南部 5 个县市区等 15 个县市区。服务网点共计 989 个，其中连锁经营店 72 家，直营店 13 家。2008 年被评为温州市诚信农资企业；2012 年被评为浙江省供销社系统农业生产资料龙头企业；2010 年、2011 年、2013 年分别评为乐清市商贸流通成长型企业；2010 年和 2014 年被评为乐清市农业龙头企业；2010—2016 年分别被评为乐清市府、乐清市供销社先进单位；2016 年被评为温州市“百龙工程”农业龙头企业。2006 年开始，公司承担乐清市政府淡季化肥储备光荣任务，每年按时保质超额完成，受到乐清市政府领导和农业局、工商局、供销合作社等领导的一致好评。

二、发展目标与历程

（一）发展目标

未来农业发展的趋势要求农资企业向“合作化、一体化、个性化”转型，提升服务现代农业的能力，打造成与农民紧密联系，社会化服务能力强的组织，建成连锁经营、物流配送、农技服务等综合型的现代经营企业。丰年农资公司的发展目标主要有四个：

1. 创办农民合作社，开展合作化服务

结合“企业＋合作社＋农民”的合作服务模式，为农业生产提供便利化、全程式服务。进一步加强资源整合，提升规模化服务能力，围绕供销社传统优势产业和当地特色产业，创办和开展农资供应，专业服务、技术推广、品牌建设、市场营销等服务。

2. 拓展经营范围，开展一体化服务

丰年农资公司未来将在巩固传统经营业务的基础上，积极拓宽经营领域，开展飞防、种子、饲料、兽药经营和农产品购销，精深加工等业务，延伸产业链条。将经营服务贯穿于农业生产的产前、产中、产后的全过程，为专业合作社、家庭农场、农业

丰年农资公司工作人员送化肥下乡
（丰年农资公司提供）

丰年农资公司技术人员试验新型农药
（丰年农资公司提供）

企业、种植大户等生产经营主体提供种菌、植保、飞防、品牌、营销、技术辅导，实现由农资商品经销商向农业生产综合服务商转变。

3. 推进服务转型，开展个性化服务

切实转变服务理念，实现从被动服务向主动服务，常规服务向个性化服务转变。提供“保姆式”“菜单式”等量身定制的服务。新品种示范试验全程托管、技术承包、测土配方施肥等服务，推广使用高效低毒农药、化肥，助推肥药的减量使用。

4. 改造经营网络，增强服务功能

丰年农资公司计划在未来完善网点布局，将网点辐射到温州全境以及浙江省内的其他地方，健全物流配送，并购入更多配送车和提高配送车的配送效率，从而确保农资商品供应。建立乡镇农资示范店，加强与农业部门协作，提高农技服务，为促进农业增效，农民增收发挥更大的作用。

（二）发展历程

丰年农资公司从 2008 年开始发展到目前已拥有连锁店 72 家，直营店 13 家。正规网店要求整理装修，重新换牌，增加货架，统一经营标准、台账要求、发货、销售、库存统一由电脑操作，配上扫描器，是重点培养规范样板的农资超市网络建设。公司很重视农业技术与销售挂钩，培养公司专业技术队伍，每年召开新农药、新化肥推广会 40 场，农民会议 200 场。专业信息发布给种田大户和经销商，传递病虫消息防治措施，全年赠送各种农技知识和病虫防治要点资料约 6 000 份，配备了 2 台测土仪，专为种田大户测土配肥。2008 年开始至今，配合乐清市、瑞安市供销社、农业局、工商局农资下乡宣传活动。每年免费赠送农资商品 20 000 元。2011 年公司投资 30% 的股份与乐清市柳市镇南宅村村民 124 户 169 人合作成立“乐清市丰年果蔬专业合作社”。种植水稻面积 424 亩、西瓜面积 219 亩、各种蔬菜面积 126 亩、水产养殖面积 700 亩。2017 年至今，配合乐清市农业局开展“农药废弃包装物回收”工作，解决农户农药废弃物无法处理的情况。

公司现在与国际国内 100 多家供应商及生产厂家有长期的业务往来，其中跨国公司瑞士先正达、富美实、德国巴斯夫，国内知名厂商中化国际、南通江山、深圳芭田、湖北鄂中等均有着紧密合作关系，通过厂商直销、特约经销、独家代理等方式促进业务发展，本着“提升专业服务水平，完善服务体系，狠抓服务质量”的经营理念，强化公司的核心竞争力。2017 年销售额 5 000 万元，连接专业合作社 98 家、种植大户

丰年农资公司技术人员下乡进行推广指导（丰年农资公司提供）

626 家、土地面积超过 10 万余亩。通过公司持续的努力经营，目前丰年农资公司已经成为温州市农资的主要供应商之一，网络建设、销售规模、服务能力均名列温州业内前五。

三、具体做法与成效

（一）具体做法

1. 提供优质产品，进行放心农资下乡活动

丰年农资公司通过与瑞士先正达公司、德国巴斯夫公司、富美实公司、中化国际公司、南通江山公司、深圳芭田公司等国内外数十家著名的农资供应商和农资生产工厂的合作，并通过厂商直销、特约经销、独家代理等各种方式保障产品质量。丰年农资公司在保障产品质量的基础上定期进行放心农资下乡活动，使农民能够买到放心、安心、质量有保证的农资。

2. 拓展服务对象，提高农技服务能力

公司每年定期召开新农药、新化肥的推广会和各种农民会议。通过会议的方式将专业信息发布给种田大户和经销商，传递病虫消息以及防治措施，并且全年免费赠送各种农技知识和病虫防治要点资料。针对种植大户，丰年农资公司还特地配备了两台测土仪专门为他们测土，对土壤缺少的微量元素有针对性地补充。

丰年农资公司技术人员现场指导（丰年农资公司提供）

3. 提供“四心一网”服务

公司招聘浙江大学环境学的硕士研究生等作为技术专家组成了技术团队，这支技术团队不仅经常下乡进行支农、惠农服务，春耕、备耕服务，还通过建立示范用药区等方式提供技术指导和培训。不仅如此，丰年农资公司想农户之所想，急农户之所急，设身处地地根据农忙季节调整上下班时间，推行热心、耐心、诚心、真心服务。除此之外，还提供网络服务，设立网上服务专员，有问必答，基本上做到了线上线下无缝对接。

4. 承担淡季储备任务，农药废弃包装物回收任务

自 2006 年丰年农资开始承担乐清市市政府的淡季储备任务，每年都超额完成任务。

丰年农资公司农业技术服务下乡（丰年农资公司提供）

在储备期间，丰年农资公司加强农资质量管理，严把进货关，并结合乐清市农业生产的特点，实施淡季储备、旺季供应，对尿素、复合肥、钾肥等农业种植需求较大的农资产品，以略低于市场价格的优惠销售给农户。另外丰年农资公司从 2017 年至今，一直配合乐清市农业局开展“农药废弃包装物回收”工作，解决农户农药废弃物无法处理的情况。

5. 设立现代农业服务中心，加强同农业专业合作社和村里的合作

丰年农资公司和农业专业合作社合作设立了乐清市现代农业服务中心，凡是加入乐清市现代农业服务中心的农户，化肥每吨可以优惠 50 元钱，而农药每吨可以优惠 9%，还进行免费的配送。并且在农业专业合作社资金周转出现困难，向银行贷款的时候主动承担合作社的银行贷款的利息和保险费。另外丰年农资公司和所在行政村进行合作，大面积地对农田进行飞机喷洒农药作业，而且收费比较低廉，飞机喷洒农药一亩地只收 10 元。

（二）主要成效

（1）取得了农户的信任。丰年农资公司通过厂商直销、特约经销、独家代理等各种方式获得了国内外优秀生产产家和供应商的农资产品，保障了产品质量，在保证质量的基础上，积极下乡向农民推介优质新型的农资产品，如推荐农户使用的一种进口复合肥，可以让农户每亩土地增产 100~150 斤，若一个农户耕种了 500 亩土地，则可以增产 50 000~75 000 斤，让农民获得了真正的实惠，因而取得了农户的信任。

（2）获得很好的口碑。公司细分客户群体，针对特殊需求，提供专业农业技术服务。如专门针对种植大户的测土，以及免费赠送各种农技知识和病虫防治要点资料的措施很好地抓住了大客户，从而保证了自己的收入和利润空间，而提供的错开农忙时间上班，热心、耐心、诚心、真心“四心服务”和网络服务则可以获得很好的口碑。

（3）实现了环境保护。公司积极配合乐清市政府开展的淡季储备任务发挥了农资储备稳定市场的作用，让农民群众真正得到实惠，保障了农资供应和农资市场的稳定。配合乐清市农业局开展的“农药废弃包装物回收”工作，解决农户农药废弃物无法处理的情况，保护了环境。

四、发展模式剖析

1. 以服务促销售

公司将每一个客户的姓名、电话、家里有多少亩地，在丰年已经买了多少农资，

全部记录在案，并进行细分。针对不同的客户的不同需求，发布病虫预报等，必要的时候直接通过电话提醒客户，比如“你家的玉米地到了需要用化肥的时候啦！”“最近在流行稻瘟病，你家的那几亩稻子赶快用药预防吧！”等等，增加了与用户之间的联系密度，让用户倍感温馨。另外，农民种地的过程中遇到什么技术问题，可以随时到公司咨询。同时公司还提供网络远程技术服务，设立网上服务专员，让专家远程对农民进行技术指导。并根据农忙季节调整上下班时间，推行热心、耐心、诚心、真心服务。

当下国家越来越重视种植大户，种植大户也越来越多。现在越来越多的大户看中的是可追溯体系和质量保证。因此，丰年配备了专门的专家团队，为大户提供包括种植方案以及种子、农药、化肥采购和施用等全套服务，并全年赠送各种农技知识和病虫防治要点资料，还针对土壤的肥力难以人力量化的特点，特地配备了两台测土仪专为种植大户测土培肥。

2. 以人才树品牌

丰年农资公司现有的 28 名职工中大学文凭 13 人，本科学历 4 人，农技人员 8 人，高学历员工的比重占到了 60%。丰年农资公司专门引进了浙江大学环境学专业的硕士毕业生作为专业的技术服务人员，组成了一支专业的技术团队。技术团队下点做示范，做指导，成效显著，如技术团队推荐农户使用的一种进口复合肥，可以让农户每亩土地增产 100~150 斤，若一个农户耕种了 500 亩土地，则可以增产 50 000~75 000 斤，这对于农民来说是很不错的收益。

3. 以合作求发展

与农业专业合作社合作合作。丰年农资公司和农业专业合作社合作设立了乐清市现代农业服务中心，凡是加入乐清市现代农业服务中心的农户，化肥每吨可以优惠 50 元钱，而农药每吨可以优惠 9%，还进行免费的配送，从耕田、育秧、插秧、防治等各方面都提供一条龙的服务。丰年农资公司在农业专业合作社资金周转出现困难，向银行贷款的时候，本着互惠互利，合作共赢的精神，主动承担了合作社的银行贷款的利息和保险费，虽然这在无形之中会压缩丰年农资公司的利润空间，但这种行为为丰年农资公司赢得了很好的口碑和商誉，奠定了长远合作和发展的基础。

与行政村合作。丰年农资公司与行政村的合作也开展的如火如荼，农户的农田有了病虫害，需要喷洒农药，以往农户采用的是雇人喷洒、自己喷洒等方式，效率比较低。而丰年农资公司跟村里谈好了合作，大面积地对农田进行飞机喷洒农药作业，而且收费比较低廉，一亩地飞机喷洒农药只要花费 10 元钱，一次性喷洒村里的很多亩地，效率高，效果好，节省人力物力。

与当地政府合作。丰年农资公司一直积极配合政府相关部门的工作。自 2006 年丰年农资开始承担乐清市市政府的淡季储备任务，每年都超额完成任务，发挥了农资储备稳定市场的作用，让农民群众真正得到实惠，保障了农资供应和农资市场的稳定。另外 2017 年至今，丰年农资公司一直配合乐清市农业局开展“农药废弃包装物回收”工作，解决农户农药废弃物无法处理的情况，保护了环境。

五、该模式适用条件

丰年农资公司的农资连锁经营方式属于自愿连锁，该连锁经营方式最大的特点在于商品所有权是属于自愿连锁的店主所有，而系统运作技术及商店品牌的专有信息则归总部持有。自愿连锁能够提高组织化程度、减少经营风险、提升经营能力、变无序竞争为通力合作。其优势主要表现在：

规模化低成本采购。通过自愿联合，建立连锁联盟组织，形成大批量采购，能获取单个企业不可能具有的采购优势，降低了采购成本。

集中配送。连锁体系中多家企业共享统一的物流配送系统，减少了中间环节，降低了配送成本，节约了商品运输时间，为企业快速应变、适应消费需求变化赢得了竞争优势。

知识共享。自愿连锁经营模式对成员企业的产权性质、规模大小、地域文化等没有特别的限制，因此，各连锁成员企业可以保持各自的经营风格，在连锁联盟组织内，不同的管理思想、管理模式、经营特色、专有知识等可以在一个自由平台上实现共享，这一共享又反过来促进成员企业提高和改善企业的经营水平。

自有品牌开发。自愿连锁总部可以根据对消费者需求的了解，充分发挥大规模采购的优势，利用供应商（或生产商）的生产资源，开发拥有自有品牌的商品，并通过各成员店大量的销售网络扩大销售，使其成为名牌商品。

成长选择优势。一方面，它可以保持独立成员商店或某些零售业态的经营特色，保持较好的灵活性、转换性和发展潜力。另一方面，它对成员企业未来的成长选择具有较大的自由度，这种经营模式，尽可扩大规模，在更大区域内走“直营连锁”之路；退可调整业态，走更加专业化的特许连锁之路。

执笔人：曹露露

课题组：“一带一路”涉农贸易研究室

借力农业科研院所实施一二三产融合

——记高田生态农场有限公司

一、公司简介

高田生态农庄，位于鹿城区藤桥镇田塘头村，这里水土洁净，空气清新，森林覆盖率达 79%。农庄环境优雅，可为游客提供餐饮娱乐、垂钓健身、会议培训、果蔬采摘、耕作体验、度假休养、特种养殖及农产品深加工等服务。农庄瓜果环绕，鸟语花香，具有乡村的田园诗意，漫步在绿荫碧水之间，让人感受到回归自然的乐趣，令人不禁忘却都市的喧嚣和工作的繁忙，是旅游者自驾、探险、回归自然、健康养生的理想场所。

园区种植了火龙果、蓝莓、弥候桃、杨梅等 20 多个品种的瓜果、蔬菜及中草药，园区内的生态循环系统实现了土猪、土鸡、溪鱼、粮食、蔬菜自给自足。地道的原生态绿色食材为原料的特色菜主要有土鸡药膳煲、清炒时蔬等，还有酱油肉、红薯干等

高田农场全景图
高田农场提供

等多种乡村土特产。

高田生态农庄园区规划融入了科技农业、绿色农业等现代农业的先进理念，先进的农业科学技术为园区的可持续发展提供源源不断的技术保障。农庄与浙江省农科院亚作所、温州市农业局、温州科技职业学院（温州市农科院）等农业科研院所及高等院校的合作，不断引进农业创新成果，在同类休闲农业园中保持农产品品种领先的地位。

二、发展目标与历程

1. 发展目标

高田农场融合了一二三产业，一产承包土地 500 亩，有水果种植，蔬菜种植，林下经济山茶油的种植，中草药的种植及套种木耳香菇等菌类食用品，本地鸡、猪、羊养殖；二产农产品的粗加工，手工笨法压榨山茶油，木耳、笋干的烘干粗加工等；三产是结合农业种养殖开发农家乐及住宿，农产品销售。公司五年规划立足区域资源条件，合理对其功能分区，建设红色文化体验区、竹文化区、杜仲养生区、中医药膳体验区、森林夏令营区、森林瑜伽区、森林冥想区和森林芳香疗养区。

目前，高田生态农庄一期工程已竣工，二期将对民宿区、红色经典重温区、加工示范体验园、瓯柑园、杨梅园、猕猴桃园、油茶园、石榴园、农作物种植圃进行完善，启动智慧农业体系建设，完善旅游服务设施，提升园区吸引力。三期将对智慧农业体系建设进行深化，注重园区质量品牌建设，扩大影响力。随着乡村旅游的发展，高田生态农庄正在积极开发更多的乡村旅游资源，完善基础设施。届时，推门见群山环抱，绿水环绕。不仅有高山流水还可以在果园里赏花，深山里摘果，溪流边钓鱼。自开业以来，高田生态农庄始终以“合理收费、文明经营、热情纯朴、规范管理”为理念，以“整洁、卫生、安全、文明”为宗旨，以“绿色餐饮、绿色休闲、绿色服务”为品牌，以“远离尘嚣、修身养性、生态养生”为特色，吸引四方游客前来休息度假探险。

2. 发展历程

2009 年 2 月份成立温州市田塘头果蔬种植专业合作社，2013 年 6 月成立温度市鹿城区藤桥高田家庭农场，2015 年个转企升级为温州市高田生态农场有限公司。注重品牌建设，2013 年注册商标“高山一丘田”，2014 年 8 月无公害产地认证及产品认证也已完成，2017 年申报瓯柑、柿子、猕猴桃、沙糖橘等绿色产品。农庄的发展获得各界的肯定，先后获得 2013 年全市供销社系统农民专业合作社示范社、2013 重合同守信

高田农场示范基地展示（陈琛凝摄）

誉农户、2013 年鹿城区农业科技示范基地、2014 年浙江省“双学双比”妇字号农民专业合作社、2014 年温州市现代农业园－果蔬精品园、2014 年温州市森林人家示范点、2014 年温州市农民培训实训示范基地、2014 年温州市示范性家庭农场、2016 年藤桥镇重点企业、2017 年浙江省级果蔬采摘旅游基地、2017 年温州市森林康养基地。

三、具体做法与成效

1. 产业融合发展，打造新型农业现代化

农村产业融合要延伸农业产业链，实现农业、农产品加工业、农村服务业的融合。这种融合要依托于打造农业新产业、新业态、新模式。高田农庄首先加强基础设施建设，提高生产效率，园区内改扩建采收游步道路 3 千米，实施生态化经营，打造无公害产品基地，坚持人工除草，施有机肥料，鸡粪、猪粪发酵后灌溉水果蔬菜，安装 30 只昆虫诱捕器，太阳能防虫灯 5 台，防虫灯 10 台，用于虫害防控。园内基础设施完善，操作道路畅通，服务用房充裕，试验场地充足，各类农业设施健全，管理制度健全，育苗大棚 1 000 米^2、试验田 100 亩，为品种、技术、设施、设备、产品等试验示范提供试验场地保证。

比如以蔬果种植为基础，开展休闲农业、蔬果采摘等新型时尚农业业态，推动观

散养鸡与稻田鱼（陈琛凝摄）

光农业的发展，提升农业附加值，上一年接待采摘观光人数达到 10 000 人，有采摘区、观光亭、游步道等配套设施，从而达到农业增效。为了更好地接待游客，公司委托市农科院规划所做整体规划，布局合理，做中远期的规划。结合当地红色革命基地发展地域文化，产业特色，突出农耕文明的时尚主题。提供小型会议学习场所，日接待能力 300 人，用房面积 1 500 米 ^{2}。基础配套设施日渐完善，目前设施用房改造面积 3 000 多米 ^{2}，用于农家乐及民宿、会议等。

2. 建立联农带农机制，打造复合型“新农人”梯队

以推动农业科技进步、农业农村现代化为己任，积极促进农业科技创新发展和普及应用，积极促进农业科技人才成长。增收要创新农业技术，人才是关键，要充分发挥资源优势，依托科研所、龙头企业、科技成果交易中心等，加强农业科技创新人才

高田农场组织社员培训（陈琛凝摄）

的引进和培养，提高农民掌握先进农业生产技术的能力，提高农村劳动力素质。支持农业“走出去、引进来”，努力引进外地的农业企业家来投资，为现代农业发展提供保障。农场与温州科技职业学院（温州市农科院）单位合作，各部门专家实地为农民、大学生现场教学指导。另合作社被市农科院做为农民培训示范基地，为实习大学生提供场地实践实训，为毕业大学生提供岗位工作。目前农场管理人员 5 人，有 3 名大专以上学历技术人员，分别是食品检测中级，果树工初级，及果树工高级。有一名通过为期一年的新型职业农民培训并合格准予毕业发证。这几年陆续有 20 多位大学生实训，现场培训 5 次，实地培训 10 次，接待参观团队 10 批，直接受益农民 1 000 人次。

3. 建立精准扶贫联动机制，实施产业扶贫

藤桥镇常住人口 8 200 人，田塘头村总人口中 800 多人，85% 农民为务农，日常种植普通农作物谋生，收入来源单一，大部份依靠种地为生，人均年收入 5 000 元左右，平常生活困难。2013 年 6 月温州市高田生态农场有限公司成立，村民大部分参加公司工作，不只本村村民受益，周边白脚坳村、三新村、林路村等村民都有参加工作，带动社员及周边 6 个村庄 50 多户就业。开起农户 + 基地模式，与农户、签订种植协议，农庄负责提供种子（水果玉米、红薯苗）、有机肥，农户种植成熟后由农场检验收购并销售。据统计 2017 年发放工资 80 万元，村民的生活有了很大变化。

高田农场绿色食材基地（陈琛凝摄）

4. 打造生态产业，以绿色促振兴

大力加强生态文明建设，继续推进农业面源污染治理。实施农业绿色，推广水肥一体化、机械深施等施肥方式，集成应用病虫害统防统治与绿色防控融合技术，实现化肥、农药使用量零增长。深入推进耕地质量保护与提升工作，不断提升土壤肥力。加强沼气工程建设，推广太阳能、生物质能源应用。加快推进农田林网工程建设，打造田园景观带、休闲观光带。农庄现有绿色蔬菜配送业务，真正做到从地头到餐桌。长年固定配送菜到家有 28 户，每户每年 5 000 元，其他不固定客户都是通过微信下单，农庄配送、对客户配送会员制控制在 100 户以内以保品质。

四、发展模式剖析

1. 农业内部有机融合模式

将农牧结合、农林结合、循环发展作为导向，调整优化农业种植养殖结构，发展高效、绿色农业。这样一来，高效益、新品种、新技术、新模式的农业蓬勃发展，一些传统资源、农业废弃物被综合利用，农业潜力就被激发出来了。高田农庄的生态循环探索“特色化”。探索示范节地、节水、节肥、节能等资源节约型技术，推广猪—沼—稻（莲、果、菜、花）、稻—菜连作、农副产品—食用菌—有机肥等高产高效种养模式，实现以养带种、以种促养、种养循环。建立秸秆综合利用、农业废弃物循环利用、种养结合等农业再循环利用示范点，提高资源有效利用率，促进农业可持续发展。现在农庄畜禽渔养殖品种以鸡、猪、田鱼为主。规划林下养鸡 1 000 只，考虑到景观性，将原位于综合服务区内的鸡场位置移至柿子采摘园西北部，建设生态鸡场约 0.5 亩，供应园区餐饮并提供生态养殖技术展示；规划林下养猪 80 头，散养在柿子采摘园内，与主干道保持一定距离以免影响观瞻；规划在原有养殖鱼塘中养殖田鱼 1 亩，在垂钓鱼塘中少量养殖鲫鱼、鲤鱼、草鱼等。鸡粪代替部分猪饲料，猪粪尿用于沼气生产，沼气渣培养蚯蚓，沼气水施入鱼塘养鱼，蚯蚓作为鸡和鱼的蛋白饲料，池塘底泥作为农作物肥料，形成饲料多层次利用的人工控制生态循环系统。

2. 农业产业链延伸融合模式

根据产业主体不同可细分为三个类别：第一种是以一产为基础的融合型。以现代种养业为主导，向产前延伸开展良种繁育、农资供销等，向产后拓展加工储藏、物流销售、休闲观光等二三产业，形成三次产业互促并进、互利共赢的发展格局。第二种

是以二产为纽带的融合型。以农产品加工业为依托，将产业链向前后两端延伸，由单纯的加工向生产、流通、研发、服务等领域交融发展，实现产加销、贸工农一体化，拉长产业链、提升价值链。第三种是以三产为引领的融合型。依托农产品流通、电子商务、乡村旅游和农业社会化服务等三产，建立农产品原料、加工、销售、物流基地，拓展服务范围，延长产业链条，增加农业附加值。高田农场本身有地域优势，种植业是该区域优势。现以第一种模式为例，以种植为基础，开展加工示范体验园包括食品加工房、冷库、加工体验间，主要进行农产品加工储存、加工技术展示，并开设加工体验活动，组织游客将自己采摘的农产品进行加工。最终实现一二三产融合。

菜油压榨粗加工（陈琛凝摄）

3. 农业功能拓展融合模式

乡村旅游业、现代农业以及生态康养产业是乡村产业振兴的突破方向，尤其是乡村旅游业。这是一种出现在农村区域的一种新型旅游模式，乡村旅游业的发展不仅能增加当地政府的财政收入，还能为当地村民带来实实在在的就业机会。近年来我们注意到乡村旅游的迅速发展，逐渐呈现出产业的规模化和产品的多样化。旅游业的发展必须依托独特的资源禀赋，独具特色的自然资源、丰富灿烂的文化遗产，这些都是旅游开发所需要的关键要素。塘头村高田自然村是浙南的红色革命根据地之一，又是红色革命基地，建有田塘头革命纪念馆，1948 年地下中共永嘉县委和浙保七团的战斗的战场就位于此。突出红色之旅，在原国共战场遗址处新增纪念碑亭景点，纪念和缅怀革命历史；在东部素拓区加入红色元素，设为"红色经典重温区"，利用自然环境和素拓设施模拟长征之路，游客通过红色素拓体验，重走红军路，传承红色精神。在园区其他活动项目中增加穿红军装、吃红军餐、唱红军歌、打红军仗、读红军书、演红军剧、听传统课等活动内容，进一步体现红色元素。

农旅结合亲子活动（高田农场提供摄影）

4. 科技渗透发展融合模式

在推动现代农业发展中，大力推广引入互联网技术、物联网技术，引进先进技术生产栽培模式等，实现现代先进科技与农业产业的融合发展紧跟科技发展潮流，突破传统农业模式，充分展现科技魅力，高田农场在设计规划时将农业物联网、农业电子商务、食品溯源防伪、农业信息服务等技术应用于游览项目开发、生产控制管理、形象宣传推广等各方面，向游客展现智慧而时尚的现代农业。

五、高田生态农庄发展模式的适用条件

推动三产融合，助力乡村振兴是党中央、国务院做出的重要决策，是党的“三农”理论和政策的创新和发展。高田生态农庄能够推动三产融合，还是有一定的先决条件。①政策性条件是农村实施三产融合的基础，对企业的发展具有积极的推动作用。高田农场顺应的国家农业发展趋势，满足政策性要求，所以可以争取到更多的政策支持及资金补助。②为实现农村经济的三产融合，实施全面农村土地确权与流转制度的改变，保证土地市场化为农村经济发展提供可靠保证。通过实施这种土地流转制度能够提升企业的管理水平，推动企业发展以及企业经济效益的提升，为三产融合的应用水平提高奠定基础。高田农场的土地基本上都是流转过来，一方面付给农民租金，另一方面还能够解决农民的就业问题，带动当地农民脱贫。③在当前农村的经济环境下，推动

产销种植与区域资源的充分融合，加之农村的劳动力相对比较廉价，对于生产融合的发展具有积极作用。当农产品生产出来以后能够通过工业环境进行充分加工，第三产业来实现销售。高田农场依托自身的种植优势，利用当地农民，进行粗加工，并利用互联网渠道进行销售，这样有利于资源的充分融合。④为保证三产融合的充分应用应提升农村经济过程中的技术水平。高田农场发展离不开人才的培养，与各高校研究所联合办学，定期组织培训，不断提升农民技能，特别是利用科技特派员的技术优势，在技术上为三产融合给予有力支撑。

执笔人：陈琛凝

课题组：农村金融与财务研究室

依托院士专家工作站引领猕猴桃产业发展

——记泰顺县猕猴桃专业技术协会

一、发展背景和发展历程

泰顺县猕猴桃种植始于1986年，已有30余年发展历程，主要种植区域分布在泰顺县中北部，大部分的基地都处在乌岩岭国家级自然保护区周围，基地周边森林覆盖率高达80%以上，区域内具备空气湿度高、昼夜温差大、环境无污染等有利的生长环境，促使泰顺县所产出的猕猴桃鲜果具有甜度高、风味香浓、口味清爽、后感纯朴等优点，其品质明显优于其他地方。因此，在20世纪90年代中后期，果不出园，每千克就能卖到18元，成为碑排乡等地果农发家致富的一条好门路。但是，由于片面追求量的扩张，以及为了满足中秋节和国庆节的市场需求提前采摘入市，造成全县果品品质急剧下降，产品声誉受到影响，结果到了2000年前后，猕猴桃价格一度跌至每斤四五毛钱，果农积极性受到严重挫伤，出现了果园抛荒、果树被砍的现象，全县的猕猴桃产业发展陷入最低谷的困境。

为了改变果品质量差的不良局面，2003年春，泰顺县提出了“全县猕猴桃全面实施农业标准化生产”的战略目标，并开始进行猕猴桃品牌经营。从此，泰顺县猕猴桃产业走向一条“标准化生产”与“品牌经营”互相促进的良性发展之路，经过十年地不懈努力，泰顺县猕猴桃产业又出现了百花齐放、百家争鸣的良好发展势头，并在2011年成立泰顺县猕猴桃专业技术协会，县域内7家联合社、100余家合作社成为协会会员。

泰顺县猕猴桃产业2016年年产7 000吨、年产值近亿元，2017年年产9 000吨、年产值1.3亿元，从业农户的年收入一般达到5万元以上。已经形成了布雷诺、红阳、华特等三个主栽品种，种植面积达1.4万亩，猕猴桃产品浙江著名商标2枚、浙江名牌3个、森林食品等绿色认证20余项。带动1 400余户从事种植经营，从业农户的年收入达 5 万元以上，产业效益明显。猕猴桃产业经营龙头企业 2 家，专业合作社近 200 家，注册商标 70 多枚。积极参加各种展销会和农博会，开设产品销售专柜，与农产品公司、超市合作营销，产品进入了杭州、上海等大城市的高档消费群体。泰顺县与浙江省农科院开展技术合作，自主选育本土猕猴桃新品种——华特猕猴桃，获得《国家植物新品种权证书》，成为全球第四代猕猴桃新品种，在全县推广种植 3 000 多亩，取得可观经济效益。

随着泰顺猕猴桃知名度的不断提升，也带动了自驾采摘游，2014 年慕名到泰顺县游客达 6 万多人次（历史最高值），创下了近千万元的旅游收入，为泰顺县生态旅游开辟了独特的观光采摘项目。

二、具体做法与成效

（一）具体做法

1. 政府主管部门成立专门机构，制定产业扶持政策

2009 年 10 月，县政府组织成立了泰顺县猕猴桃品牌培育工作领导小组，组长由副县长亲自担任，成员由县府办、林业、工商、质监、农业等部门领导担任，领导小组设立办公室，专门负责日常猕猴桃品牌培育与市场管理工作。机构成立后，在分管副县长带领下，定期或不定期地对猕猴桃生产环节与销售市场开展产品质量检查和抽检活动，对于不合法的经营企业和经营户进行电视曝光，公布了一批优秀、守信的品牌经营店和经营种植大户名单，引导市民选择信誉好的品牌和经营大户进行消费。2010 年，县政府公布实施《关于扶持猕猴桃产业发展和品牌建设的若干意见》，对生产基地建设、贮存保鲜等生产环节方面的扶持政策做了详细规定。

泰顺县猕猴桃产业发展战略及技术交流座谈会（庄期海摄）

泰顺县猕猴桃特色园建设项目技术培训班（庄期海摄）

2. 大力培育农民专业合作社，提倡企业品牌经营

农民专业合作社是猕猴桃标准化生产的组织实施单位，通过猕猴桃专业合作社把众多果农组织起来，统一标准、统一生产、统一销售，合作社与果农实行订单生产，落实生产责任制，每年与农户签订《猕猴桃绿色食品定产定销合同书》，形成自我约束、自我监督的生产机制。合作社注册商标实施品牌经营，为猕猴桃标准化生产找到实施载体，在合作社的带动下提供优质果品给消费者，又能让一年一度的标准化生产得到延续和提升。

3. 加大产品质量宣传力度，全面禁止使用“大果灵”

宣传工作面向猕猴桃生产者和广大市民展开。针对生产者，协会主要在合作社社员大会、农村村民大会和栽种的田间地头，以及走门串户时，对果农进行宣传教育，让果农从果品的“高价不够卖”和“低价卖不出”这两种截然不同销售形势中悟出道理来，引导果农跟随合作社走标准化生产之路。而针对广大市民，协会通过省《农村信息报》《温州日报》《温州晚报》等报刊，还有泰顺电视台、温州电视台、农业信息网等新闻媒体进行宣传报道，以及设立大型广告牌，发放宣传单，参与质监部门开展的产品质量宣传月活动等多种形式，让市民能分辨出无公害产品与非无公害产品，认准猕猴桃品牌。

禁止使用“大果灵”膨大剂。一是公布无使用生长激素种植户名单，严查外运进来的有使用“大果灵”猕猴桃产品，让有使用生长激素种植户的果品无处可卖或低价贱卖；二是全面实行订单生产，实现产品可追溯制度；三是检查猕猴桃专卖店产品质量，对经营企业实行奖惩激励机制，企业杜绝销售“大果灵”猕猴桃产品；四是发现了能够鉴别果品有无使用“大果灵”膨大剂方法。对于果品是否有使用“大果灵”生长激素的问题，过去始终没有有效的检测设备与手段，一直困扰着检查监督人员。后来科技人员发现了“剐果皮辨颜色”的鉴定办法，对少数果农少量使用“大果灵”的做法有了鉴别的手段，才彻底禁止了大果灵的使用。通过十年坚持不懈地努力，现在，种植户已停止使用“大果灵”，产品品质有较大提升。禁“大果灵”这项工作得到有关部门充分肯定及专家的好评，成为全省乃至全国的典范。

4. 引进猕猴桃早熟新品种，加强农民技术培训

自 2005 年以来，泰顺县引进了徐香、红阳、金果等猕猴桃早熟新品种，科技部门为此设立了县、市科技计划项目，获得县市财政补助资金 40 多万元，有力推进了泰顺县猕猴桃新品种推广种植与科技兴林进度，为猕猴桃科技创新增加动力。目前，各个早熟新品种已试种成功，红阳猕猴桃已大面积推广，部分基地已投产上市，填补泰顺县在中秋节、国庆节期间猕猴桃市场的空缺。

泰顺县政府与中科院武汉植物园猕猴桃产业合作签约仪式（泰顺县猕猴桃协会摄）

中科院武汉植物园国家猕猴桃种质资源圃主任、中国园艺学会猕猴桃分会理事长钟彩虹研究员在泰顺县现场教学（庄期海摄）

加强农民技术培训，培育猕猴桃科技人才。省农科院园艺所是技术支撑单位，先后派遣四位专家到泰顺县指导培训农民技术。其中赵安祥老师服务时间长达 11 年，他手把手传授技术给农民，培训了一大批农村乡土人才。园艺所谢鸣所长多次到泰顺举办猕猴桃标准化种植技术培训班，为农民带来最新的栽培技术和最前沿的经营理念，培训了一批新型农民科技人才。

5. 制定猕猴桃行业地方标准，产品和基地取得多种标准化生产的认证

为提升泰顺县猕猴桃标准化生产水平，协会在执行国家、省级行业标准基础上，积极探索研究泰顺猕猴桃生产特点，制定适合本地生产和本土树种栽培的地方标准，分别发布了泰顺县地方行业标准《泰顺猕猴桃》和温州地方行业标准《华特猕猴桃》等两部系列标准，为泰顺县实施农业标准化生产提供可操作性指导。

自 2003 年首次取得森林食品基地认定以来，泰顺县的猕猴桃产品和生产基地获得认证或认定共计 16 个。其中：森林食品基地 4 个、无公害农产品基地 3 个、绿色食品 3 个、有机食品 3 个、市级标准化推广实施项目 4 个、省级无公害猕猴桃种植推广实施项目 3 个。由于农业标准化生产不断推进，猕猴桃产品质量也得到较大提升，在每年省市农产品检测机构抽检中，泰顺县产品均为合格，没有出现农药超标现象。

6. 设立泰顺猕猴桃院士专家工作站，建立实验室和综合试验基地

2015 年 10 月，在市科协大力支持下，泰顺县政府邀请山东农业大学束怀瑞院士作

泰顺县猕猴桃院士专家工作站技术咨询交流座谈会（庄期海摄）

为猕猴桃院士专家工作站的领衔院士，2016 年 6 月 18 日，泰顺县与中科院武汉植物园正式签订科技合作协议，聘请武汉植物园作为工作站的技术支撑单位。

工作站设立了猕猴桃科技实验站，实验站建设包含实验室和综合试验基地两部分，配备专职工作人员 3 人，均为中级职称。现已确定综合试验基地核心基地一个，不同海拔中试基地 4 个。基地从事研究及种植科技人员有 7 人，其中高级职称 1 人，中级职称 2 人，初级职称 5 人。核心基地坐落在罗阳镇下洪社区育才蔬菜基地，面积 120 亩，其功能区主要分成猕猴桃资源圃、品种中试基地、新品种推广试种基地三大部分。不同海拔中试基地分布在 900 米、700 米、500 米、300 米等四个区位，分别坐落在罗阳镇碑排、下洪和司前镇台边等地。2017 年县政府安排县财政资金及整合省项目资金，共计 132.5 万元来保障院士工作站的合作项目实施。

（二）院士专家工作站取得的主要成效

1. 挽回了市场信誉度

通过标准化种植，果品品质大大提高了，消费者重新接受了泰顺县的猕猴桃，销售势头一年胜过一年，产品供不应求。提高了产品价格，经济效益非常可观。合作社给农户的最低保护价为每市斤 5 元，比实施标准化生产的初期价格翻了三翻，猕猴桃亩产值可达 10 000 元，扣除生产成本外，每亩经济效益近 7 000 元。

2. 促进名牌战略的实施

随着市场美誉度的不断提高，产品产生了高附加值，壮大了合作社经济，为猕猴桃评为“温州名牌产品”“浙江名牌产品”创造了有利条件。

3. 改变了果农旧观念

果农通过不断地技术培训学习，提高了自身素质，标准意识、品牌意识和市场经营意识得到加强，也涌现出一批懂技术会经营的新型农民，少数果农已经开始创办企业独立经营了。

4. 新技术推广应用增加经济效益

推广实施“一杆两蔓”整形修剪技术、“一杆两蔓”整形修剪技术、“牵引培枝”健壮结果母枝技术、“器械采集花粉”实现机械授粉技术等多项新技术，每亩可以节约劳动力 2 天以上、增加果实产量 400 千克左右，折算每亩可增收 2 700 元左右，全县全面推广后可增收经济收入 3 700 多万元。

5. 起草编撰猕猴桃种植相关标准

2017 年，温州市质监局立项创建猕猴桃标准体系项目，泰顺县猕猴桃专业技术协会（院士站建设单位）负责修编泰顺猕猴桃标准规范及实施“泰顺猕猴桃标准综合体系”项目。2016 年 12 月底，温州市颁布《泰顺猕猴桃》地方标准规范；2017 年 10 月，泰顺县猕猴桃专业技术协会完成温州市县域特色产业标准体系建设项目，并提交项目验收材料。

6. 申请地理标准和证明商标

2017 年 1 ~ 9 月，泰顺县猕猴桃专业技术协会向农业部、国家工商总局分别申报“泰顺猕猴桃”农产品地理标准和证明商标，专家团队为其编制了《“泰顺猕猴桃”证明商标管理规则》和《“泰顺猕猴桃”农产品地理标志技术规范》。2017 年 11 月，泰顺猕猴桃通过农产品地理标志的认证公示；2017 年 2 月，泰顺猕猴桃证明商标得到国家工商总局商标局的受理。

7. 推广种植新品种增强市场竞争力

武汉植物园于 2015 年为泰顺县引种翠玉猕猴桃，在 400 ~ 900 米的不同海拔段进行试种，已取得初步成功，平均亩产量 1 400 千克左右，亩产值可达 1.3 万元以上。该品种克服了现有栽植品种易感溃疡病及果品不易贮藏的严重缺陷，将成为泰顺猕猴桃拓展新市场的拳头产品，是吸引农产品经纪人进军水果超市的好产品，可以有效解决布鲁诺、华特等猕猴桃所存在着的销售压力，将来起到稳定泰顺猕猴桃价格，保持果农经济收入的作用。

8. 工作站研发相关专利受理、授权情况。泰顺县猕猴桃院士专家工作站总结出猕猴桃生长土壤改良新技术，并成功取得“生物有机质回土改良肥及其制作方法和发酵箱”等多项科技成果，该成果于 2016 年 8 月 24 日获得国家发明专利证书，证书号为第 2201835 号。

9. 相关工作被各级媒体报道情况

泰顺县猕猴桃院士专家工作站有关建站及运行工作情况，在国家及省市县级等新闻媒体进行多次报道，一是 2016 年 1 月 17 日在中国商务新闻网科技频道栏目刊登《浙江泰顺县举行猕猴桃院士专家工作站授牌仪式暨猕猴桃产业发展研讨会》；二是 2016 年 8 月 1 日在浙江省科协网地方科协刊登《农民“订餐”专家“配菜”——泰顺县科协邀请专家助力猕猴桃产业发展》；三是 2016 年 1 月 8 日在温州网温州日报等刊登《泰顺以生态优势柔性引才 一茶一果引来两院士》；四是 2017 年 7 月 24 日在《浙江林业》发表《泰顺：政府搭台林农收益 助推猕猴桃产业发展》。此外，省科协、市科协简报；市科协；泰顺信息网等媒体平台均有报道协会相关工作。

三、发展模式剖析

1. 充分利用农业资源条件和产业基础

泰顺县的气候和土壤条件非常适合种植猕猴桃，在协会成立之前猕猴桃的种植面积已经有几千亩，协会立足泰顺县自然资源特点和产业发展基础，在农业行政主管部门指导下开展工作，通过十几年的努力，将百余家合作社、千余户农户组织起来，有效地促进了当地猕猴桃产业的发展。

2. 政府相关主管部门领导的高度重视

县政府组织成立了泰顺县猕猴桃品牌培育工作领导小组，组长由副县长亲自担任，成员由县府办、林业、工商、质监、农业等部门领导担任，领导小组设立办公室。县林业局组织设立泰顺县猕猴桃专业技术协会，负责指导全县猕猴桃种植、经营等工作。

3. 充分发挥农民专业合作社在猕猴桃产业发展中的作用

县域内猕猴桃种植户多数为中小规模种植，很多农户加入了合作社、联合社，通过协会—联合社—合作社—农户的管理机制，协会的各项工作能够迅速传递到农户，做到政策落地、技术落户。

4. 开展高层次科技合作带动猕猴桃品种改良和种植技术提升

通过建立山东农业大学束怀瑞院士工作站、开展与浙江省农科院园艺所等科研院所的合作，丰富和改良了猕猴桃种植品种，提升种植技术、保证果品产量和质量。

5. 重视宣传工作，推动猕猴桃产业发展

协会多年以来，坚持通过多种媒体渠道向消费者推广泰顺猕猴桃，并传授猕猴桃相关鉴别知识。向猕猴桃种植户宣传安全生产和新技术知识，加强种植户的标准意识、品牌意识和经营意识。十余年以来，泰顺猕猴桃的消费者满意度和美誉度不断提高。

四、模式适用条件

（1）政府主管部门重点发展的农业产业，由县级领导牵头，各相关部门紧密配合，成立工作小组，并设立协会作为专门的常设工作机构，自上而下形成良好的产业发展氛围。

（2）政府主管部门持续对协会进行人、财、物投入的支持，着力开展产业培育，协会有能力牵头完成品种改良、技术提升、品牌建设等投入和难度较大的工作，使合作社、农民受益。

（3）当地要具备一定的产业规模和产业发展的良好条件，通过协会整合生产和经营资源，迅速形成产业规模。

（4）有一批具有带动能力和奉献精神的大户担任合作社、联合社的理事长，或其他管理岗位，全心全意为广大农户服务，使合作社成为协会和农户之间的中间管理层。

执笔人：高光照
课题组：农村土地研究室

为农户养殖提供“六统一”服务

——记平阳县佳茂禽业专业合作社

一、发展背景与发展历程

平阳县佳茂禽业专业合作社于 2007 年 4 月成立，注册资金 300 万元，核心股东成员 6 人，在册社员 126 人，合作社以童子鸡加工、销售为主，提供鸡苗、饲料、饲养技术及回收童子鸡与屠宰加工一体化的农民专业合作社。合作社“工厂 + 基地 + 农户”的模式，2016 年资产总额达 831 万元，全年共回收屠宰销售童子鸡 380 万只，销售额达 1 641 万元。合作社在温州市各县建立营销网点 200 多个，主要分布在温州“菜篮子”集团市场 15 个，乐清市 5 个，平阳县昆阳镇 6 个、鳌江镇 5 个、钱仓镇 5 个、麻步镇 5 个、水头镇 8 个等。

合作社 2008 至今连续被评为县十佳农民专业合作社，2009 年获得平阳县 AAA 级

平阳县佳茂禽业专业合作社（严瑾摄）

残疾人扶贫示范基地，2010 年合作社获得省示范性农民专业合作社、省百强农民专业合作，2011 年获得市先进农民专业合作经济组织、AAA 级残疾人扶贫示范基地称号，2012 年获得浙江省农业科技企业、国家级示范性农民专业合作社，2013 年获得温州市知名商标、浙江省 AAA 级信用等级农民专业合作社。

二、“三位一体”合作体系建设主要做法与成效

（一）生产合作

合作社推行“工厂 + 基地 + 农户”模式，采取集中加工与分散饲养相结合，有效地带动农户养鸡致富。一方面由合作社底垫部分成本，从外地引进苗鸡，发放给农户饲养；同时在生产中提供饲养技术和饲料，回收童子鸡，价格随行就市并确保以最低保护价收购。这为农户解除了产后流通销售后顾之忧，确保农户养鸡有一定的利润，极大地调动农户养鸡积极性，使合作社所在地梅溪、梅源等地很快发展成为平阳县童子鸡生产基地，并形成温州市童子鸡最大产销基地，发展前景广阔。

（二）供销合作

合作社为农户开展“六统一”服务，即：合作社为农户统一提供鸡苗、统一提供饲料、统一开展技术咨询和技术指导服务、统一回收养殖户养殖达到一定标准的活鸡，再由合作社统一销售，合作社每年统一向社员分配返利。农户饲养过程中只需交纳部分资金，合作社可为社员垫付部分种苗、饲料、防疫等资金，并以最低保护价收购活

平阳县佳茂禽业专业合作社屠宰基地（严瑾摄）

鸡，养殖户只需按照合作社的生产标准建设鸡舍、按标准饲养肉鸡就能取得稳定的收益。

合作社通过“一条龙”服务方式，既避免了农户盲目购买苗鸡饲养，引起市场供需不平衡，导致市场价格剧烈波动等问题，又解决了农户养鸡无技术、无资金，卖鸡无市场等后顾之忧，受到广大农户的欢迎。通过几年运行，合作社规模不断扩大，表现出强大的生命力。主要表现：一是经济效益突出。2016 年，向农户发放童子鸡苗鸡 385 万羽，为合作社社员配送饲料 1 320 万元，回收童子鸡 179 批 358 万羽。带动 156 户养鸡农户，年出栏童子鸡 500 万羽，户均增收 16 700 元。二是社会效益显著。

（三）信用合作

资金短缺，资金周转率差等制约了社员发展养殖的积极性，合作社在 2013 年 3 月成立平阳县佳茂禽业专业合作社资金互助会，互助会坚持遵照“组织封闭、对象封锁、上限封顶”和“有效控制风险、规范管理运作”的总体要求，以“民办、民管、民受益服务社员，谋取全体社员的共同利益为宗旨。截至 2017 年 5 月，互助会入会资金 227.16 万元，吸收互助金 261.63 万元，共发放互助金 456 笔，发放总额 3 162.6 万元，贷款余额 456 万，个人借款从 1 万到 10 万不等，运行至今除有 4 笔借款逾期外，均未发生坏账。主要做法有：

1. 精心组织，大力宣传

创办之前，合作社就对广大社员农户的生产情况进一步排查建档，对潜在的资金需求进行分析，对互助会的盈亏平衡点进行多次推算，进一步坚定了各位理事办会的信心。资金互助会创办以后，互助会负责人经常深入到养殖户中，向养殖户讲解互助会互助金的目的、意义、操作方法，与早期基金会的本质区别，回答养殖户一些疑难问题，根本上消除了农户的顾虑与担心，得到广大养殖户的拥护。

2. 按章办事，层层把关

互助金项目牵涉面广，办得不好不仅对本社声誉产生极大影响，而且也会引起社会的不安，因此我们坚持按照温州市委、市政府出台的文件精神做到原则问题不突破，努力做到：一是严格会员管理。坚持做到互助会会员不出县，入会以缴纳互助金为前提，会员仅限于种养业的农户，入会自愿、退会自由，以户为单位，每户最多一人加入，严把入会关，重大事务实行一人一票表决制。二是严格资金审批。互助金只限于养殖、种植等农业生产，其他借款理由一律不予审批，采用理事会审批、监事会监管、会员监督三位一体监管。实行不对外吸储，利润暂不分红。入会、贷款用途、贷款回收严格按照章程程序审批。三是严格执行财务制度。按照《温州市农村资金互助会管理暂行办法》规定，单个会员不超过农村资金互助会入会资金总额的10%、资本充足率不低于10.5%、单一会员发放的互助金总额不得超过入会资金总额的15%、前十大户发放的互助金不超过入会资金总额的50%等。至今互助会最高一笔放贷额未超过10万元。

3. 细化管理，逐步提升

互助会从创办开始就采用融通资金互助会管理系统，互助会所有资金往来全部纳入软件管理。会员存入或借出资金的利息结算、本息偿还、互助会收益等全部由系统统一生成。监管部门安装上软件终端就可以通过网络实现账目核对，电子监管。互助会对风险防控极为重视，定期对放贷员进行专业培训，对资金放贷程序审核严格把关，确保放贷资金限用于社员养殖相关生产用途。放贷后，对资金的使用及社员的生产情况进行实时跟踪，一律发现异常情况，就进行预警提示催款。建立社员信用档案，对社员进行征信评信育信，对信用等级高、信用记录良好的社员对资金放贷上给予更大的优惠扶持及利润返还力度，逐步建立农户生产经营情况的“大数据”。同时合作社还通过产销联合的渗透来促进资金良性循环，合作社通过实地技术培训与指导，提高社员生产与资金使用效益，又加大了资金的使用监管力度。合作社尝试通过生产、供销、信用层层联合与渗透，不断优化资源，促使合作社及社员产生更大经济效益。

三、发展模式剖析

生产、供销和信用合作社的“三位一体”模式，能够使农民合作所需要的生产、流通、科技及金融服务实现功能衔接互补，健全的合作组织能够增强广大农户实力和市场竞争力，能够较大幅度提高农产品利润率和增加农民收入，使农民的组织程度提高。合作社“三位一体”综合改革的政策设计，是对三种合作社单一运作的漏洞弥补，也是对我国新农村发展道路的创新探索，有极强的生命力。政策与实践的统一体现了合作社基本功能的协调发挥，表明突出合作社本质属性的重要作用。我国新农村的发展需要对合作社本质属性的坚持，把握好合作社的政治属性、社会属性和经济属性，才能避免合作社异化发展成政府部门或股份企业，才能全面发挥合作社应有的强大功能，帮助我国走出“三农”困境。

1. 为小农提供组织平台

作为联结小农的有效载体，合作社致力于为农户提供和市场对接的平台，提高分散小农的组织化水平和市场地位，并在各方博弈中保护小农的利益。

2. 为农业生产经营者提供服务

合作社致力于成为农业社会化服务的重要供给主体，以及农业社会化服务供需匹配的桥梁，为农业生产经营提供有效的农业服务。

3. 成为农业农村发展各利益相关主体联系的纽带

合作社致力于通过与科研机构、政府、企业等主体的协作，形成各利益相关主体联系的纽带，共同促进农业农村发展。

农民合作社可以多方面发挥作用：①有助于实现乡村的产业兴旺。合作社可以成为发展适宜的特色产业的有效载体，把农业生产与农产品加工流通结合起来，延伸产业链、提升价值链，实现一二三产融合发展，促进乡村的产业兴旺。②有助于实现乡村的生态宜居。合作社可以通过自身的组织力量引导农户进行绿色生产，用有机肥替代化肥，促进生物农药、绿色饲料的推广，引导农户减少畜禽养殖污染，促进乡村的生态宜居。③有助于实现村庄的乡风文明。合作社可以通过自身的组织文化建设，增强合作社成员的文化素养和凝聚力，传承所在乡村的人文风俗和历史文化，促进村庄的乡风文明建设。④有助于实现乡村的治理有效。合作社可以通过对成员进行道德和法制教育提升其道德法制意识，促使其形成以德治村和依法治村相结合的乡村治理模式，实现乡村的治理有效。⑤有助于实现农民的生活富裕。合作社可以通过提高小农的组织化程度，为农户提供农业生产经营所需的各种服务，帮助农户提高农业生产效率，分享更多农产品加工营销环节的利润，实现农民的生活富裕。

四、该模式适用条件

“三位一体”体现了合作社的本质属性与基本功能，现代的合作社是弱势群体自愿联合，在合作法保障和政府财政支持下微利经营或保本经营的带有一定公益性的平民合作组织。适用于农民在农业生产效益低下，农产品贸易风险较大的情况下进行自愿联合协作，共产共销，共营共利。合作社应在现有条件下通过以下路径继续提升发展。

1. 发挥合作社品牌优势，推进农业供给侧结构性改革

通过打造合作社品牌，引导农户生产高品质农产品，增加农产品有效供给，满足消费者对农产品不断增长的安全需求和品质需求。

2. 发挥合作社生产经营优势，构建现代农业生产经营体系

作为现代农业生产经营体系的重要组成部分，通过增强合作社在农业生产经营过程中的指导、示范、引领等核心作用，构建现代农业生产经营体系。

3. 发挥合作社文化优势，助力乡村文化建设

通过加强合作社的组织文化建设，在农户之间形成树美德、倡文明的良好风气以及良好的文化氛围，以合作社的文化建设促进农村的乡风改善。

4. 发挥合作社服务优势，促进农户收入持续增长

通过提升合作社的服务能力，给农户提供高效的生产资料服务、技术服务、信息服务、加工和营销服务，以提高农户的农业生产效率，扩大农民农业生产的利润空间，促进农户收入的持续增长。

“三位一体”合作社模式，致力于打造综合性的为农服务平台，整合与农业相关的各类资源，在生产、供销和信用三个方面实现农业的产前、产中和产后服务，提高农业产量，增加农民收入，在物质和精神双重层面上满足农民需求。这是我国合作制的一项重要举措和伟大尝试。有助于推进农村现代化发展，为乡村民主政治的构建、乡村经济结构的形成、乡村公共治理的改善以及乡村经济模式的发展创新提供大胆而有益的探索，为“三农”问题的破解提供一种新的思路和新的模式。

执笔人：严瑾

课题组：乡村振兴研究室

以研发引领
黄栀子全产业链转型
——记永嘉县科兴林业种苗场

一、农场简介

永嘉县科兴林业种苗场，创建于1997年，地址为永嘉县金溪镇六龙村西溪路1幢3号，注册资金60万元，是一家专注栀子全产业链开发的农业科技企业，是一家集科研、生产、经营为一体的农业龙头企业。主要从事黄栀子种植技术、品质管理和栽培模式的研究，并联合、依托科研院校对黄栀子进行全面的开发。

黄栀子为茜草科植物，是我国大宗传统中药材，具有泻火除烦、清热利尿、凉血解毒、散瘀血等功效，素有“温栀子”美称，为“四大温药”之一，其果实大、色素含量高，具有良好的药用价值，潜在巨大的市场。

该场现有总资产794.25万元，固定资产466.83万元，年总产值930.46万元，年产栀子鲜花7.56万吨，栀子鲜果46.25万吨，“玉香”苗木及城镇绿化苗木200多万株，年销售额881.55万元，利润203.99万元，每年可吸收当地劳动力5 000余工，发放农民工工资70多万元。

该场现有员工21人，其中科技人员7人，高级职称2人，中级职称5人。大专毕业7人，高中毕业2人，参与研发人员5人。并与浙江省亚热带作物研究所长期合作，为技术依托单位，聘请陶正明副研究员为技术顾问。该场分别与浙江省佑利医药有限公司、温州大宇中药饮片有限公司签订黄栀子收购合同，又与农户订立收购合同，实行“公司＋基地＋农户”的运作模式。

永嘉县科兴林业种苗场负责人：林庆业，高级农技师，永嘉县第三、第四轮优秀农村实用人才，永嘉县第九轮优秀专业技术人才。兼永嘉县仙桂农业合作社联合社副理事长，永嘉县佳行农业专业合作社资金互助会副理事长，永嘉县绿兴农业专业合作社监事长，永嘉县六龙枇杷专业合作社监事长，永嘉县新的社会阶层人士联谊会理事，

黄栀子花生产基地
（由种苗场提供）

永嘉县农业龙头企业联合会会员，温州市农业创业联合会会员，温州市中药材行业协会秘书长兼法人代表，温州市健康服务和中医药促进会会员，永嘉县政风行风监督员，政协永嘉县第十届常务委员，永嘉县林学会理事，温州市农业产业联合会理事。

二、发展历程

1997年前，林庆业开过超市，赚得人生第一桶金。1997年之后，他创办永嘉县科兴林业种苗场，主要从事道地中药材黄栀子种植、黄栀子的新品种苗木培育及黄栀子籽油、栀子茶等产品开发，现为种苗场总经理。种苗场在他的带领下，通过20多年的努力取得了令人瞩目的成绩，成为科技富民典型。他也因此成为永嘉县黄栀子全产业链开发第一人。

● 经营超市获得人生“第一桶金”

金溪镇的林庆业，带着吃苦耐劳、敢为人先的永嘉人精神，从19岁开始就走出大山闯世界，他到处寻找商机，最后在江西扎了根，从租柜台小打小闹到开服装超市，生意做得红红火火，一度让人羡慕。

20世纪90年代初，由于当地就业渠道少，永嘉县很大一部分群众都外出寻找商机，特别是通过大型商场承包柜台的方式做买卖，有卖纽扣的，也有卖皮包及化妆品的等等。林庆业也不例外，他就是从承包柜台做的小买卖开始。最初，林庆业从专卖皮包、化妆品等小宗生意做起，由于价格实惠、品质有保障，很快就赢得大批回头客，久而久之，固定消费者越来越多，生意起色很快。

在做了两年多的小商品生意后，受到一些人的效仿，和林庆业类似的商铺周边开出了很多家，生意自然受到影响。此时，当周边人员还在效仿他的经营模式时，林庆业则已在心里盘算下步的打算。他想，既然已经在经商的路上，眼下几节柜台规模太小，何不放开手脚大干一场？随后，他租用了一个几百平方米的场地开超市，在当时来讲，规模算比较大的。

由于林庆业的诚信，加上科学经营和管理，超市生意特别红火，店内顾客不断。当场地租期到了之后，房东见生意如此红火，便提出大幅上涨租金。同时，周边大大小小的超市也越来越多，虽然他的生意还不错，但林庆业觉着，身在他乡，在外漂泊，丝毫没有归属感。于是，一个回乡创业的念头在他心里萌发。

● 超市老板改行种植中药材

经过多方调研，林庆业于1997年创办“永嘉县科兴林业种苗场”，主要从事道地中药材黄栀子种植、黄栀子的新品种苗木培育及黄栀子籽油、栀子茶等产品开发。种苗场在林庆业的带领下，取得了令人瞩目的成绩，如今在金溪范围就有超过500亩的种植面积，成为该县科技富民的典型。

回到家乡之后，通过租赁土地、选购种苗等，很快，大片的黄栀子就种了下去。尽管在林庆业看来，种植管理过程中已是拿出看家本领，但待到收获时，产量并没想象那样高。而且，一些客商认为他的药材品质不理想，因而收购价格也上不去。这个结果给林庆业当头泼了一盆冷水，要知道，这可是他花去所有的积蓄投下去的，而所有的收获却得不到市场的认可。

种苗场负责人林庆业（由种苗场提供）

随即，林庆业利用点滴时间参加培训学习，查阅资料，在县有关部门的帮助下，与浙江省亚热带作物研究所长期合作，聘请陶正明副研究员担任技术顾问。在专家的指导下，林庆业通过刻苦钻研，很快黄栀品质有了很大的起色。

为了扩大种植面积，林庆业先后从全国各地引进黄栀子品种10余个进行示范种植，通过不断地总结种植经验，了解不同品种的生长规律，采用优良的黄栀子株系进行选育，再经无性繁殖、提纯、复壮，成功培育黄栀子新品种“玉香”，使传统黄栀子产量从每亩600千克左右提高到1 000千克左右，每亩产值可超万元，成功通过省林业厅品种审定委员会审定。

永嘉县科兴林业种苗场，2008年被温州市农业局评为“黄栀子沃土工程”示范基地；2009、2010、2011年度被评为永嘉县诚信工商户；2012年被评为永嘉县科普示范基地、永嘉县农业龙头企业、温州市中药材行业协会理事单位；2013年被评为永嘉县扶贫龙头企业、永嘉县农业科技企业、温州市扶贫济困热心企业；2014年被评温州市农技推广示范单位、温州市农村科普示范基地；2015年被评浙江省农业科技企业。2017年被评为温州市“科普惠农兴村计划”农村科普示范基地、温州市中药材行业协会秘书长单位、温州市农业产业联合会理事单位。

三、具体做法与成效

（一）具体做法

2014年科兴林业种苗场以黄栀子示范基地参股，成立永嘉县绿丰中药材专业合作社，吸收农民社员216人。2014年10月份又以永嘉县绿丰中药材专业合作社、永嘉县佳行农业专业合作社、永嘉县绿兴农业专业合作社、永嘉县上湖枇杷专业合作社、永嘉县光海茶叶专业合作社、永嘉县朋朋紫山药种植专业合作社、永嘉县森跃香鱼专业合作社七家合作社组建永嘉仙桂农业专业合作联合社，共吸收农民社员1 285人。于2014年12月又组建永嘉县佳行农业专业合作社资金互助会，通过了各个部门的审批，依法取得资质。2016年底把联合社社员1 285人加入互助会，互助金存款700余万元，累计互助金贷款4 870余万元。全面解决社员生产资金的难题，从而实现了循环发展的模式，降低了农民创业的风险，保障农业农民丰收。“三位一体”建设是农业做大、做强的必经之路，充分提高了农业在生产、供销、信用各环节的合作。因此，该场实行“公司＋基地＋农户”的运作模式，带动周边农民种植黄栀子新品种“玉香”，发展订单农业，解决山区农民种植黄栀子销售难的问题，为农户种植黄栀子提供稳定的出路，提高农民种植黄栀子的积极性，增加农民的经济效益。

黄栀子花幼苗基地（由种苗场提供）

近些年来，该基地在温州市中药材行业协会指导下，成立了永嘉县绿丰中药材专业合作社，当地很多农民都种上了黄栀子，种植技术也已成熟。经宣传后，让这里的黄栀子知名度不断提高，“玉香”成了响亮的品牌。药农的收入自然也水涨船高，他们都信心满满，凭借黄栀子，日子将会越来越富裕。

（二）主要成效

一是科研成果颇丰。针对中药材黄栀子品质退化、产量下降等问题开展黄栀子资源的调查研究，在该县科技局的大力支持下，并与浙江省亚热带作物研究所的合作，主持完成《黄栀子新品种选育与栽培技术研究》项目课题，并获永嘉县科学技术进步奖一等奖，温州市农业技术推广奖二等奖，温州市科学技术进步奖三等奖。

二是育种成效明显。选育了省内第一个黄栀子新品种，并通过省林业厅品种审定委员会审定和认定，命名为黄栀子新品种“玉香1号”和“玉香”。黄栀子新品种“玉香”是永嘉县继早香柚、乌牛早茶等自行选育的新品种，具有自己知识产权的地方名特优品种，为广大山区农民培育第三棵“摇钱树”。

三是示范推广态势良好。该场建立黄栀子新品“玉香”示范基地550亩，黄栀子新品种“玉香”采穗圃基地170多亩，黄栀子新品种“玉香”苗木繁育基地50多亩，黄栀子新品种“玉香”区域试验基地分别在平阳、苍南、文成基地共计700多亩。推

栀子花纯露（由种苗场提供）

广黄栀子新品种“玉香”种植面积达10 000多亩。另外还建立了城镇绿化苗圃基地。

四、发展模式剖析

● **注重研发，做精做长黄栀子全产业链。**

由于全国黄栀子种植规模越来越大，黄栀子市场受到冲击，波动较大，价格起伏也大。为提高黄栀子产品的附加值，改变黄栀子单一的加工传统，降低栀子种植的市场风险，提升黄栀子产品品位，林庆业先后请来了美国哥伦比亚大学美籍华人黄建南、王志远教授和中国江南大学食品工程学院王立博士等人来考察，对黄栀子在做茶、榨油、提取食用色素等方面开展初步研究。种苗场与浙江星光农业开发有限公司联合研发黄栀子系列产品，已成功开发出栀子籽油、栀子茶、栀子浓缩茶、栀子花精油等系列产品，栀子籽油产品标准已通过了省内外食用油专家组审定。省中药材行业专家指出，从作为药材出售初级产品栀子，向作为食材进行深加工开发转变，可降低栀子种植的市场风险，提高产品的附加值。

下一步，林庆业计划对黄栀子进行全产业链开发，打造全国最大的黄栀子生产基地，把黄栀子打造成永嘉县农业特色支柱产业。将从种植中药材农业模式向以生物技术为核心的黄栀子全产业链开发公司转型，做精做长黄栀子全产业链。根据研发产品

栀子花籽油（由种苗场提供）

的成熟度，将研发项目进行排序，选择有竞争优势的产品；对研发成功的产品申请专利，树立自己的品牌等。同时还计划挖掘黄栀子背后的文化内涵，使黄栀子这样一种药食两用品，从种植、观赏、加工、包装、品尝到深加工，都与文化相连，提升品牌价值。依托文化特色，打造集黄栀子种植、加工、科研、休闲、观光、度假于一体的“黄栀子文化园”，进一步拉长产业链，做该县黄栀子全产业链开发第一人。

五、该模式适用条件

工作生活节奏的加快，人们生活压力加大，长期加班、熬夜、饮食不规律，从而导致身体处于“亚健康”状态，健康食品引领产业发展，拓宽健康食品种类，有效提升农产品附加值，未来，可根据不同地域、不同品质特性、不同价格的食材，针对不同人群开发系列化产品。产业发展向好，精深加工设备有待发展。该模式需要引进培养一批研发人员，引进先进设备，提供安全生产环境，并做好相关认证。同时，加强相关深加工机械设备研制，才能助力我国该产业由初级加工向精深加工方向发展。

执笔人：陈国胜

课题组：乡村振兴研究室

（三）以文化创意为核心的带动模式

EPC 背景下的全产业链发展模式

——记浙江绿艺园林工程有限公司

一、公司简介

浙江绿艺园林工程有限公司是一家具有国家城市园林绿化壹级、市政公用工程施工总承包贰级、房屋建筑工程施工总承包叁级、城市及道路照明工程专业承包叁级、绿化造林施工丙级、绿化造林设计丙级资质的企业。

绿艺园林办公楼（浙江绿艺园林工程有限公司提供）

公司成立于2005年，经营范围主要有园林绿化、工程施工及养护、市政工程、照明设施工程、花卉苗木生产、景观设计等。公司现有注册资金5 008万元，自有苗圃基地450亩，下设行政综合部、市场经营部、计划财务部、工程技术部、成本采购部、苗木生产部等部门。在职员工208人，其中高级职称8人，中级职称50人，各类专业技术人员150余人，一、二级建造师28人，大学本科学历人员占38%，多年从事市政园林施工管理工作，均具有丰富的专业技术经验。

同时，公司配备了专业的施工机械设备：挖掘机、压路机、搅拌机、吊车、洒水车、工具车、发电机、草坪机、绿篱机等。公司一直坚持“绿缀自然、艺臻完美”的企业宗旨和“管理争一流、质量出精品、服务创信誉”的质量方针，先后承建完成了温州市城市大学景观绿化工程、温州科技职业学院校园绿化工程、温州市茶山高教园区教师经济适用房景观配套工程、瑞安经济开发区河滨公园建设工程、温州生态园三垟湿地北入口Ⅲ标段、瓯海大道西段防护绿带一期工程、温州市翠微山公园园林景观工程Ⅱ标段、温州市市级机关事务管理局后勤服务用房室外景观绿化及附属工程、温州市财税职工中等职业学校一期工程、瓯江口管委会职工之家一期A区建设工程附属工程等一批重点工程项目。2014年度被温州市人民政府认定为温州市“百龙工程”农业龙头企业，连续多年被评为温州市鹿城区建设行业“龙头骨干企业”、鹿城区市政园林企业先进单位，并先后荣获浙江省工商企业AAA级“守合同重信用”单位、浙江省信用管理示范企业、浙江省科技型企业、浙江省园林优秀管理奖、温州市信用管理先进企业、温州市强企、温州市道路综合整治工作先进集体、温州市城镇园林绿化工作先进集体、温州市科技（创新）型企业、鹿城区建设行业优秀企业、诚信民营企业、鹿城区建设行业信誉企业、鹿城区信用管理示范企业、创建诚信先进单位、省企业信用等级AA级、银行资信AAA级单位、企业资信M-AAA级单位；同时，公司跻身温州市园林绿化建设行业协会常务副会长单位、鹿城区农业企业协会副会长单位、温州市场经济学会副会长单位、浙江省风景园林学会理事单位；多项工程项目荣获浙江省“优秀园林工程”奖金奖、银奖、铜奖，温州市瓯江杯、温州市“优秀园林工程”奖金奖、银奖、铜奖等荣誉称号。

公司注重人文精神与自然生态相结合，以营造健康舒适的人居环境为己任，运用现代化的管理制度、艺术化的设计手法、专业化的技术手段、人性化的服务模式，围绕绿色低碳的主旋律，打造务实、创新、高效、奋进的现代企业形象。公司将始终秉承“绿化大地、美化环境、优化服务、强化管理”的企业理念去缔造人类文明的蓝天绿野。

二、发展目标与历程

（一）公司发展历程

2005 年 10 月 9 日公司成立
2010 年成立温州市首家园林行业党支部
2010 年获得国家城市园林绿化二级资质
2013 年获得国家城市园林绿化壹级资质
2014 年温州市“百龙工程”农业龙头企业
2014 年市政公用工程施工总承包二级资质
2014 年鹿城区信用管理示范企业
2016 年浙江省 AAA 级“守合同重信用”企业
2016 年获得浙江省信用管理示范企业
2016 年获得浙江省科技型中小企业
2017 年获得浙江省省级骨干农业龙头企业
2017 年获得浙江省高成长科技型企业
2012—2017 连续 6 年荣获区建筑业龙头骨干企业

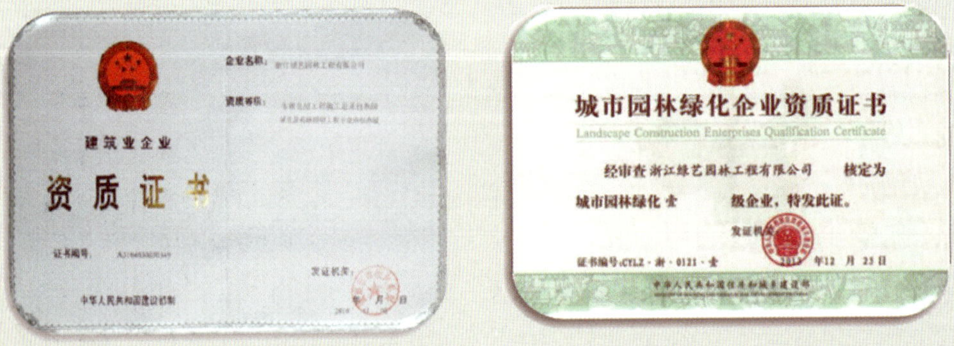

绿艺园林资质证书（浙江绿艺园林工程有限公司提供）

绿艺园林资质证书
（浙江绿艺园林工程有限公司提供）

（二）公司发展目标

按照“产权明晰，权责明确、权责利相结合”的要求，逐步建立起符合现代企业制度要求的公司制度，待条件成熟后实行股份制改造，也可一步到位股改上市，建立起与员工共享公司发展红利的企业制度。

做强主业：通过十多年来的锤炼，我们公司经营水平和能力不断提高，为政府主管部门和业界所认同。

模式转型：经营形式已往EPC模式转型，施工领域从原有的公建项目向房开项目拓展。政府在城市绿化方面的投入规模直接决定了市政园林的发展前景，而房产市场的发展状况则决定了地产园林未来的发展规模。

拓展领域：向农业综合开发进军，打造田园农业综合体项目。

三、具体做法与成效

（一）注重资质的认证

在园林绿化工程招标时，甲方为确保工程质量，希望将项目交由一定实力、诚信和信誉度较好的企业承接。并且，有资质的园林绿化企业，与工程招标方签订的合同才会受到法律保护，保障企业的自身利益。而在园林绿化资质申请中，企业需要满足人员、资产、业绩等多项要求，能够通过资质审核的企业，无疑是具备了相应等级资质的园林绿化工程建设实力。所以，绿艺园林公司相当重视每年相关资质的认证和晋升，如2010年获得国家城市园林绿化二级资质，2013年获得国家城市园林绿化壹级资质、建筑业企业资质证书、绿化造林设计丙级资质、绿化造林施工三级资质等多项重要资质，在承揽大型、综合性较强的园林绿化工程项目时具有明显的竞争优势。

（二）公司长期重视工程质量，承做项目多次获奖

绿艺园林公司在发展过程中长期重视企业工程质量，推行品牌战略。目前，公司承做项目多次获得省内重大奖项，如承建的“恒嘉茗都花园室外园林景观工程”获2017年度浙江省“优秀园林工程”奖；承建的“温州城市大学新校区迁扩建项目室外及景观绿化”和“职工之家一期A区建设工程附属工程”项目均获得2017年度温州市“优秀园林工程”金奖；承建的“温州市瓯海区南湖广场公园一期工程”，荣获2017年度温州市建设工程瓯江杯奖；公司承建的“温州市瓯海区南湖广场公园一期工程”获得2016年浙江省“优秀园林工程”奖金奖；公司承建的“温州市市级机关事务管理局后勤服务用房室外景观绿化及附属工程”荣获2016年温州市“优秀园林工程”奖金奖；2015年获得“浙江省园林优秀管理奖”（建设管理类），是目前温州唯一一家获得此荣誉的公司；公司施工的“瑞安经济开发区发展区河滨公园建设工程景观绿化”和“港瑞·金墅湾景观绿化附属排污排水工程”分别获得2015年度浙江省“优秀园林工程”奖金奖和银奖等等。

（三）树立行业内良好的口碑

绿艺园林公司在浙江省园林绿化行业有一定的资历，有一定的品牌影响力。公司具有国家城市园林绿化壹级、市政公用工程施工总承包贰级、房屋建筑工程施工总承包叁级、城市及道路照明工程专业承包叁级、绿化造林施工丙级、绿化造林设计丙级资质的企业，承接过较多的市政工程，受到甲方业主的好评，有一定的品牌影响力，在政府工程的招投标过程中，有一定的业绩优势。

（四）丰富的园林施工经验和较强的施工技术

在职员工208人中，高级职称8人，中级职称50人，各类专业技术人员150余人，一、二级建造师28人，大学本科学历人员占38%，多年从事市政园林施工管理工作，

均具有丰富的专业技术经验和较强的施工技术。

（五）注重企业文化建设

绿艺园林公司一直把文化建设放在比较重要的位置，并致力于公司文化的建设，以此形成企业凝聚力。通过公司召开内部的文化研讨会，让员工共同参与讨论，因此形成了公司统一的文化体系和评价标准。对表现优异的员工进行物质上的奖励和精神上的鼓励，实现员工工作和生活上的平衡。同时，公司内部通过多种活动弘扬温馨文化，丰富业余生活等。

四、发展模式和典型施工案例

（一）EPC 背景下的全产业链发展模式

1.EPC 介绍

绿艺园艺有限公司发展采用的是 EPC 模式，即设计—施工—采购—养护一条龙。工程总承包 (EPC) 是指从事工程总承包的企业按照与建设单位签订的合同，对工程项目的设计、采购、施工等实行全过程的承包，并对工程的质量、安全、工期和造价等全面负责的承包方式。该模式起源于 20 世纪 60 年代，后来逐渐在世界范围内推广，我国化工、石化等行业在 20 世纪 80 年代积极进行工程总承包模式工程实践的探索，成效显著。随着 2016 年 2 月国务院《关于进一步加强城市规划建设管理工作的若干意见》、2016 年 5 月住建部《关于进一步推进工程总承包发展的若干意见》、2016 年 8 月住建部《住房城乡建设事业“十三五”规划纲要》等文件出台，要求大力推进工程总承包，建设单位在选择建设项目组织实施方式时，优先采用工程总承包模式，促进设计、采购、施工等各阶段的深度融合，园林行业也开始出现大量的 EPC 模式工程实践。

在 EPC 模式下，承包商在项目初期和设计时就考虑到采购和施工的影响，避免设计和采购、施工的矛盾，减少由于设计错误、疏忽引起的变更，可以显著减少项目成本、缩短工期。实践证明，推进工程总承包，可将设计、采购、施工成为一个有机总体，避免三者间的相互脱节，有利于对项目实施全过程、全方位的技术经济分析和方案的整体优化，有利于保证建设质量、缩短建设工期、减低工程投资。

2. 全产业链发展模式剖析

绿艺园林公司拥有从事园林施工、景观设计、绿化养护、苗木种植到信息服务的完整产业链，业务范围已经涵盖了园林绿化产业链的各个环节，已形成了从苗木生产培育、设计、施工、养护一体化的产业链发展模式。在成本控制能力上具有一定的优势，进而提高了公司的市场竞争力。

行业上游：公司自有苗圃基地 450 亩，作为公司园林绿化产业链的上游，可以降低原材料风险并提高整体业务毛利率，进一步巩固公司的领先优势。

行业中游：园林工程施工多元化，主要集中在市政园林和地产景观两类。①市政园林。推动市政园林发展的要素主要包括：第一，城镇化水平进一步推进，城市面积的不断扩大，使得城市的城镇化率不断提升；第二，建成区绿化覆盖率的进一步提升能够提升公共绿化投资总额，提升绿化覆盖率。②地产景观。房地产行业的快速发展将推动园林项目施工的发展，其中房地产景观的主要项目为居住区景观园林。随着房地产市场规模的不断扩大，伴随而来的是对城市园林绿化固定资产投资的增加。同时，随着人们生活水平的提高，人们对居住环境的要求也越高，更加关注园林绿化的丰富性。使得房地产开发商在开发商业住宅的过程中，也增加了对园林的投入。

行业下游：园林保养维护快速发展。园林保养维护行业作为园林行业的下游，其主要功能在于为已实施的园林项目提供园林保养维护。作为园林行业的下游，其发展状况直接受限于园林行业的中游。当园林行业项目不断递增时，则园林保养维护也将获得更多的发展。

综上所述，从园林行业产业链可知，园林行业在未来将面临新的发展机遇，从绿艺园艺公司现有的业务可知，其已经涉及园林行业的上游、中游和下游，这为绿艺园艺公司未来战略发展提供了机会。

（二）典型施工案例

1. 温州市瓯海区南湖广场公园一期工程

温州市瓯海区南湖广场公园一期工程位于温州市瓯海区南湖龙霞路、三垟南路。景观面积 43 388 米^2，工程造价 3 967 万元。该工程绿化种植为达到景观效果，植物配置以乔木、灌木为主，采用的苗木均为全冠苗木，形成以乔、灌、草相结合的多种类型的植物群落。植物造景以开花乔、灌为主，搭配季相变色的苗木品种，并采用多层配置模式，乔灌木高低错落层次多变手法，使绿化空间层次感更丰富。植物种类和规格的选择上，基本遵循适地适树的原则，乔木层的骨干树种及结构到位，地被植物丰富。四季有花、姿态丰盈、绿意盎然，达到良好的视觉效果，让人犹如回到大自然的环境之中。

温州市瓯海区南湖广场公园实景图（浙江绿艺园林工程有限公司提供）

温州科技职业学院校园（浙江绿艺园林工程有限公司提供）

2. 温州科技职业学院校园绿化工程

该工程位于温州科技职业学院内，工程绿化总面积 3.5 万米^2（景观绿化、园路、小品、给排水、区间道路、广场铺装、驳坎、喷泉、景观照明工程等），造价 1 500 多万元。

3. 温州大道道路景观绿化工程

温州大道作为温州的主要门面路口之一，从东到西几公里道路绿化带延伸开来让人视觉上极为惬意。种植的樱花、香樟、黄山栾树及众多灌木组合而成，不仅美观而且实用。

温州大道道路景观绿化工程实景图（浙江绿艺园林工程有限公司提供）

温州生态园三垟湿地工程实景图（浙江绿艺园林工程有限公司提供）

4. 温州生态园三垟湿地北入口建设工程景观三标段工程

该工程位于温州三垟湿地北出入口，工程绿化总面积约 2.8 万米^2（道路广场铺装、绿化景观及桥梁工程等），从空间布局上，湿地公园内将采取“一环、一带、两片、十区”模式，突出自然、生态、野趣。三垟湿地北出入口公园将建设成为“现代人亲近自然、放松心灵的天然场所”，造价 2 600 多万元。

五、该模式适用条件

绿艺园艺公司发展模式并非所有企业都能适用，需要具备一定的条件。一是企业内部管理完善。如果企业自身管理能力不强，管控措施不到位，就会出现各业务板块之间各自为政，集而不团，竞相争夺集团资源配置等情况。二是企业具备较强的资金实力和融资能力。因为“全产业链模式”模式资金风险较高，涉及的细分行业很多，对上下游各环节都实现控股需要大量的资金投入，对企业自身的资金实力和融资能力提出相当高的要求。三是核心业务突出。如果企业不能掌握产业链的关键或核心环节，即便整合上下游绝大多数环节，“全产业链”企业也很难获得绝对话语权。

执笔人：钟小娜

课题组：农村金融与财务研究室

通过“企业 + 基地 + 农户 + 专家”模式 打造“平阳黄汤”特色品牌

——记浙江子久文化股份有限公司

一、发展背景与发展历程

浙江子久文化股份有限公司（以下简称“子久公司”）于 2016 年 3 月由浙江张臣木艺有限公司更名而来，坐落于平阳县昆阳工业园区，公司目前主打“子久文化”品牌，主要是以传播中国茶文化，特别是中国四大黄茶中的平阳黄汤为主营产品。

子久公司拥有一支高效能的管理团队和训练有素的员工队伍，并且有花园式的厂容环境、先进的生产设备和数栋标准厂房。连续三年荣获“县重点生产企业”“省诚信民营企业”“县重点骨干企业”“中国工商银行浙江分行 AAA 企业”“质量信得过企业”“重合同守信用单位”等荣誉称号。回顾子久公司整个创业历程，其从最开始的皮具生产到现如今的茶文化经营主要历经了三个阶段。

1992 年 7 月，公司老板创立了平阳安康皮业有限公司，初创时只有三个股东，家

子久荣获首届中国茶叶博览会品鉴用茶（章凡华摄）

子久荣获第三届亚太茶茗大奖特别金奖（章凡华摄）

子久获全国三十座最美茶园（章凡华摄）

庭作坊式的简易厂房，二三十万资金。当时的公司还只是名不见经传的村居工厂，主要制作当时的通信设备（如传呼机、大哥大等）的皮具。那时候公司领导经常出去跑业务拉客户。

到了1999年，平阳县昆阳镇工业园区进行开发，于是平阳安康皮业有限公司征地到这开始转型之路。当时的平阳是商务礼品之都，公司也就顺势做起了商务礼品的包装。2001年，平阳安康皮业有限公司重命名为浙江张臣木艺有限公司，现已成为浙江地区木艺包装盒龙头生产企业。在2008年的奥运产品招投标会上，经过激烈竞争，由子久公司中标生产北京2008年奥运冠军奖牌盒，精湛的工艺与一流的质量，得到奥委会的一致好评。同时公司也为国内的品牌酒企和茶叶企业做高档包装。

2013年，子久公司一方面敏锐地察觉到其上游高档酒制品经营环境的紧缩，业务量的下滑带来其下游产品木包装盒订单剧减的客观现实；另一方面党的十八大精神使公司觉得必须充分认识新形势和经济发展新常态，紧紧抓住政府鼓励支持企业“退二进三”转型升级和发展文化、旅游等产业的有利时机，采取果断措施，积极转型。茶产业是平阳县效益农业主导产业之一，而平阳黄汤作为传统历史名茶，起源于明末，于是公司成立子久茶文化事业部，以文化茶馆的连锁模式经营茶文化系列产品，进而从代加工方式转型为销售终端产品的模式。

2015年11月27日，子久公司为打造平阳黄汤茶文化宣传主阵地，投资5200多万元，新建了近5 000米^{2}的子久茶博苑，用于茶产品和茶家具展示、品茗休闲及茶文化推广。当天即迎来了全国各地来温参加“‘一带一路’视野中的茶和茶文化（温州）论坛”的各位领导和嘉宾，中国国际茶文化研究会会长周国富、市长徐立毅、市政协主席余梅生、县长陈永光等市、县领导亲临揭幕。2017年共举办各类文化活动与茶文化培训100余场，接待游客和消费者30 000余人次。子久茶博苑成为温州市最大的文化主题茶馆，被评为“2017年度浙江省十佳文化茶馆”。

子久茶博苑（洪玉畅提供）

2016年3月3日，温州市市场监督管理局同意浙江张臣木艺有限公司变更为浙江子久文化股份有限公司。就这样子久公司承载着张臣人的期盼和美好发展愿景，踏上了第三次创业与发展的行程，迎着朝阳，平稳启动。它顺应市场发展变化，以及自身发展的客观需要，积极响应政府“退二进三”发展第三产业的号召，牵手平阳农业龙头企业——平阳天韵产业有限公司，立志要做强做优做大“平阳黄汤”和红木茶家具，使其成为市农业龙头企业、重点文化产业企业和特色旅游品牌企业，做平阳黄汤标杆品牌。

浙江子久文化股份有限公司主打“张臣”和“子久”两个文化品牌，即张臣木艺文化和子久茶文化，两者互补，优化发展。张臣木艺文化主要是为酒类、茶叶类、保健品类、饰品类、礼品类等中高端生产商提供木艺产品和配套服务，如高档木制工艺盒、特需木制品等。在根据客户提供的客样进行研发设计的基础上，主动为客户设计新产品，增强公司在木艺包装领域的竞争力。目前，子久公司正在积极引入信息化管理系统，通过高效执行让战略快速落地，用快捷供应链迅速将产品推向市场。

二、具体做法与成效

1. 与茶农形成供销联合体，直接与农户签订联营协议

水头镇朝阳社区新联村是平阳县茶叶种植基地和平阳黄汤茶的重要产区，该村现

有 3 000 余亩茶园，全村 80% 的劳动力从事茶叶种植和生产，茶叶及相关产业产值近 3 000 万元，是一个名副其实的“平阳黄汤”茶特色村。为了解决子久公司的货源问题，同时解决农户的销售渠道问题，还要保证农户收益，子久公司与茶农每年签订一次联营协议，在达到茶叶质量的基础上，约定以高于当地收购价 20% 的价格从农户手中直接收购鲜茶。截至 2018 年 7 月，朝阳社区已有 430 余户茶农和子久文化签约，签约茶园面积达 2 400 余亩。

为保证鲜茶的质量，子久公司定期组织专业人员给农户提供相关领域培训。下图为子久文化的技术顾问、县农业局特产站茶叶专家徐斌对茶农们做茶叶栽培与管理等知识培训。

员工与企业签约现场（洪玉畅提供）

子久公司茶叶生产基地（洪玉畅提供）

农户生产技术培训（洪玉畅提供）

农户生产技术培训（洪玉畅提供）

2. 积极挖掘茶文化，振兴平阳茶产业，打造平阳黄汤标杆品牌

平阳黄汤，曾以“干茶显黄、汤色杏黄、叶底嫩黄、玉米香”的“三黄一香”特征傲立茶界，与君山银针、蒙顶黄芽、霍山黄芽并称中国四大传统黄茶。平阳黄汤茶对带动周边少数民族村民脱贫致富起到了很好的模范带头作用，平阳黄汤茶园基地的建设还融入了很多畲族元素，将茶文化和畲族文化完美结合，平阳黄汤茶旅已在当地悄然兴起。

在红木茶家具的制作上，注入了更多茶文化内涵和灵性，在传承传统茶具的基础之上，专注于创造更为符合现代人高品味生活需求的新式红木茶具。并与平阳县茶叶种植、制作大户——平阳天韵茶业有限公司合作，茶叶选自海拔600多米的南雁荡山脉朝阳山有机茶园，经“九烘九闷”的独创制作工艺，拓展和提升平阳黄汤，做大茶产业。

清明节采茶（洪玉畅提供）

平阳黄汤非遗传承人钟维标炒茶现场（洪玉畅提供）

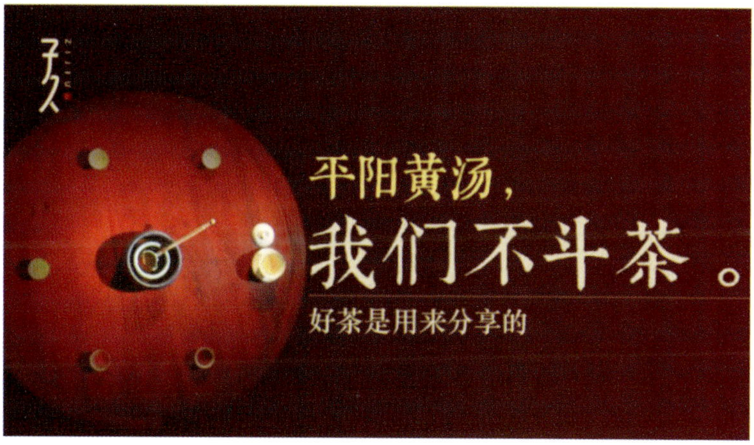

微电影（取自子久公司微信公众号）

3. 打造企业文化，创作故事背景，提升品牌优势

子久公司刚起步的时候，知名度不高，在注重产品质量的同时开始打造自己的企业文化、创建企业的文化礼堂以提升企业的整体形象。创作《子久赋》，拍摄公司宣传片，在温州茶城、温州机场开设“平阳黄汤”专卖店和品牌形象店，不断开拓市场；请专门的公司进行品牌的策划包装，创作微电影《平阳黄汤，我们不斗茶》，通过多媒体多渠道进行宣传；挖掘平阳黄汤背后的历史价值，通过历史故事的发展跟产品紧密结合起来，比如：平阳黄汤雏形始于宋朝，元朝黄公望酷爱此茶，提出“以茶入丹，以茶助静，以茶健体”三法，将此类黄茶的醇厚清远、养神健体与道家养生巧妙融合，其自身也鹤发童颜，得享 86 岁高龄长寿；再比如乾隆年间平阳黄汤被纳为贡品，后工艺失传，经平阳天韵茶业十年寻觅，千次试验，才使古法重焕新生。

4. 不忘社会责任，积极开展公共文化服务，丰富、提升当地群众的精神文化生活

子久公司设立的子久文化礼堂，在公司文化经营之余，也为职工和周边群众做公益文化。文化局在这里设置了文化驿站，同样也开展一些文化类节目。节目类型丰富，包括朗诵、歌舞、太极、温州鼓词、平阳木偶戏，还开展一些知识性讲座、茶文化讲座等。平阳黄汤本身就属于非物质文化遗产，从文化经营与公共文化相结合，在经营的时候也从事公益活动，引进公共资源，把茶文化嫁接到公益节目中去，这样既为公共群众服务、职工服务，又增加了企业的知名度，还推广了茶文化，多方受益共享。

文化驿站（取自子久公司微信公众号）

三、发展模式剖析

1. 探索建立“企业 + 基地 + 农户 + 专家”的合作模式

朝阳山作为平阳黄汤茶叶的核心生产基地，在这里开展茶园有机管理技术推广应用，是保障平阳黄汤茶叶品质、树立平阳黄汤品牌的现实需要，更是提升茶业效益和提高茶农收入的基本保障。子久公司携手茶叶专家团队为朝阳山茶农带来了新的实用技术和管理模式，给茶农带来切实的实惠。同时茶农积极配合子久公司茶园统一管理的需要，认真做好相关技术的学习和应用，保障朝阳山生产出的每一片茶叶都是安全的、优质的、健康的。子久公司要加强对合作农户的监督管理，按照合同约定落实管理责任和优惠承诺，做到茶农利益与茶叶质量双保障。

2. 以平阳黄汤为主线，拓宽产业链，形成规模经济效应

公司主要经营平阳黄汤，为做强做大茶产业，以中国茶文化为主题的茶楼——子久茶博苑为平台，销售与茶文化相关的终端产品及配套服务，包括：茶家具、茶叶、茶具、品茶休闲及茶文化推广等。在发展文化产业的时代潮流中，在全新的市场竞争环境下，子久公司向茶文化演绎、文化创意、文化休闲体验消费与民宿休闲旅游观光方向发展，打造以“茶文化”为主题的3A级景区。目前县里高度重视乡镇振兴和西部生态休闲产业带建设，加之子久朝阳山茶园基地的各项基本条件较为成熟，子久公司

朝阳山茶园（洪玉畅提供）

充分把握此次契机，正大力提升各项基础设施建设，谋划一批富有地域特色的精品民宿，着重挖掘“平阳黄汤”文化内涵，因地制宜将其融入景点之中。

3. 以传统文化为依托，辅以公司包装宣传，推动茶文化发展

平阳生态环境良好，茶叶品种具有典型的地方特色，更有着深厚的茶文化历史，子久公司深入挖掘平阳黄汤茶的文化内涵，强化环境保护意识，提高茶叶品质。发展茶旅，继续搞好与茶农联营，达到共同致富；要加大宣传力度，提升品牌形象和知名

子久公司展览厅（章凡华摄）

度，进一步打响“子久·平阳黄汤”品牌；要加强工艺保护，建立健全工艺管理机制和体系，积极搞好平阳黄汤制作工艺的传承。

四、该模式适应条件

1. 产品富有地方特色且具备深厚的文化历史

产品为当地大多数农户的经济作物，并且具有地方特色属性，能够快速占领市场。同时还需具备文化背景，一旦产品具有了深厚的文化历史，公司便可深入挖掘产品背后的文化内涵，以传承传统文化为口号，创作故事背景，拍摄宣传片或者微电影，并加大宣传力度，提升品牌形象和知名度。

2. 政府高度重视，助推企业发展

企业的发展离不开政府的支持，若想实现企业的壮大发展，仅靠单个企业自身力量是很难实现的，必须依靠政府得以发展。例如，政府积极主动帮助子久公司打造文化礼堂和文化驿站，政府及行业协会可以利用自身信息畅通的特点多形式、多途径加大对企业的宣传力度，助推企业的发展。

子久公司活动合影（章凡华摄）

3. 公司积极探索新产品，拓宽产品应用领域

企业要想长久发展下去，必须不断创新产品和技术。例如，子久公司在自身产业的基础上，推陈出新，与当地龙头企业合作开发新产品，打造出子久文化中秋茶礼，在月饼中融入平阳黄汤茶，使其具有浓郁的茶香，提高了茶文化对经济产业的贡献度。

执笔人：章凡华

课题组：乡村振兴研究室

（四）以电商物流为引领的服务带动模式

以“互联网 + 捕捞”到品牌建设

——记温州市星仔岛电子商务有限公司

一、公司简介

温州市星仔岛电子商务有限公司（以下简称星仔岛）成立于 2015 年，是一家主要从事互联网生鲜水产销售的企业。公司地址设在浙江省温州市洞头区南塘工业区，面积 5 100 米^2，目前员工 20 余人，主要产品有虾皮、黄鱼酥、烤虾、海蜇等海产品，年销售额达 5 000 万元以上。公司以“自然生态、安心食材、本真味道”的核心价值观，将海洋美食送到喜爱海鲜、珍视美食的人们手中，致力于为消费者提供生态、营养、健康的海洋美食。星仔岛结合洞头的区位优势、海洋优势以及国家发展战略，遂选择以洞头作为公司长期发展的基地，确立了全力发展“互联网 + 海产品 + 旅游业”为新思路，通过电子商务平台销售海产品，并宣传海岛旅游，让全国人民都能品尝到洞头的海产品。

二、发展目标与历程

1. 发展目标

目前，“星仔岛”品牌正致力于开发羊栖菜“鲜菜”产品及推广渠道，计划用 3 年时间，实现让羊栖菜从海上直达餐桌的目标。同样是“靠海吃海”，温州市星仔岛电子商务有限公司总经理王作山一直有着自己的想法和打算，立志帮助渔民增收致富。他计划通过“互联网 + 捕捞”的形式，让渔民捕捞上来的新鲜海货直接通过平台销售，助力渔民在最短时间获得更多收益。在公司的未来发展规划中，星仔岛公司除了与洞头政府合作，打响洞头虾皮和羊栖菜的区域品牌外，洞头区域内的其他特色渔农产品也将以类似的方式，逐步走向品牌化推广之路。

2. 发展历程

星仔岛公司成立于 2015 年。经过一年用心经营，星仔岛于万千卖家中脱颖而出，2016 年初，淘宝为星仔岛颁发了食品行业年度优秀店铺奖，全国仅此一家。同年，“星仔岛”与阿里巴巴农村淘宝平台达成合作。2017 年，“星仔岛”获得天猫平台“最具潜力品牌”及“温州网络十大领军企业”等称号，同年还与影视明星吴孟达签约，成为天猫生鲜水产行业首家拥有自己代言人的品牌。利用自身天猫旗舰店流量平台的基础，“星仔岛”在入驻洞头后，迅速打开了洞头渔农产品的销路，年销售达到了 5 000 万元。同年，星仔岛与阿里巴巴农村淘宝达成合作，将洞头特色产品——虾皮，推至该平台进行销售，成为该平台淡干虾皮的唯一供货商，一度达到了 30 秒卖出 1 万斤的好成绩；2018 年 1 月份，星仔岛与“云集”平台进行战略合作，着手推广洞头紫菜品牌，截至目前已卖出 40 多万单。2018 年初，星仔岛荣获电商最具潜力品牌奖。

除了虾皮，洞头的羊栖菜也是区域特产。新鲜羊栖菜即食的单一吃法明显不能满足“吃货”们的需求，为了创新羊栖菜吃法，6 月 12 日，星仔岛在云集平台上线羊栖

星仔岛公司与阿里巴巴农村淘宝平台签约（由星仔岛公司提供）

菜产品的同时，通过全国知名厨师与洞头酒店厨师的厨艺大比拼，和“网红主播”同步线上直播，进一步提高了羊栖菜产品知名度。依托互联网平台优势，“星仔岛”品牌陆续与洞头区恒源水产、新世纪水产等数家传统型水产品生产加工企业达成合作，并为他们打开了新的销路。

三、具体做法与成效

1. 品质标准化

标准化运作在我国农村地区较为少见，农产品的分散化生产往往导致产品缺乏标准。相关质量检验不全面、仓储冷链、包装等基础设施仍然匮乏，农产品电子商务能提供的相配套的配送服务还有待完善。虾皮市场也不例外，比较混乱，市场上所售的虾皮的咸淡程度不一，没有一定的标准。但是特色农产品势必要实现标准化生产、标准化品质监控、标准化运输管理以及标准化的客户服务。

星仔岛在产品品质标准化方面所做的努力可以以一个单品为例体现，比如说虾皮产品。首先是对工艺的要求，必须采用在海上船上加工完成的方式。并且对干湿度和咸淡度都设定标准。干度方面要求 3.3 倍的新鲜虾皮加工成 1 倍的干虾皮。目前市场上虾皮的品质是参差不齐的，有湿有干，有淡有咸，至少有几十种，而且大部分都是拉到陆地上加工。目前这种可以在海上对虾皮进行加工的船只全中国也仅有几艘。让王作山意识到要做到品质标准化的一个很重要的原因是因为星仔岛是做电商销售的。一个产品就是一个链接。如果产品的品质没有按照一定标准，就会影响顾客的消费体验。比如说一个消费者，今年 5 月份买过一个批次的虾皮，7 月份再次购买，收到货后发现干度或咸淡度不一样了，那么他就会对这个产品感到失望，以后就不会再光顾该店铺了。在互联网上销售，消费者还是比较认同商品的品质要稳定一点。所以星仔岛坚持做到品质标准化。让消费者在一年中的任何时间都能够购买到同样品质的产品。要保持品质稳定，前提就是要标准化生产，不能出现今天出售的虾皮干一点，明天卖的要湿一点的情况；或者今天的淡一点，明天的咸一点。像这些初级农产品要做到标准化是比较困难的。因此公司正在一个商品一个商品地按照不同的规格进行品质标准化，争取把经营的所有商品都进行标准化。

实现虾皮品质的标准化之后，在延伸到店铺经营的其他渔农产品的标准化，如紫菜、干贝和鱿鱼等。希望慢慢可以为形成一个国家标准提供借鉴。其实公司所入驻的阿里巴巴的农村淘宝也有这个意愿，因此公司正在联合阿里巴巴来实现商品品质的标准化。因为目前来说，虾皮等农产品在大多数中国人的心目中没有一个统一标准，不

星仔岛虾皮（由星仔岛公司提供）

知道什么样子的虾皮才是真正的好虾皮。因此品质的标准化其实很重要，要做到全民普及，让老百姓心里面有杆秤，知道他买到的商品到底是不是好的东西。此外，这么做的实际效益也很好，实行品质标准化后各大店铺的回头客更多了，消费者越来越认同，因为他们会和其他店铺的商品进行对比，结果成了星仔岛的忠实买家。

2. 打造区域品牌

2018 年，星仔岛与云集合作，合力打造虾皮、紫菜和羊栖菜的区域品牌。关于区域品牌，目前公司主要在打造洞头羊栖菜这个区域品牌。公司选择这个产品进行区域品牌打造，主要是出于以下三个考量。第一，全国 90% 的羊栖菜的生产是在洞头，所以这是一个非常有潜力的产品。第二，这个产品在日本也非常受欢迎。往年的话，因为洞头人没有区域品牌的意识，羊栖菜全部以原材料的形式出口到日本。如果一个商品是以原材料的形式出口的，对提高品牌的知名度当然是没有一点帮助的。第三，在渡口，经常可以看到一些老人顶着炎炎烈日在马路上晒羊栖菜，非常辛苦。并且在马路上晒羊栖菜也产生异味和路面污染，破坏环境。所以主管农业的张方任副区长出于振兴家乡的情怀，对此也非常重视。在他的支持下，王作山下定决心要改变这一现状，一定要把这个区域品牌给打造出来。王作山说，凭着这个初衷，我们一定要坚持下去。

王作山介绍道，虽然公司推广这个商品的力度比较大，但是难度是非常高的，因为以往这个产品几乎没有在除洞头之外的国内市场上销售过，在国内知名度很低。基

洞头羊栖菜（照片由星仔岛公司提供）

本上没有人认识这个东西，很少有人会去购买不认识的产品。今年4月份，王作山和张区长一行人到阿里巴巴商讨羊栖菜推广事宜。就是把打造洞头羊栖菜区域品牌和互联网营销结合起来。看能不能通过聚划算开展几次推广活动，把产品的知名度提高起来。到了那里后，发现聚划算这边几个负责生鲜营销的专家竟然没有一个人认识羊栖菜。在考察了几个电商平台后，最终决定和杭州的云集电商有限公司合作做第一期的羊栖菜的品牌推广活动，时间定在6月18号，结果当天的销售量就达到一万多组。机会不会降临在没有准备的人身上，其实做这件事之前，王作山等就在考虑羊栖菜要以一种什么样的形态出现在消费者面前。因为要做区域品牌肯定要用一个标准产品往外推广。所以一开始王作山做了很多次羊栖菜宴，把羊栖菜制成各种各样的菜肴请大家吃。因为这个羊栖菜以前连洞头本地人都觉得不好吃，所以前期的工作就是挖掘羊栖菜的食用方法，让大家觉得羊栖菜好吃，再加上宣传羊栖菜本身的营养价值，这样才能够推广出去。公司前期已经投入了150多万元，推广费用逾20万元。现在的菜品大家基本上都觉得好吃了，也就没问题了。

而产品最终以什么样的形式面市呢？因为洞头目前现有的即食的吃法口味比较单一，经过深思熟虑，王作山决定前期把新鲜的羊栖菜当作一种食材进行销售，在包装上推荐由羊栖菜宴总结出来的理想的烹饪方法。这样做至少有三个好处。第一，就是村民不用在马路上顶着烈日晒羊栖菜了。因为是在海上收割了后直接到加工工厂包装后销售，而不是把羊栖菜晒干，老百姓可以到羊栖菜的包装厂上班，有稳定的工作收入。第二，避免了对洞头的自然环境造成污染。第三，作为鲜菜或食材销售的话，消费者可以拿回去自己加工，可以加工成辣的、咸的或甜的，可以炖排骨、炒鸡蛋，可以充分发挥自己的烹饪技术。

3. 从单一渠道向多渠道发展

之前，星仔岛的销售渠道比较单一，仅限于天猫和淘宝。从 2017 年下半年开始，公司拓宽渠道，除了天猫和淘宝外，销售渠道还增加了京东、云集和每日一淘等电商平台。星仔岛的虾皮做到淘宝网全网第一后，很多渠道也会关注到这个公司。很多平台开始联系星仔岛，这个情况也说明我们把产品做到标准化品牌化之后，在这行业内把影响力做出来的之后，很多人都会认可你。就算那些没有主动联系星仔岛的平台，只要讲一下公司在天猫、淘宝做得很好，他们也都知道了。因此就会有更多的平台愿意帮你卖货，销售量越来越大。规模效益可以为公司带来更多的利润外，有些平台不像天猫淘宝一样，同类商品有很多品牌在销售，而是一类商品只有一个品牌在销售，非常有利于打响品牌。未来我们可以努力做成虾皮在中国的第一品牌。但同时，服务也需跟上来。公司现在主要是跟各大院校进行合作，让他们的毕业生来公司实训实习。公司的员工队伍一直在壮大，公司接下来不但要把产品品质做好，还要加强校企合作，积极培养公司需要的各类人才，努力把服务做得更好。

当然，在单一渠道向多渠道发展的过程中星仔岛也遇到了一些困难，主要是在快递服务方面仍存在一定的局限性。因为洞头现在整个区的发货量还不是很大，有些快递公司的实力不足，又不愿意增加成本投入，就没办法跟星仔岛合作。洞头的中通、圆通和申通之类的快递公司，每天可能就是几十单到上百单的发货量。如果他们要每天接几千到上万单的话，就需要增加人手、场地和车辆，需要增加比较大的投入，如果不投入的话，像星仔岛这样发货量比较大的公司和他们合作起来就非常的不方便。因此公司现在基本上是和邮政快递、韵达快递合作，在很多地方韵达公司的收费只有 3.5 元 / 千克，但是星仔岛跟韵达合作却只能按 3.9 元 / 千克计费，运费相差悬殊。

四、发展模式剖析

星仔岛公司的发展模式可以总结为“以标准化提升商品品质，以区域品牌与地方共发展，以企业发展带动村民致富”，该发展模式有其自身的特点和优势。

1. 以标准化提升商品品质

标准化生产是指在一定范围内获得最佳秩序，对实际的潜在的问题制订共同和重复的规则活动。农产品生产标准化是以农产品生产活动为对象所进行的标准化活动，即运用“统一、简化、协调、选优”原则，通过制订和实施标准，把农产品生产的产前、产中、产后各个环节纳入标准生产和标准管理的过程。实现标准化后，消费者在购买时只需按照标准购买即可，而无须过多地考虑其他，可以减少消费者因缺乏信息而产生的各种担心，使其放心购买。只有持续提高消费者群体的体验，才能切实抓住广大用户。同时，由于农产品的特性，农产品库存必须及时、低损耗、保质保量，库存管理的优化结合好的评估体系才能有效对抗农产品采购过程中存在的问题。不仅如此，企业应该选定几款主推的农产品并深入，调查其各方面的销售数据，从而达到高销量的目标，同时也为其他农产品设置了参考指标。目前渔农产品生产环节的规范管理欠缺，协调机制不顺畅，质量标准体系、认证体系尚不健全。星仔岛公司正是在这种大环境下进行渔农产品标准化的尝试，并取得了阶段性的成功。给公司的虾皮设定具体的参数，按照规格进行销售，做到保质保量。目前公司销售的虾皮分为两个规格：普通款和芒种虾皮。消费者选定一种规格，就可以买到预期品质的虾皮。而公司在年销售量方面的喜人成果也是市场对这种做法的肯定和褒奖。

2. 以区域品牌与地方共发展

当前农产品大多是依赖于农产品在产地上所具有的地缘性优势，品牌的差异化也无法充分地加以体现，品牌责任感相当弱，农产品出现了高度的同质化，其外包装也缺少鲜明的特点。电商企业主要是运用价格方面的战术，营销方式主要是运用搜索引擎来改进优化网站，并且实施关键字推广等，营销方式相当单一。

出色的品牌能够推动企业进一步发展，以切实维护市场安全，并且获得用户的认可与喜爱，形成十分稳定的消费人群。星仔岛的王作山认识到这一点，“星仔岛”品牌已经打响，通过电子商务平台（移动端），企业间，企业与消费者之间都可以直接获取企业相关信息、农产品信息，这就为企业提升知名度、推广农产品品牌提供了便利。星仔岛按照贸工农一体化、产加销一条龙的模式，以经营品牌农业项目为主线，加强各个生产环节的建设，形成规模化生产、服务、深加工和市场开发等多个环节构成的产业链条。但他还要做得更好，那就是配合洞头区政府，结合地区优质的传统产品优势，打造洞头区域品牌。2016 年 6 月《国务院办公厅关于发挥品牌引领作用推动供需结构升级的意见》出台，明确提出要更好发挥品牌引领作用、推动供给结构和需求结构升级，显然，品牌建设成为农业供给侧结构性改革的重要举措。既满足消费者对中高端农产品的需求，也实现农民收入提高，可谓一举多得。但是现在的区域品牌建设，产品渠道还没怎么做好，消费者很少接触到产品，却已经开始花大价钱开始各种形象、标语、口号的设计了。结果消费者看到了、听到了也不知其然，没尝过产品，甚至没看到产品，消费者对这样的品牌很难产生深刻的印象。而洞头县自 1989 年人工养殖羊栖菜获成功后，规模逐年扩大，现养殖面积已达 3 多万亩，年产干品菜 7 000 吨，加工产值 8 000 万元。加工重点企业 13 家，90% 的产品出口日本、韩国、欧洲和美国等国家和地区，占国内出口份额的 90% 以上，成为全国唯一的羊栖菜养殖、加工和出口基地，因此洞头羊栖菜非常适合被推广为区域品牌。经过洞头区政府和星仔岛公司的共同努力，洞头羊栖菜的区域品牌效益已经显现，不仅售价大大提高，也成为了洞头的一张金名片，反过来助推洞头羊栖菜养殖业、加工业的繁荣和升级。

3. 以社会责任心扎根群众

有社会责任心的企业注重造福一方。地区的发展，离不开经济的发展，最重要的是带动百姓的共同富裕。星仔岛从“品牌化”着眼，从“互联网”着手，加上地区优质的传统产品优势，“星仔岛”在众多电商品牌中的脱颖而出，是不无道理的，发展乡村振兴，需要更多这些将着眼点对准渔、农村传统产品，对准带动渔、农民共同致富的企业。洞头虾皮的这个名气打出去字以后，洞头渔民、产家的效益越来越好。这也是王作山总经理的新农人情怀（对产业的情怀、对家乡的情怀、对行业的情怀）、结合渔汛，打造中国最健康的虾皮、重新定义行业标准、带动产业升级、带动乡亲致富。同时，因为我们这种建立标准的这种虾皮做得比较好，更容易被消费者接受。很多企业和产品都可以学习我们的做法，以此可以助推洞头更多相关企业的发展。而打造好区域品牌，除了企业外，最终受益的还有洞头更多的企业和村民。区域品牌形成后，

洞头羊栖菜养殖（由星仔岛公司提供）

渔民可以转产转业，来养殖羊栖菜。因为有了区域品牌后无论养殖还是加工羊栖菜的附加值都增加了，渔民们也可以不用害怕因为海洋资源的日益枯竭而生计可忧了，转到羊栖菜养殖后有了一定的保障，生活也日益富足了。

对于不愿转产专业的渔民，星仔岛计划通过“互联网＋捕捞”的形式，让渔民捕捞上来的新鲜海货直接通过平台销售，助力渔民在最短时间获得更多收益。传统农产品营销渠道相对较少，营销推广成本高、时间长，而随着电子商务的发展，星仔岛可以利用电商的各类数据（如：评价信息等），更好地迎合消费群体的多样性需求，也更好的把渔民们的输送到有需求的消费者手上，可以为渔民提供更多更快的销路。

因此星仔岛公司扎根洞头，企业的发展壮大可以带动村民致富。而村民随着生活条件的改善，也有更好的干劲和财力来投入到养殖和捕捞中，提高产品质量和效率，从而可以为星仔岛提供更多更好的货源。可见，星仔岛以高度的社会责任心扎根群众，与当地人民共生共存谋发展。

五、该模式适用条件

星仔岛公司“以标准化提升商品品质，以区域品牌与地方共发展，以社会责任心扎根群众”模式并非所有企业都能适用，需要具备一定的条件。一是所在区域必须具备公司项目开发和发展所需的重要资源和生存环境，如本案例中的洞头是中国羊栖菜之乡。洞头渔民朴素勤劳，并有着丰富的养殖和捕捞经验。这是该模式发挥作用的前提基础条件。二是要有适合企业发展的大环境。国家对电商企业拓展农村业务的政策支持，消费者的网上购买习惯的养成，生鲜物流配送的日渐成熟等，都是公司举措得以顺利完成的条件。三是需要公司领导具备战略眼光和布局，有振兴乡村的高尚情怀，还要善于挖掘潜在的市场机会，具备一定先进的经营管理理念，可以做大做强做精市场。

执笔人：邱国丹

课题组：“一带一路”涉农贸易研究室

一村一品 大力发展农村电商

——记乐清市大荆镇平园村

一、村庄简介

平园村位于大荆镇双峰社区。清代道光《乐清县志》载：“平原属山门乡二十三都，因古时村北山脚有块平坦的园地，故名平园”。作为行政村，其下包含有西山下、前同坑、堂坦三个自然村。平园村临双峰溪畔，村庄三面环山，岩溪穿村而过，山清水秀，森林覆盖率高，是乐清市美丽乡村建设示范重点村。平园村的铁皮石斛枫斗加工业有着悠久的历史，据史志记载，从明代开始，平园村药农就深入雁荡山采挖野生铁皮石

平园村村口（照片由平园村提供）

斛。因新鲜石斛不能长久保存，易霉烂、虫蛀和变质，清乾隆年间，平园村药工们开始将石斛加工成枫斗，逐渐形成了独特的加工工艺，至今已有200多年加工历史，清代赵学敏的《本草纲目拾遗》中即有关枫斗的描述。20世纪30年代，因雁荡山区野生铁皮石斛资源有限，平园村药农开始在福建、云南、贵州、广西等地悬崖峭壁上采集各类具有药用价值的石斛品种；20世纪60年代初，平园村就成立了平园枫斗加工厂，这是新中国第一个枫斗加工厂。目前，平园村已经形成了相当成熟的石斛加工产业链：首先，一些村民走出去，到云南、广东、广西、贵州等地大规模种植石斛，异域种植面积已达9 000多亩；而另一些村民则组成石斛采购大军驻扎于云南、广东、广西、贵州各省收购当地种植的石斛，并向平园村源源不断地发送石斛鲜条；鲜条运到平园村后，村内企业或个人组织对石斛鲜条进行粗加工；最后，由经纪人将加工好的铁皮石斛买下，并销往全国各地的药厂、医药公司，通常作为药用原材料使用。这样，一个种植、采购、加工、销售的产业链就在平园村串了起来，打造出一条完整的铁皮石斛产业链。

平园村地域面积约2.45平方千米，林地6 650亩，耕地376亩。现有农户数528户，户籍人口1 723人。据初步统计，全国80%以上枫斗产品产自平园村或与平园人有关的在外地的加工厂。这项数据也让平园村成为乐清市目前单类农产品电商销售额最大的一个村，被评为“浙江省电子商务示范村”“乐清市农村电子商务示范村”等。

二、发展目标与历程

1. 发展目标

依托石斛产业农业发展项目，以产业发展、金融扶贫、技能培训、改善基础设施为重点进一步贯彻好、践行好乡村振兴战略。加速“互联网＋石斛”产业升级，让平园村更多的人富起来，更多的企业走出去，真正振兴乡村经济。

2. 发展历程

平园村临近雁荡山，属中亚热带海洋型季风气候，气候温和湿润，四季分明，春天气候温润，夏季阳光充沛，冬季较寒冷，春夏水热同步，秋冬光温互补，年均降水1 556.3毫米，相对湿度为81%，多年平均气温17.9℃，年均日照1 714小时，年无霜期258天，光、热、水条件优越，自然资源丰富，铁皮石斛等中药材资源道地优势突出。双峰是全国最大的枫斗集散地，而平园村正是“中国铁皮石斛之乡”“中国铁皮枫斗加工之乡”（原双峰乡）的产业发源。

铁皮石斛近照
（邱国丹拍摄）

古往今来，平园村药农在雁荡山及云南、贵州等地悬崖峭壁上采集野生铁皮石斛，然后收集平园村进行加工，再销往全国。20 世纪 60 年代，平园村成立了枫斗加工厂。20 世纪 90 年代以后，因铁皮石斛组培苗及人工种植管理技术等方面有了重大的技术突破，其产量迅速增加，2002 年之后开始在本村及全国各地规模栽培。平园村石斛加工工艺独特、考究，工艺概括而言有“三烘二系一晾”等 15 ~ 20 道工序，在行业内最推崇的浙江龙头凤尾铁皮枫斗，即本村采用雁荡山原产野生铁皮石斛加工而成。改革开放后，平园村几乎每家每户都搞石斛加工，传承与改良历代铁皮石斛加工经验，涌现出一大批铁皮枫斗加工的技工技艺的高手。铁皮枫斗传统加工技艺在 2011 年收录入温州市第五批非物质文化遗产名录（传统技艺部分）。

目前，平园村依托铁皮石斛、枫斗产业优势，培育和引导产业向区域化和规模化方向发展。据统计，平园村铁皮石斛种植规模有 326 亩，异域种植面积则达 9 500 多亩。该村现有乐清市域范围内登记在册的铁皮石斛枫斗企业共 112 家、专业户 88 户、公司 55 家，其中专业合作社 12 家，并涌现出乐清市金民石斛专业合作社、乐清市雁吹雪铁皮石斛有限公司、乐清市霍山石斛有限公司等一批龙头企业。产品通过 GAP、GMP、ISO 及有机食品认证。现有“雁吹雪”“平园”“贡斛”等图文注册商标共 68 个，其中 2 个商标被评为“乐清名牌商标”，在业内有较高的知名度。如今的平园村，已经是国内最大的铁皮石斛枫斗加工、集散中心。

三、具体做法与成效

（一）具体做法

1. 以科普宣传夯实石斛产业思想基础

平园村党支部和村民委员会非常重视科普工作，把科普工作纳入《平园村美丽农村建设规划（村庄总体规划）》。2015 年 7 月就成立了平园村科普工作领导小组与平园村科普工作队伍，并设有兼职的科普宣传员，具体负责日常科普工作，建有一支 23 人的由村科普宣传员、科技辅导员、农民技术员、科普工作积极分子等组成的科普工作队伍，经常向群众宣传科普知识。村双委领导带头参加科普知识学习，积极参与石斛生产栽培、枫斗加工、农产品质量安全等科普宣传活动。村科普经费专款专用，平园村现有科普活动站、村农函大辅导点，配有科普器材和场地包括有电脑（有网络）、电视和图书室等，图书室收藏包括农业生产管理、市场营销等方面内容的科普刊物和科普图书资料约 800 册，可供村民阅览。现有 25 米的科普画廊和 6 米的科普宣传栏，每月更新宣传科普知识挂图。平园村是乐清市铁皮石斛产业协会的发起与组建单位之一。由乐清市雁吹雪铁皮枫斗有限公司承办的科普示范基地被评为市级以上的农村科普示范基地，建筑面积 1 600 米^2，实践基地 20 亩。示范基地积极开展提高农民科学素质的重点活动，经常开展科学、文明、健康的群众性科普活动。平园村有近一半的农户参与过科普培训、专题科普宣传活动。通过科普培训与宣传，村民不仅对石斛生产和枫斗加工有了科学认识，文明意识和科学素质也普遍增强，村内无邪教、封建迷信及其他反科学、伪科学等现象存在，村风村貌和科普氛围良好。

2. 利用两项旅游产品助推石斛电商发展

为扩大平园村在互联网时代的影响力，平园村通过石斛旅游文化节、“大荆一日游”线路两项旅游产品，正打造成为铁皮石斛养生休闲旅游文化基地，助推“互联网 + 石斛”向纵深发展。

一是举办铁皮石斛旅游文化节。2016 年 5 月，在大荆镇平园村举办“雁荡仙草 宴迎百家”乐清首届雁荡山铁皮石斛品赏节。2017 年 6 月 28 日至 7 月 2 日，在大荆镇平园村举办第二届雁荡山平园村铁皮石斛旅游文化节。文化节安排了参观石斛养殖基地、品尝全部以石斛为主材的石斛长桌宴等很大体验活动，举办具有民族文化特色的篝火晚会等活动受到了广大游客的喜爱。省市有关领导，专家及新闻媒体，村企业家代表，

平园村书记在枫斗旅游文化节开幕致辞（平园村提供）

少数民族代表，中国老旅委上海嘉年华老年旅游俱乐部代表团等单位应邀参加。旅游文化节还组织代表团和活动组委会进行座谈，共同献计献策，助力我村石斛产业的可持续发展。

二是利用“大荆一日游”线路推介平园村石斛旅游。大荆镇和浙江仙乐国旅有限公司签订“共同发展大荆旅游 倡导文明旅游合作协议书”“文明旅游倡议书”。平园村积极响应这个项目，将考察石斛基地、品尝“雁吹雪”石斛宴列为一日游的内容，助推平园村石斛产业的多元化发展，将绿水青山变为金山银山。如“雁吹雪”石斛宴是由我村平原农庄“雁吹雪”精心打造的铁皮石斛养生家宴。该石斛宴有 14 个菜品，都是雁吹雪公司精心研制出来的，其中最有特色的为石斛炖排骨玉米汤、石斛米粥、石斛花蒸蛋等，融合了石斛特色，游客品尝后感觉是很直观的。另外，平园村著名景点有：石斛博物馆（枫斗庄园）、枫斗文化大院、小皇帝景点、溪滨公园、平园山森林公园等。通过发展石斛文化特色旅游，带动自然风光旅游，拉动农家乐发展，形成一盘棋格局。平园村是乐清市美丽乡村重点村，乡村美了，人心安了，也进一步激发村庄、各经营户的创业热情，振兴乡村经济。

游客采摘铁皮石斛花（平园村提供）

3. 因地制宜实施三种营销策略

互联网的迅速发展，促使石斛在做好产业链的基础上主动发展农村电商。平园村通过农业物联网的建设和农产品流通市场营销网络的建设，将现代农业和互联网结合，因地制宜推广“协会 + 合作社 + 农户”及“龙头企业带动 + 资源整合”“互联网 + 铁皮石斛”的营销策略，以独具特色的农产品网销模式，形成“一村一品”新格局，从而缩短交易流程、降低交易成本、加大品牌溢价，保障足够的利润空间，最终实现盈利的目标。

我村的石斛产业实现规模化，“龙头企业 + 资源整合带动”“互联网 + 铁皮石斛”营销模式发挥了极大的作用。2003 年，平园村在龙头企业率先开展试点企业网站。2009 年，平园村联系阿里巴巴公司指导 12 家石斛企业创建网店，由专人专项指导创建石斛企业网店微店。通过以点带面，发挥已有资源的整合带动作用，“互联网 + 铁皮石斛”的电子商务模式快速发展。如乐清市雁吹雪铁皮石斛有限公司是平园村最早从事农产品电子商务营销的企业，1999 年注册阿里巴巴诚信通，开启网络批发业务，2003 年，作为试点龙头企业率先建立企业网站。2006 年在淘宝、易趣等网购平台开设网店，并组建了一支由十余人组成的网销团队。2015 年仅“双 11”活动当天，其网店的石斛订单已经超过 2 000 单，年度铁皮石斛网络销售业务额突破 700 万元，获评 2015 年度乐清市网络经济示范龙头企业。

游客在平园村村口拍照留念（平园村提供）

4. 借助四方力量助推石斛产业发展

从上级奖励扶持电商、村级互助资金支持电商发展、快递服务电商、电商聚集四个方面服务“互联网＋石斛”产业的发展。

一是政府扶持电商发展。乐清市农业局下派农村工作指导员到大荆镇平园村，指导我们如何更好地发展石斛农业，如何更好地将互联网与石斛产业结合。乐清市商务局挖掘平园村特色产业村庄的电商化潜力，扶持平园村电商向纵深发展。2016 年，为奖励平园村获得省级电子商务示范村，肯定平园村在“互联网＋石斛”产业电子商务方面的成绩，乐清市商务局奖励获 30 万元，用于发展村电子商务。

二是加大村级资金扶持力度。为更好地促进铁皮石斛特色产业的发展，村里成立了铁皮石斛资金互助会。2017 年，融资 5 000 万元，为企业及农户的网络平台建设提供资金支持。

三是加强与运输公司合作。平园村与顺丰、汇通、韵达、邮政、申通、圆通等 9 家快递公司达成长期合作，不断完善本村基础设施建设，优化配套物流网络水平。

四是加强与电商企业合作。利用铁皮石斛枫斗加工园区与网络经济产业创意园提供的优质办公场所、物流仓储、培训、货源对接、快递物流服务，吸引各方电商集聚。

铁皮石斛种植大棚（平园村提供）

（二）主要成效

一是主导产业突出。平园村主导产业铁皮石斛枫斗收入占全村农业经济总收入98%以上，从事主导产业生产经营活动农户数448户占专业村农户总数528的85%以上。

二是带农致富效果显著。铁皮石斛枫斗专业村平园村2017年农民人均纯收约37 970元，高于所在乡镇农民人均纯收入16 590元的2倍以上（高于认定标准10%）。

三是品牌影响力大。近年来涌现出乐清市金民石斛专业合作社、乐清市雁吹雪铁皮石斛有限公司、乐清市霍山石斛有限公司等一批龙头企业。产品通过GAP、GMP、ISO及有机食品认证。已经涌现“雁吹雪”“平园”“贡斛”等在业内有较高的知名度的注册商标。

四是组织化水平高。平园村铁有专业合作社12家，社员均为本村铁皮石斛枫斗生产加工户，合作社入社430户，占从业农户数的95%以上。平园村铁皮石斛枫斗农户与龙头企业及专业批发市场有效对接。

四、发展模式剖析

平园村作为全国“一村一品”示范村和浙江省农村电子商务示范村向全国推广。其“一村一品，大力发展农村电商”的发展模式有其自身的特点和优势。

村民种植的铁皮石斛（平园村提供）

1. 以促进石斛电商发展为核心

依托该村铁皮石斛、枫斗产业优势，培育和引导产业向区域化和规模化方向发展。以乐清市雁吹雪铁皮石斛有限公司、乐清市百草堂枫斗有限公司等企业网站建设为基准，专人专项指导创建石斛企业网店微店。采用农业物联网的建设和农产品流通市场营销网络的建设，形成“协会 + 合作社 + 农户”及“龙头企业带动 + 资源整合”的营销策略，以独具特色的农产品网销模式，形成“一村一品”新格局，从而缩短交易流程、降低交易成本、加大品牌溢价，保障有足够的利润空间，最终实现盈利的目标。

全村始终围绕促进石斛产业经济发展这个核心，服务农业支柱产业发展与村级便民服务，积极贯彻“三比三看”等基层组织建设文件精神，村两委干部实行轮流值班考勤，为群众提供全天候服务。每逢春节期间召开本村能人志士座谈会，研讨石斛产业发展形势，为村庄发展献计献策。积极引导本村土地经营权规范有序流转。

与顺丰、汇通、韵达、邮政、申通、圆通等 9 家快递公司达成长期合作，不断完善本村基础设施建设，优化配套物流网络水平。成立铁皮石斛资金互助会，融资 5 000 万元，为企业及农户的网络平台建设提供资金支持。同时，利用铁皮石斛枫斗加工园区与网络经济产业创意园提供的优质办公场所、物流仓储、培训、货源对接、快递物流服务，吸引各方电商集聚，结合网络推广平台和“农村淘宝”村级电商服务站建设，激发电商活力，扩宽市场渠道，帮助本村电商提高营销能力。2018 年，平园村将新建村综合用房，创建电商综合服务大厅。

2. 以做好后勤服务工作为依托

一是加强农村党员干部队伍建设，服务电子商务发展。对农村干部管理抓好守纪律和有作为两个方面，发挥党员的带头模范作用。二是加大对互联网领域法律法规的宣传力度。随着石斛产业和互联网产业的深度融合，要加大法律法规的宣传力度，进一步增强农户依法经商，依法纳税、依法办事等观念。三是继续加强基础设施建设。以服务"互联网 + 石斛"产业为目标，做好道路、水坝、照明等基础设施工程建设。四是探索"互联网 + 石斛"的农业信息化建设。响应"智慧农业"思路，通过各种途径向农民提供价格信息、生产信息、市场预测分析，实现石斛生产、管理、营销信息化。

3. 以提高石斛产业的科技水平为突破点

实施"院村合作、院企合作"新模式，重点开展品种认定、病虫害绿色防控、工艺提升等方面合作研究，努力提高石斛产业的科技水平。2008 年以来，平园村与浙江大学、香港大学、浙江农林大学、省农科院、省亚热带作物研究所建立院村合作、院企合作，重点开展品种认定、病虫害绿色防控、加工机械研发与工艺提升等方面合作研究，提高石斛产业的科技水平，2015 年"雁吹雪 3 号"铁皮石斛通过省级新品种鉴定。依据产业发展需求，近年来加强对铁皮石斛深加工方面的合作开发。通过开展科技合作攻关，已积累了一定的科技成果，铁皮石斛产业的整体创新能力明显提高。集成了种苗高效繁育技术和规范化种植技术，种苗成活率和亩产量稳步提高；创造了活体树生栽培技术（含果斛共生）、岩壁（含石块）仿野生种植技术、林下种植等生态循环高效种植模式，生产效益进一步提升；建立了铁皮石斛 HPLC 化学成分指纹图谱含量测定法，初步形成了具有实际应用价值的铁皮石斛快速检测方法和品质评价体系。

五、该模式适用条件

"一村一品"是指在一定区域范围内，以村为基本单位，按照国内外市场需求，充分发挥本地资源优势，通过大力推进规模化、标准化、品牌化和市场化建设，使一个村（或几个村）拥有一个（或几个）市场潜力大、区域特色明显、附加值高的主导产品和产业。平园村的"品"指的就是石斛产品和产业。平园村的"一村一品，大力发展农村电商"模式并非所有村庄都能适用，需要具备一定的条件。一是要有适合在本村庄经营的产品和产业。石斛在平园有非常好的环境，包括自然环境和人文环境。在自然环境方面，平园村在气候、光照和降水量等方面都非常适合铁皮石斛的种植和生长。在人文环境方面，平园村的枫斗加工业有着悠久的历史和传统，村民们大多对本产业有着特殊的感情。二是要有政策性定位。平园村能够把石斛电商产业做得有声有色、如火如荼，离不开国家和各级政府“大力发展农村电商，助力乡村振兴”的政策支持。

执笔人：邱国丹，任艳艳
课题组：“一带一路”涉农贸易研究室

（五）以金融服务为主要途径的带动模式

以农为本　支农支小

——记乐清市农信融资担保有限公司

一、公司简介

乐清市农信融资担保有限公司（以下简称乐清农信）成立于2006年6月，原注册资金500万元。公司专门从事涉农融资担保业务，与乐清农商银行、中国银行乐清市支行、中国农业银行乐清市支行都有战略合作关系。公司从2007年3月开始融资担保业务。截至2018年6月底累计办理担保业务1 750笔，担保金额7.53亿元，在保余额

公司正门（乐清农信公司提供）

10 128 万元。据统计，受益农户逾 5 万人次，减轻融资成本达 3 000 万多元，增加农民收入约 30 亿元，创税利超 3 亿元，为乐清市农业经济发展，为解决涉农贷款难、担保难问题发挥了应有的作用。今年公司在“三农”业务部的基础上增设小微企业业务部，服务乐清实体经济发展。

乐清农信为温州市担保行业协会副会长单位，浙江省担保行业协会会员单位，2014 年至 2017 年连续四年被温州市担保行业协会评为十佳优秀融资担保机构，2010 年起连续八年被乐清市供销社评为先进单位。

二、发展目标与历程

1. 发展目标

“三农”融资难、融资贵问题是世界性难题，也是影响我国经济社会发展的痛点和难点。“三农”由于普遍缺少抵质押物，始终处于金融服务的“末梢”，财政支农资金使用效果不理想，为此，国家相继出台有关政策文件，积极改革财政支农资金使用方式，加快健全农业信贷担保机构，扩大涉农担保贷款业务规模，撬动更多金融资金投向“三农”，深入推进农业供给侧结构性改革。公司从成立之初，就立足乐清农业经济发展，与乐清农商银行开展战略合作，专做涉农融资担保业务，为涉农企业、各农民专业合作社、家庭农场、种养殖大户提供融资担保服务。公司的发展目标是努力打造

乐清农行与乐清农信签约（乐清农信公司提供）

成为浙江省农担系统里担保业绩突出，风险控制稳健，内部管理规范，为农服务显著，品牌价值领先的标杆型融资担保公司。

2. 发展历程

2006年全省农村工作会议，时任浙江省委书记习近平提出了“三位一体”合作的构想：把专业合作、供销合作、信用合作乃至整个农村金融、流通和技术推广体系结为一体形成农村新型合作体系，信用合作作为“三位一体”的重要组成部分引起政府的高度重视。2006年6月由乐清市供销社发起并控股的乐清农信经乐清市人民政府批准成立，注册资金500万元，乐清市供销社占51%，乐清市国有投资有限公司占49%。公司分别于2012年6月、2017年6月、2017年11月进行增资扩股。第三次是根据国家有关文件精神，公司改组成为1亿元注册资金的乐清市唯一的政策性融资担保公司，也是温州所有县、市、区中首家国有控股的政策性担保公司。截止到2018年上半年，累计办理担保业务1 700多笔，担保金额逾7亿元，在保余额突破1亿元大关。2018年7月公司增设“小微业务部”，开展为小微企业的融资担保业务，服务乐清实体经济发展。十二年来，公司时刻遵照“新型合作”思想，不断深化“三位一体”改革，提供多样化的普惠金融服务，努力破解“三农”融资难题，现业务发展平稳，风险控制良好。

三、具体做法与成效

（一）具体做法

1. 助推乐清石斛小镇建设

石斛是乐清特色农业，现在石斛的种植面积已超8 000亩，从业人员达5万多人，年产值超15亿元。为了更好地推进“三位一体”建设工作，必须做好信用合作这个重要环节，进一步发挥金融对铁皮石斛特色产业发展的推动力，提升普惠金融的创新水平，积极发挥乐清市农担公司的桥梁纽带作用，缓解石斛产业链农户的融资难、担保难问题。

2016年10月10日下午，经平等协商一致，乐清农信董事长黄道忠、中国农业银行股份有限公司乐清市支行行长冯卫兵、浙江铁枫堂生物科技股份有限公司董事长宋仙水分别代表三方就石斛产业链农户小额贷款保证担保业务合作事项签订三方合作协议。但石斛深加工和储藏能力明显不足。为了拓展石斛行业的产业链，不断提高石斛产业的附加值，浙江铁枫堂生物科技股份有限公司投资600多万元，建造一幢4 000米^{2}储藏

铁皮石斛近照（邱国丹摄）

团队在石斛种植园合影（乐清农信公司提供）

量的冷库，可储藏价值 2 亿元的石斛鲜条及其加工品，解决了广大石斛企业及农户的储藏难问题，同时对各储藏客户及石斛产业链上的农户，根据其不同的融资需求提供反担保措施。由浙江铁枫堂生物科技股份有限公司推荐农户并进行初审，然后由乐清农信进行尽职调查并出具担保意见，最后由中国农业银行股份有限公司乐清市支行负责审批放款并承担 20% 的风险责任，实现三方合作四方共赢的合作模式，助推乐清石斛特色产业的发展。

公司积极为石斛种植大户提供担保业务，助推乐清市大荆石斛小镇建设，截至 2018 年 6 月底，已为浙江铁枫堂科技股份有限公司、乐清市雁吹雪铁皮石斛有限公司、丰之源石斛科技有限公司等 50 多家石斛企业办理 200 多笔融资担保业务，累计担保金额达 1.5 亿元，为乐清石斛产业的种植、加工、销售、发展提供全方位的融资担保服务。

团队在茶文化节合影（乐清农信公司提供）

2. 做强做大乐清茶业

乐清茶企和茶农是乐清农业经济的重要组成部分，一直以来就是乐清农信的重要服务对象。乐清茶业近几年的快速发展，离不开市农担公司的融资担保服务，2017 年 10 月，乐清"雁荡毛峰"顺利通过农业部专家评审，成为继雁荡山铁皮石斛后，第二个国家农产品地理标志认证的乐清农业品牌。现有茶园 2 万亩，年产量 250 吨，年产值 1.5 亿元。截至 2018 年 6 月底，公司为乐清市雁荡山茶场、乐清市大龙湫茶业有限公司等 30 家茶业企业办理担保业务 100 多笔，累计担保金额 9 000 多万元，为乐清茶业经济发展，为乐清茶业品牌建设，为茶文化的传承发挥了重要作用，涌现出"雁白云""大龙湫""能仁""芳芯绿雁""绿芙"等浙江著名商标。

3. 服务域外农业发展

乐清域外农业发展迅猛，域外农业经济总量相当于乐清当地的农业经济总量（年约 30 亿元产值），大荆、仙溪、虹桥等地有许多农民专业合作社在海南、云南、贵州、四川等地从事水果、石斛、花木等种植和销售工作，我们始终将域外农业的融资担保列入服务范围内。截至 2018 年 6 月底，累计为乐清市红信果蔬专业合作社、乐清市浙琼果蔬专业合作社、乐清市正信瓜果专业合作社等 20 多家域外农业专业合作社办理担保业务 100 多笔，累计担保金额 1.3 亿元，受益农户达 3 000 多人次，为域外农业发展，为再造一个乐清农业经济总量发挥了重大作用。

葡萄种植园（乐清农信公司提供）

（二）主要成效

公司从成立至今的十二年来所坚持的原则和所采取的措施取得了良好的成效。合计发生代偿业务 28 笔，代偿金额 1 106 万元，平均代偿率 1.47%（全省近五年融资担保机构平均代偿率为 3% 左右）。公司通过协商和司法手段同时追偿，合计收回 734.7 万元，代偿收回率为 66.4%，累计核销不良代偿 5 笔，核销金额为 96.68 万元，代偿损失率为 0.14%，现代偿余额 233.5 万元，各项指标都名列全省融资担保机构前列，得到当地政府和合作银行的充分肯定，赢得了公司和客户的满意和支持。

公司在做好合规经营的同时，不断争取优惠政策和财政支持力度，2015 年 1 月公司获国家税务总局、工信部免征营业税资格，2012—2017 年连续 6 年合计获得省经信委、省财政厅风险补偿资金 276 万元；每年获乐清市财政 20 万 ~30 万元不等的风险补偿资金，乐清市财政合计拨付 240 万元风险补偿资金，截至 2018 年 6 月底，各种风险准备金合计 881 万元，实现税利总额 405 万元，所有者权益（净资产）10 872 万元，社会效益显著，经济效益稳健。

公司现为温州市担保行业协会副会长单位，浙江省担保行业协会会员单位，2014—2017 年连续四年被温州市担保行业协会评为“十佳优秀融资担保机构”，2010—2017 年连续八年被乐清市供销社评为先进单位，2014 年和 2016 年公司党支部分别被乐清市直机关党工委和乐清市供销社党委评为先进基层党支部。

四、发展模式剖析

在一个企业的发展过程中，管理者起着把握方向的核心作用。乐清农信总经理朱智慧长期从事为农服务工作，对农村、农业、农民有很深刻的理解和情感。在融资担保行业进入转型低潮的阶段，带领乐清农信积极开拓创新，迎难而上，不断提高服务质量和为农融资担保能力，充分发挥政策性融资担保公司的作用。在以他为首的乐清农信的全体管理人员和广大员工的不懈努力下，乐清农信的发展模式可以总结为“支农支小，差异化经营，严控风险，完善制度”，该发展模式有其自身的特点和优势。

1. 支农支小，不断提高为农融资担保能力

十二年来，公司初心不变，始终坚持“以农为本，支农支小”的服务宗旨，狠抓为农融资担保业务，进一步发挥融资担保的增信分险功能，积极开展为农融资担保业

田间调研（乐清农信公司提供）

务，将“为农服务”的精神贯彻始终。农信的服务对象范围较广，大到乐清的农业龙头企业，小到家庭农场和各养殖户，农信的工作人员一年至少有 200 天在田间调研查看，所以他们除了具备专业的知识技能外，还需要有吃苦耐劳的奉献精神。他们为涉农企业、农场和养殖户减轻融资成本，增加农民收入，极大的发挥融资担保的杠杆放大作用。公司提供的“小微创业贷”，以“破解融资难题，服务微企‘三农’”为宗旨，发挥财政资金“四两拨千斤”的杠杆作用，积极为我市小微企业提供融资担保服务，大力支持小微企业发展壮大。因为企业规模小，平均担保额度仅 48 万元。切实缓解了“三农”和“小微企业”融资难担保难问题。公司兼顾科技创新、创业惠民项目，推动普惠金融建设，加入省再担保体系，不断提高抗风险和服务能力，涉及的业务基本涵盖了乐清所有的农产品行业：茶叶、石斛、水果等种植业；生猪、水产等养殖业以及近年发展红火的域外农业等。如今，乐清市的农业经济保持着稳步发展，这其中自然少不了乐清农信为涉农企业在缓解融资难方面做出的贡献。

2. 找准市场，实行差异化经营

目前各大担保公司都在根据经济形势不断调整业务、开拓新领域，而乐清农信坚持走差异化道路，依然把精干人力集中在解决涉农企业的融资难问题上。据总经理朱智慧介绍，在农业领域坚持专业化，在担保领域坚持差异化是公司一贯坚守的“两个坚持”。由于乐清农商银行几年来坚持走“小而美”错位经营之路，随着“三有三无”小额信用贷款的推进，其去担保化逐步明显。公司也及时调整经营方式，在注重第一还款来源的同时，采取更灵活机动的反担保措施，最大限度地方便客户需求。拓展与中国银行乐清支行、中国农业银行乐清支行的业务合作，试点办理中期贷款担保业务，对涉及畜牧业、水产业、水果种植及粮食生产的 30 万元以内的农户贷款采取三年循环自助，既方便客户减少融资成本，又提高办事效率。

3. 严控风险，确保融资担保业务平稳发展

风险管理是担保公司的第一要务，风险控制能力是担保公司的核心竞争力。为涉农企业和农户解决融资难问题的同时，风险把控也是一门重要的技术活。乐清农信在办理担保业务的过程中，始终抓住风险控制这条主线，不断提高员工防范风险的意识，严格业务操作流程，从保前调查、保中审批、保后跟踪都有一套完整的业务操作流程。逐步解决银担合作中涉及的信息共享、合作准入、风险分担等问题，坚持并按 8∶2 的比例同银行共同承担风险，同时加入省担保集团的再担保体系，开启市农担公司、省担保集团、银行按照 4∶4∶2 的比例分担风险机制，不断提高市农担公司的抗风险能力。严格做到“三严格、三不准”，即严格保证金管理，不准高额收取、挪用或占用

客户保证金；严格规范收费，不准收取担保费用之外的其他费用；严格贷款流向管理，不准占用客户贷款。二层把关，避免个别客户经理的道德风险，确保担保资金安全。把握业务发展和风险把控的平衡点。之前，在 2 000 万元注册资金的融资担保公司中，乐清农信的在保余额位居首位。注册资金增资到 1 亿元后，在保余额在温州农担系统也是名列第一。乐清农信的代偿率始终维持在 1% 以内，不良率在 0.5% 以内。公司通过实地考察、定期回访等手法将风险始终把控在较低水准。

其次，和银行进行战略合作。乐清农村商业银行和中国银行乐清支行均是乐清农信的战略合作伙伴。通过和银行的紧密合作，一方面为解决涉农贷款难、担保难发挥了极大的作用；另一方面也为银行贷款的发放降低了风险。2017 年 12 月又增加了农行的担保业务，进一步扩大了公司的业务范围，增强了业务能力。乐清农信专做涉农融资担保，还具有利率优惠、手续方便、费用节省的特定，深受合作银行和广大客户的肯定。

4. 完善制度，促进公司规范运行

作为高风险的担保业，经营的是信用，管理的是风险。没有系统全面的规章制度和科学的业务操作流程是不可能在控制风险的前提下保障业务持续、稳健发展的。乐清农信不断完善业务标准和操作流程，做精风险管理，提升规范化水平、业务拓展能力和抗风险能力，坚守为农融资担保主业。一是严格按照《公司法》，依法设立了公司股东会、董事会、监事会，实行董事会领导下的总经理负责制，继续完善分级审批制度，不定期地召开审批会议，提高办事效率。二是根据行业特点，结合自身的实际，制定完善了一系列的业务操作细则、管理办法与规章制度。先后制定了《授信分级审批制度》《员工考核风险责任制》等。三是在操作流程上，强调标准化管理，不断完善担保业务操作规范文本。公司制定了《乐清市农信融资担保有限公司贷款担保业务操作流程示意图》，从客户咨询阶段的《担保申请书》到调查审批阶段的《反担保协议书》《授信审批表》等都进行了不断完善，使业务操作更加规范、有序，有效防范了操作风险。每个担保项目审查都有客户经理和风控人员同时进行，通过制度，规范项目流程与审批程序。2018 年 8 月 9 日，经杭州联合资信评估咨询有限公司综合评价，确定乐清农信的信用等级为 A–，这是温州农担系统首家被评上的最高级别。其等级含义：代偿能力较强，风险管理能力较强，尽管有时会受经营环境和其他内外部条件变化的影响，但是风险小。

五、该模式适用条件

乐清农信“以农为本，差异化经营，严控风险，完善制度”模式并非所有企业都

能适用，需要具备一定的条件。一是要有政策性定位，乐清农信的业务发展和改革举措都是基于国家关于改革财政支农资金使用方式，加快健全农业信贷担保机构，扩大涉农担保贷款业务规模的金融政策。二是可以进行市场化运作，善于挖掘潜在的市场机会，走差异化道路，聚力解决市场迫切需要解决的问题。三是需要公司领导者具备战略眼光和布局，可以使企业实现可持续经营，具备一定先进的经营管理理念，稳健的经营方式，可以做强做大所从事的业务和市场。

执笔人：邱国丹，朱智慧

课题组："一带一路"涉农贸易研究室

附

相关政策

2018年中央一号文件：中共中央 国务院关于实施乡村振兴战略的意见

实施乡村振兴战略，是党的十九大做出的重大决策部署，是决胜全面建成小康社会、全面建设社会主义现代化国家的重大历史任务，是新时代“三农”工作的总抓手。现就实施乡村振兴战略提出如下意见。

一、新时代实施乡村振兴战略的重大意义

党的十八大以来，在以习近平同志为核心的党中央坚强领导下，我们坚持把解决好“三农”问题作为全党工作重中之重，持续加大强农惠农富农政策力度，扎实推进农业现代化和新农村建设，全面深化农村改革，农业农村发展取得了历史性成就，为党和国家事业全面开创新局面提供了重要支撑。5年来，粮食生产能力跨上新台阶，农业供给侧结构性改革迈出新步伐，农民收入持续增长，农村民生全面改善，脱贫攻坚战取得决定性进展，农村生态文明建设显著加强，农民获得感显著提升，农村社会稳定和谐。农业农村发展取得的重大成就和“三农”工作积累的丰富经验，为实施乡村振兴战略奠定了良好基础。

农业农村农民问题是关系国计民生的根本性问题。没有农业农村的现代化，就没有国家的现代化。当前，我国发展不平衡不充分问题在乡村最为突出，主要表现在：农产品阶段性供过于求和供给不足并存，农业供给质量亟待提高；农民适应生产力发展和市场竞争的能力不足，新型职业农民队伍建设亟需加强；农村基础设施和民生领域欠账较多，农村环境和生态问题比较突出，乡村发展整体水平亟待提升；国家支农体系相对薄弱，农村金融改革任务繁重，城乡之间要素合理流动机制亟待健全；农村基层党建存在薄弱环节，乡村治理体系和治理能力亟待强化。实施乡村振兴战略，是

解决人民日益增长的美好生活需要和不平衡不充分的发展之间矛盾的必然要求，是实现“两个一百年”奋斗目标的必然要求，是实现全体人民共同富裕的必然要求。

在中国特色社会主义新时代，乡村是一个可以大有作为的广阔天地，迎来了难得的发展机遇。我们有党的领导的政治优势，有社会主义的制度优势，有亿万农民的创造精神，有强大的经济实力支撑，有历史悠久的农耕文明，有旺盛的市场需求，完全有条件有能力实施乡村振兴战略。必须立足国情农情，顺势而为，切实增强责任感使命感紧迫感，举全党全国全社会之力，以更大的决心、更明确的目标、更有力的举措，推动农业全面升级、农村全面进步、农民全面发展，谱写新时代乡村全面振兴新篇章。

二、实施乡村振兴战略的总体要求

（一）指导思想。全面贯彻党的十九大精神，以习近平新时代中国特色社会主义思想为指导，加强党对“三农”工作的领导，坚持稳中求进工作总基调，牢固树立新发展理念，落实高质量发展的要求，紧紧围绕统筹推进“五位一体”总体布局和协调推进“四个全面”战略布局，坚持把解决好“三农”问题作为全党工作重中之重，坚持农业农村优先发展，按照产业兴旺、生态宜居、乡风文明、治理有效、生活富裕的总要求，建立健全城乡融合发展体制机制和政策体系，统筹推进农村经济建设、政治建设、文化建设、社会建设、生态文明建设和党的建设，加快推进乡村治理体系和治理能力现代化，加快推进农业农村现代化，走中国特色社会主义乡村振兴道路，让农业成为有奔头的产业，让农民成为有吸引力的职业，让农村成为安居乐业的美丽家园。

（二）目标任务。按照党的十九大提出的决胜全面建成小康社会、分两个阶段实现第二个百年奋斗目标的战略安排，实施乡村振兴战略的目标任务是：

到 2020 年，乡村振兴取得重要进展，制度框架和政策体系基本形成。农业综合生产能力稳步提升，农业供给体系质量明显提高，农村一二三产业融合发展水平进一步提升；农民增收渠道进一步拓宽，城乡居民生活水平差距持续缩小；现行标准下农村贫困人口实现脱贫，贫困县全部摘帽，解决区域性整体贫困；农村基础设施建设深入推进，农村人居环境明显改善，美丽宜居乡村建设扎实推进；城乡基本公共服务均等化水平进一步提高，城乡融合发展体制机制初步建立；农村对人才吸引力逐步增强；农村生态环境明显好转，农业生态服务能力进一步提高；以党组织为核心的农村基层组织建设进一步加强，乡村治理体系进一步完善；党的农村工作领导体制机制进一步健全；各地区各部门推进乡村振兴的思路举措得以确立。

到 2035 年，乡村振兴取得决定性进展，农业农村现代化基本实现。农业结构得到根本性改善，农民就业质量显著提高，相对贫困进一步缓解，共同富裕迈出坚实步伐；

城乡基本公共服务均等化基本实现，城乡融合发展体制机制更加完善；乡风文明达到新高度，乡村治理体系更加完善；农村生态环境根本好转，美丽宜居乡村基本实现。

到 2050 年，乡村全面振兴，农业强、农村美、农民富全面实现。

（三）基本原则

——坚持党管农村工作。毫不动摇地坚持和加强党对农村工作的领导，健全党管农村工作领导体制机制和党内法规，确保党在农村工作中始终总揽全局、协调各方，为乡村振兴提供坚强有力的政治保障。

——坚持农业农村优先发展。把实现乡村振兴作为全党的共同意志、共同行动，做到认识统一、步调一致，在干部配备上优先考虑，在要素配置上优先满足，在资金投入上优先保障，在公共服务上优先安排，加快补齐农业农村“短板”。

——坚持农民主体地位。充分尊重农民意愿，切实发挥农民在乡村振兴中的主体作用，调动亿万农民的积极性、主动性、创造性，把维护农民群众根本利益、促进农民共同富裕作为出发点和落脚点，促进农民持续增收，不断提升农民的获得感、幸福感、安全感。

——坚持乡村全面振兴。准确把握乡村振兴的科学内涵，挖掘乡村多种功能和价值，统筹谋划农村经济建设、政治建设、文化建设、社会建设、生态文明建设和党的建设，注重协同性、关联性，整体部署，协调推进。

——坚持城乡融合发展。坚决破除体制机制弊端，使市场在资源配置中起决定性作用，更好发挥政府作用，推动城乡要素自由流动、平等交换，推动新型工业化、信息化、城镇化、农业现代化同步发展，加快形成工农互促、城乡互补、全面融合、共同繁荣的新型工农城乡关系。

——坚持人与自然和谐共生。牢固树立和践行绿水青山就是金山银山的理念，落实节约优先、保护优先、自然恢复为主的方针，统筹山水林田湖草系统治理，严守生态保护红线，以绿色发展引领乡村振兴。

——坚持因地制宜、循序渐进。科学把握乡村的差异性和发展走势分化特征，做好顶层设计，注重规划先行、突出重点、分类施策、典型引路。既尽力而为，又量力而行，不搞层层加码，不搞一刀切，不搞形式主义，久久为功，扎实推进。

三、提升农业发展质量，培育乡村发展新动能

乡村振兴，产业兴旺是重点。必须坚持质量兴农、绿色兴农，以农业供给侧结构性改革为主线，加快构建现代农业产业体系、生产体系、经营体系，提高农业创新力、竞争力和全要素生产率，加快实现由农业大国向农业强国转变。

（一）夯实农业生产能力基础。深入实施藏粮于地、藏粮于技战略，严守耕地红线，确保国家粮食安全，把中国人的饭碗牢牢端在自己手中。全面落实永久基本农田特殊保护制度，加快划定和建设粮食生产功能区、重要农产品生产保护区，完善支持政策。大规模推进农村土地整治和高标准农田建设，稳步提升耕地质量，强化监督考核和地方政府责任。加强农田水利建设，提高抗旱防洪除涝能力。实施国家农业节水行动，加快灌区续建配套与现代化改造，推进小型农田水利设施达标提质，建设一批重大高效节水灌溉工程。加快建设国家农业科技创新体系，加强面向全行业的科技创新基地建设。深化农业科技成果转化和推广应用改革。加快发展现代农作物、畜禽、水产、林木种业，提升自主创新能力。高标准建设国家南繁育种基地。推进我国农机装备产业转型升级，加强科研机构、设备制造企业联合攻关，进一步提高大宗农作物机械国产化水平，加快研发经济作物、养殖业、丘陵山区农林机械，发展高端农机装备制造。优化农业从业者结构，加快建设知识型、技能型、创新型农业经营者队伍。大力发展数字农业，实施智慧农业林业水利工程，推进物联网试验示范和遥感技术应用。

（二）实施质量兴农战略。制定和实施国家质量兴农战略规划，建立健全质量兴农评价体系、政策体系、工作体系和考核体系。深入推进农业绿色化、优质化、特色化、品牌化，调整优化农业生产力布局，推动农业由增产导向转向提质导向。推进特色农产品优势区创建，建设现代农业产业园、农业科技园。实施产业兴村强县行动，推行标准化生产，培育农产品品牌，保护地理标志农产品，打造一村一品、一县一业发展新格局。加快发展现代高效林业，实施兴林富民行动，推进森林生态标志产品建设工程。加强植物病虫害、动物疫病防控体系建设。优化养殖业空间布局，大力发展绿色生态健康养殖，做大做强民族奶业。统筹海洋渔业资源开发，科学布局近远海养殖和远洋渔业，建设现代化海洋牧场。建立产学研融合的农业科技创新联盟，加强农业绿色生态、提质增效技术研发应用。切实发挥农垦在质量兴农中的带动引领作用。实施食品安全战略，完善农产品质量和食品安全标准体系，加强农业投入品和农产品质量安全追溯体系建设，健全农产品质量和食品安全监管体制，重点提高基层监管能力。

（三）构建农村一二三产业融合发展体系。大力开发农业多种功能，延长产业链、提升价值链、完善利益链，通过保底分红、股份合作、利润返还等多种形式，让农民合理分享全产业链增值收益。实施农产品加工业提升行动，鼓励企业兼并重组，淘汰落后产能，支持主产区农产品就地加工转化增值。重点解决农产品销售中的突出问题，加强农产品产后分级、包装、营销，建设现代化农产品冷链仓储物流体系，打造农产品销售公共服务平台，支持供销、邮政及各类企业把服务网点延伸到乡村，健全农产品产销稳定衔接机制，大力建设具有广泛性的促进农村电子商务发展的基础设施，鼓励支持各类市场主体创新发展基于互联网的新型农业产业模式，深入实施电子商务进农村综合示范，加快推进农村流通现代化。实施休闲农业和乡村旅游精品工程，建设一批设施完备、功能多样的休闲观光园区、森林人家、康养基地、乡村民宿、特色小镇。对利用闲置农房发展民宿、养老等项目，研究出台消防、特种行业经营等领域便利市场准入、加强事中事后监管的管理办法。发展乡村共享经济、创意农业、特色文化产业。

（四）构建农业对外开放新格局。优化资源配置，着力节本增效，提高我国农产品国际竞争力。实施特色优势农产品出口提升行动，扩大高附加值农产品出口。建立健全我国农业贸易政策体系。深化与“一带一路”沿线国家和地区农产品贸易关系。积极支持农业走出去，培育具有国际竞争力的大粮商和农业企业集团。积极参与全球粮食安全治理和农业贸易规则制定，促进形成更加公平合理的农业国际贸易秩序。进一步加大农产品反走私综合治理力度。

（五）促进小农户和现代农业发展有机衔接。统筹兼顾培育新型农业经营主体和扶持小农户，采取有针对性的措施，把小农生产引入现代农业发展轨道。培育各类专业化市场化服务组织，推进农业生产全程社会化服务，帮助小农户节本增效。发展多样化的联合与合作，提升小农户组织化程度。注重发挥新型农业经营主体带动作用，打造区域公用品牌，开展农超对接、农社对接，帮助小农户对接市场。扶持小农户发展生态农业、设施农业、体验农业、定制农业，提高产品档次和附加值，拓展增收空间。改善小农户生产设施条件，提升小农户抗风险能力。研究制定扶持小农生产的政策意见。

四、推进乡村绿色发展，打造人与自然和谐共生发展新格局

乡村振兴，生态宜居是关键。良好生态环境是农村最大优势和宝贵财富。必须尊重自然、顺应自然、保护自然，推动乡村自然资本加快增值，实现百姓富、生态美的统一。

（一）统筹山水林田湖草系统治理。把山水林田湖草作为一个生命共同体，进行统一保护、统一修复。实施重要生态系统保护和修复工程。健全耕地草原森林河流湖泊休养生息制度，分类有序退出超载的边际产能。扩大耕地轮作休耕制度试点。科学划定江河湖海限捕、禁捕区域，健全水生生态保护修复制度。实行水资源消耗总量和强度双控行动。开展河湖水系连通和农村河塘清淤整治，全面推行河长制、湖长制。加大农业水价综合改革工作力度。开展国土绿化行动，推进荒漠化、石漠化、水土流失综合治理。强化湿地保护和恢复，继续开展退耕还湿。完善天然林保护制度，把所有天然林都纳入保护范围。扩大退耕还林还草、退牧还草，建立成果巩固长效机制。继

续实施三北防护林体系建设等林业重点工程，实施森林质量精准提升工程。继续实施草原生态保护补助奖励政策。实施生物多样性保护重大工程，有效防范外来生物入侵。

（二）加强农村突出环境问题综合治理。加强农业面源污染防治，开展农业绿色发展行动，实现投入品减量化、生产清洁化、废弃物资源化、产业模式生态化。推进有机肥替代化肥、畜禽粪污处理、农作物秸秆综合利用、废弃农膜回收、病虫害绿色防控。加强农村水环境治理和农村饮用水水源保护，实施农村生态清洁小流域建设。扩大华北地下水超采区综合治理范围。推进重金属污染耕地防控和修复，开展土壤污染治理与修复技术应用试点，加大东北黑土地保护力度。实施流域环境和近岸海域综合治理。严禁工业和城镇污染向农业农村转移。加强农村环境监管能力建设，落实县乡两级农村环境保护主体责任。

（三）建立市场化多元化生态补偿机制。落实农业功能区制度，加大重点生态功能区转移支付力度，完善生态保护成效与资金分配挂钩的激励约束机制。鼓励地方在重点生态区位推行商品林赎买制度。健全地区间、流域上下游之间横向生态保护补偿机制，探索建立生态产品购买、森林碳汇等市场化补偿制度。建立长江流域重点水域禁捕补偿制度。推行生态建设和保护以工代赈做法，提供更多生态公益岗位。

（四）增加农业生态产品和服务供给。正确处理开发与保护的关系，运用现代科技和管理手段，将乡村生态优势转化为发展生态经济的优势，提供更多更好的绿色生态产品和服务，促进生态和经济良性循环。加快发展森林草原旅游、河湖湿地观光、冰雪海上运动、野生动物驯养观赏等产业，积极开发观光农业、游憩休闲、健康养生、生态教育等服务。创建一批特色生态旅游示范村镇和精品线路，打造绿色生态环保的乡村生态旅游产业链。

五、繁荣兴盛农村文化，焕发乡风文明新气象

乡村振兴，乡风文明是保障。必须坚持物质文明和精神文明一起抓，提升农民精神风貌，培育文明乡风、良好家风、淳朴民风，不断提高乡村社会文明程度。

（一）加强农村思想道德建设。以社会主义核心价值观为引领，坚持教育引导、实践养成、制度保障三管齐下，采取符合农村特点的有效方式，深化中国特色社会主义和中国梦宣传教育，大力弘扬民族精神和时代精神。加强爱国主义、集体主义、社会主义教育，深化民族团结进步教育，加强农村思想文化阵地建设。深入实施公民道德建设工程，挖掘农村传统道德教育资源，推进社会公德、职业道德、家庭美德、个人品德建设。推进诚信建设，强化农民的社会责任意识、规则意识、集体意识、主人翁意识。

（二）传承发展提升农村优秀传统文化。立足乡村文明，吸取城市文明及外来文化优秀成果，在保护传承的基础上，创造性转化、创新性发展，不断赋予时代内涵、丰富表现形式。切实保护好优秀农耕文化遗产，推动优秀农耕文化遗产合理适度利用。深入挖掘农耕文化蕴含的优秀思想观念、人文精神、道德规范，充分发挥其在凝聚人心、教化群众、淳化民风中的重要作用。划定乡村建设的历史文化保护线，保护好文物古迹、传统村落、民族村寨、传统建筑、农业遗迹、灌溉工程遗产。支持农村地区优秀戏曲曲艺、少数民族文化、民间文化等传承发展。

（三）加强农村公共文化建设。按照有标准、有网络、有内容、有人才的要求，健全乡村公共文化服务体系。发挥县级公共文化机构辐射作用，推进基层综合性文化服务中心建设，实现乡村两级公共文化服务全覆盖，提升服务效能。深入推进文化惠民，公共文化资源要重点向乡村倾斜，提供更多更好的农村公共文化产品和服务。支持“三农”题材文艺创作生产，鼓励文艺工作者不断推出反映农民生产生活尤其是乡村振兴实践的优秀文艺作品，充分展示新时代农村农民的精神面貌。培育挖掘乡土文化本土人才，开展文化结对帮扶，引导社会各界人士投身乡村文化建设。活跃繁荣农村文化市场，丰富农村文化业态，加强农村文化市场监管。

（四）开展移风易俗行动。广泛开展文明村镇、星级文明户、文明家庭等群众性精神文明创建活动。遏制大操大办、厚葬薄养、人情攀比等陈规陋习。加强无神论宣传教育，丰富农民群众精神文化生活，抵制封建迷信活动。深化农村殡葬改革。加强农村科普工作，提高农民科学文化素养。

六、加强农村基层基础工作，构建乡村治理新体系

乡村振兴，治理有效是基础。必须把夯实基层基础作为固本之策，建立健全党委领导、政府负责、社会协同、公众参与、法治保障的现代乡村社会治理体制，坚持自治、法治、德治相结合，确保乡村社会充满活力、和谐有序。

（一）加强农村基层党组织建设。扎实推进抓党建促乡村振兴，突出政治功能，提升组织力，抓乡促村，把农村基层党组织建成坚强战斗堡垒。强化农村基层党组织领导核心地位，创新组织设置和活动方式，持续整顿软弱涣散村党组织，稳妥有序地开展不合格党员处置工作，着力引导农村党员发挥先锋模范作用。建立选派第一书记工作长效机制，全面向贫困村、软弱涣散村和集体经济薄弱村党组织派出第一书记。实施农村带头人队伍整体优化提升行动，注重吸引高校毕业生、农民工、机关企事业单位优秀党员干部到村任职，选优配强村党组织书记。健全从优秀村党组织书记中选拔乡镇领导干部、考录乡镇机关公务员、招聘乡镇事业编制人员制度。加大在优秀青年

农民中发展党员力度。建立农村党员定期培训制度。全面落实村级组织运转经费保障政策。推行村级小微权力清单制度，加大基层小微权力腐败惩处力度。严厉整治惠农补贴、集体资产管理、土地征收等领域侵害农民利益的不正之风和腐败问题。

（二）深化村民自治实践。坚持自治为基，加强农村群众性自治组织建设，健全和创新村党组织领导的充满活力的村民自治机制。推动村党组织书记通过选举担任村委会主任。发挥自治章程、村规民约的积极作用。全面建立健全村务监督委员会，推行村级事务阳光工程。依托村民会议、村民代表会议、村民议事会、村民理事会、村民监事会等，形成民事民议、民事民办、民事民管的多层次基层协商格局。积极发挥新乡贤作用。推动乡村治理重心下移，尽可能把资源、服务、管理下放到基层。继续开展以村民小组或自然村为基本单元的村民自治试点工作。加强农村社区治理创新。创新基层管理体制机制，整合优化公共服务和行政审批职责，打造“一门式办理”“一站式服务”的综合服务平台。在村庄普遍建立网上服务站点，逐步形成完善的乡村便民服务体系。大力培育服务性、公益性、互助性农村社会组织，积极发展农村社会工作和志愿服务。集中清理上级对村级组织考核评比多、创建达标多、检查督查多等突出问题。维护村民委员会、农村集体经济组织、农村合作经济组织的特别法人地位和权利。

（三）建设法治乡村。坚持法治为本，树立依法治理理念，强化法律在维护农民权益、规范市场运行、农业支持保护、生态环境治理、化解农村社会矛盾等方面的权威地位。增强基层干部法治观念、法治为民意识，将政府涉农各项工作纳入法治化轨道。深入推进综合行政执法改革向基层延伸，创新监管方式，推动执法队伍整合、执法力量下沉，提高执法能力和水平。建立健全乡村调解、县市仲裁、司法保障的农村土地承包经营纠纷调处机制。加大农村普法力度，提高农民法治素养，引导广大农民增强尊法学法守法用法意识。健全农村公共法律服务体系，加强对农民的法律援助和司法救助。

（四）提升乡村德治水平。深入挖掘乡村熟人社会蕴含的道德规范，结合时代要求进行创新，强化道德教化作用，引导农民向上向善、孝老爱亲、重义守信、勤俭持家。建立道德激励约束机制，引导农民自我管理、自我教育、自我服务、自我提高，实现家庭和睦、邻里和谐、干群融洽。广泛开展好媳妇、好儿女、好公婆等评选表彰活动，开展寻找最美乡村教师、医生、村官、家庭等活动。深入宣传道德模范、身边好人的典型事迹，弘扬真善美，传播正能量。

（五）建设平安乡村。健全落实社会治安综合治理领导责任制，大力推进农村社会治安防控体系建设，推动社会治安防控力量下沉。深入开展扫黑除恶专项斗争，严厉打击农村黑恶势力、宗族恶势力，严厉打击黄赌毒盗拐骗等违法犯罪。依法加大对农村非法宗教活动和境外渗透活动打击力度，依法制止利用宗教干预农村公共事务，继续整治农村乱建庙宇、滥塑宗教造像。完善县乡村三级综治中心功能和运行机制。健全农村公共安全体系，持续开展农村安全隐患治理。加强农村警务、消防、安全生产工作，坚决遏制重特大安全事故。探索以网格化管理为抓手、以现代信息技术为支撑，实现基层服务和管理精细化精准化。推进农村“雪亮工程”建设。

七、提高农村民生保障水平，塑造美丽乡村新风貌

乡村振兴，生活富裕是根本。要坚持人人尽责、人人享有，按照抓重点、补短板、强弱项的要求，围绕农民群众最关心最直接最现实的利益问题，一件事情接着一件事情办，一年接着一年干，把乡村建设成为幸福美丽新家园。

（一）优先发展农村教育事业。高度重视发展农村义务教育，推动建立以城带乡、整体推进、城乡一体、均衡发展的义务教育发展机制。全面改善薄弱学校基本办学条件，加强寄宿制学校建设。实施农村义务教育学生营养改善计划。发展农村学前教育。推进农村普及高中阶段教育，支持教育基础薄弱县普通高中建设，加强职业教育，逐步分类推进中等职业教育免除学杂费。健全学生资助制度，使绝大多数农村新增劳动力接受高中阶段教育、更多接受高等教育。把农村需要的人群纳入特殊教育体系。以市县为单位，推动优质学校辐射农村薄弱学校常态化。统筹配置城乡师资，并向乡村倾斜，建好建强乡村教师队伍。

（二）促进农村劳动力转移就业和农民增收。健全覆盖城乡的公共就业服务体系，大规模开展职业技能培训，促进农民工多渠道转移就业，提高就业质量。深化户籍制度改革，促进有条件、有意愿、在城镇有稳定就业和住所的农业转移人口在城镇有序落户，依法平等享受城镇公共服务。加强扶持引导服务，实施乡村就业创业促进行动，大力发展文化、科技、旅游、生态等乡村特色产业，振兴传统工艺。培育一批家庭工场、手工作坊、乡村车间，鼓励在乡村地区兴办环境友好型企业，实现乡村经济多元化，提供更多就业岗位。拓宽农民增收渠道，鼓励农民勤劳守法致富，增加农村低收入者收入，扩大农村中等收入群体，保持农村居民收入增速快于城镇居民。

（三）推动农村基础设施提档升级。继续把基础设施建设重点放在农村，加快农村公路、供水、供气、环保、电网、物流、信息、广播电视等基础设施建设，推动城乡基础设施互联互通。以示范县为载体全面推进“四好农村路”建设，加快实施通村组硬化路建设。加大成品油消费税转移支付资金用于农村公路养护力度。推进节水供水重大水利工程，实施农村饮水安全巩固提升工程。加快新一轮农村电网改造升级，制定农村通动力电规划，推进农村可再生能源开发利用。实施数字乡村战略，做好整体

规划设计，加快农村地区宽带网络和第四代移动通信网络覆盖步伐，开发适应“三农”特点的信息技术、产品、应用和服务，推动远程医疗、远程教育等应用普及，弥合城乡数字鸿沟。提升气象为农服务能力。加强农村防灾减灾救灾能力建设。抓紧研究提出深化农村公共基础设施管护体制改革指导意见。

（四）加强农村社会保障体系建设。完善统一的城乡居民基本医疗保险制度和大病保险制度，做好农民重特大疾病救助工作。巩固城乡居民医保全国异地就医联网直接结算。完善城乡居民基本养老保险制度，建立城乡居民基本养老保险待遇确定和基础养老金标准正常调整机制。统筹城乡社会救助体系，完善最低生活保障制度，做好农村社会救助兜底工作。将进城落户农业转移人口全部纳入城镇住房保障体系。构建多层次农村养老保障体系，创新多元化照料服务模式。健全农村留守儿童和妇女、老年人以及困境儿童关爱服务体系。加强和改善农村残疾人服务。

（五）推进健康乡村建设。强化农村公共卫生服务，加强慢性病综合防控，大力推进农村地区精神卫生、职业病和重大传染病防治。完善基本公共卫生服务项目补助政策，加强基层医疗卫生服务体系建设，支持乡镇卫生院和村卫生室改善条件。加强乡村中医药服务。开展和规范家庭医生签约服务，加强妇幼、老人、残疾人等重点人群健康服务。倡导优生优育。深入开展乡村爱国卫生运动。

（六）持续改善农村人居环境。实施农村人居环境整治三年行动计划，以农村垃圾、污水治理和村容村貌提升为主攻方向，整合各种资源，强化各种举措，稳步有序推进农村人居环境突出问题治理。坚持不懈推进农村“厕所革命”，大力开展农村户用卫生厕所建设和改造，同步实施粪污治理，加快实现农村无害化卫生厕所全覆盖，努力补齐影响农民群众生活品质的短板。总结推广适用不同地区的农村污水治理模式，加强技术支撑和指导。深入推进农村环境综合整治。推进北方地区农村散煤替代，有条件的地方有序推进煤改气、煤改电和新能源利用。逐步建立农村低收入群体安全住房保障机制。强化新建农房规划管控，加强“空心村”服务管理和改造。保护保留乡村风貌，开展田园建筑示范，培养乡村传统建筑名匠。实施乡村绿化行动，全面保护古树名木。持续推进宜居宜业的美丽乡村建设。

八、打好精准脱贫攻坚战，增强贫困群众获得感

乡村振兴，摆脱贫困是前提。必须坚持精准扶贫、精准脱贫，把提高脱贫质量放在首位，既不降低扶贫标准，也不吊高胃口，采取更加有力的举措、更加集中的支持、更加精细的工作，坚决打好精准脱贫这场对全面建成小康社会具有决定性意义的攻坚战。

（一）瞄准贫困人口精准帮扶。对有劳动能力的贫困人口，强化产业和就业扶持，着力做好产销衔接、劳务对接，实现稳定脱贫。有序推进易地扶贫搬迁，让搬迁群众搬得出、稳得住、能致富。对完全或部分丧失劳动能力的特殊贫困人口，综合实施保障性扶贫政策，确保病有所医、残有所助、生活有兜底。做好农村最低生活保障工作的动态化精细化管理，把符合条件的贫困人口全部纳入保障范围。

（二）聚焦深度贫困地区集中发力。全面改善贫困地区生产生活条件，确保实现贫困地区基本公共服务主要指标接近全国平均水平。以解决突出制约问题为重点，以重大扶贫工程和到村到户帮扶为抓手，加大政策倾斜和扶贫资金整合力度，着力改善深度贫困地区发展条件，增强贫困农户发展能力，重点攻克深度贫困地区脱贫任务。新增脱贫攻坚资金项目主要投向深度贫困地区，增加金融投入对深度贫困地区的支持，新增建设用地指标优先保障深度贫困地区发展用地需要。

（三）激发贫困人口内生动力。把扶贫同扶志、扶智结合起来，把救急纾困和内生脱贫结合起来，提升贫困群众发展生产和务工经商的基本技能，实现可持续稳固脱贫。引导贫困群众克服等靠要思想，逐步消除精神贫困。要打破贫困均衡，促进形成自强自立、争先脱贫的精神风貌。改进帮扶方式方法，更多采用生产奖补、劳务补助、以工代赈等机制，推动贫困群众通过自己的辛勤劳动脱贫致富。

（四）强化脱贫攻坚责任和监督。坚持中央统筹省负总责市县抓落实的工作机制，强化党政一把手负总责的责任制。强化县级党委作为全县脱贫攻坚总指挥部的关键作用，脱贫攻坚期内贫困县县级党政正职要保持稳定。开展扶贫领域腐败和作风问题专项治理，切实加强扶贫资金管理，对挪用和贪污扶贫款项的行为严惩不贷。将 2018 年作为脱贫攻坚作风建设年，集中力量解决突出作风问题。科学确定脱贫摘帽时间，对弄虚作假、搞数字脱贫的严肃查处。完善扶贫督查巡查、考核评估办法，除党中央、国务院统一部署外，各部门一律不准再组织其他检查考评。严格控制各地开展增加一线扶贫干部负担的各类检查考评，切实给基层减轻工作负担。关心爱护战斗在扶贫第一线的基层干部，制定激励政策，为他们工作生活排忧解难，保护和调动他们的工作积极性。做好实施乡村振兴战略与打好精准脱贫攻坚战的有机衔接。制定坚决打好精准脱贫攻坚战三年行动指导意见。研究提出持续减贫的意见。

九、推进体制机制创新，强化乡村振兴制度性供给

实施乡村振兴战略，必须把制度建设贯穿其中。要以完善产权制度和要素市场化配置为重点，激活主体、激活要素、激活市场，着力增强改革的系统性、整体性、协同性。

（一）巩固和完善农村基本经营制度。落实农村土地承包关系稳定并长久不变政策，衔接落实好第二轮土地承包到期后再延长30年的政策，让农民吃上长效“定心丸”。全面完成土地承包经营权确权登记颁证工作，实现承包土地信息联通共享。完善农村承包地“三权分置”制度，在依法保护集体土地所有权和农户承包权前提下，平等保护土地经营权。农村承包土地经营权可以依法向金融机构融资担保、入股从事农业产业化经营。实施新型农业经营主体培育工程，培育发展家庭农场、合作社、龙头企业、社会化服务组织和农业产业化联合体，发展多种形式适度规模经营。

（二）深化农村土地制度改革。系统总结农村土地征收、集体经营性建设用地入市、宅基地制度改革试点经验，逐步扩大试点，加快土地管理法修改，完善农村土地利用管理政策体系。扎实推进房地一体的农村集体建设用地和宅基地使用权确权登记颁证。完善农民闲置宅基地和闲置农房政策，探索宅基地所有权、资格权、使用权“三权分置”，落实宅基地集体所有权，保障宅基地农户资格权和农民房屋财产权，适度放活宅基地和农民房屋使用权，不得违规违法买卖宅基地，严格实行土地用途管制，严格禁止下乡利用农村宅基地建设别墅大院和私人会馆。在符合土地利用总体规划前提下，允许县级政府通过村土地利用规划，调整优化村庄用地布局，有效利用农村零星分散的存量建设用地；预留部分规划建设用地指标用于单独选址的农业设施和休闲旅游设施等建设。对利用收储农村闲置建设用地发展农村新产业新业态的，给予新增建设用地指标奖励。进一步完善设施农用地政策。

（三）深入推进农村集体产权制度改革。全面开展农村集体资产清产核资、集体成员身份确认，加快推进集体经营性资产股份合作制改革。推动资源变资产、资金变股金、农民变股东，探索农村集体经济新的实现形式和运行机制。坚持农村集体产权制度改革正确方向，发挥村党组织对集体经济组织的领导核心作用，防止内部少数人控制和外部资本侵占集体资产。维护进城落户农民土地承包权、宅基地使用权、集体收益分配权，引导进城落户农民依法自愿有偿转让上述权益。研究制定农村集体经济组织法，充实农村集体产权权能。全面深化供销合作社综合改革，深入推进集体林权、水利设施产权等领域改革，做好农村综合改革、农村改革试验区等工作。

（四）完善农业支持保护制度。以提升农业质量效益和竞争力为目标，强化绿色生态导向，创新完善政策工具和手段，扩大“绿箱”政策的实施范围和规模，加快建立新型农业支持保护政策体系。深化农产品收储制度和价格形成机制改革，加快培育多元市场购销主体，改革完善中央储备粮管理体制。通过完善拍卖机制、定向销售、包干销售等，加快消化政策性粮食库存。落实和完善对农民直接补贴制度，提高补贴效能。健全粮食主产区利益补偿机制。探索开展稻谷、小麦、玉米三大粮食作物完全成本保险和收入保险试点，加快建立多层次农业保险体系。

十、汇聚全社会力量，强化乡村振兴人才支撑

实施乡村振兴战略，必须破解人才瓶颈制约。要把人力资本开发放在首要位置，畅通智力、技术、管理下乡通道，造就更多乡土人才，聚天下人才而用之。

（一）大力培育新型职业农民。全面建立职业农民制度，完善配套政策体系。实施新型职业农民培育工程。支持新型职业农民通过弹性学制参加中高等农业职业教育。创新培训机制，支持农民专业合作社、专业技术协会、龙头企业等主体承担培训。引导符合条件的新型职业农民参加城镇职工养老、医疗等社会保障制度。鼓励各地开展职业农民职称评定试点。

（二）加强农村专业人才队伍建设。建立县域专业人才统筹使用制度，提高农村专业人才服务保障能力。推动人才管理职能部门简政放权，保障和落实基层用人主体自主权。推行乡村教师“县管校聘”。实施好边远贫困地区、边疆民族地区和革命老区人才支持计划，继续实施“三支一扶”、特岗教师计划等，组织实施高校毕业生基层成长计划。支持地方高等学校、职业院校综合利用教育培训资源，灵活设置专业（方向），创新人才培养模式，为乡村振兴培养专业化人才。扶持培养一批农业职业经理人、经纪人、乡村工匠、文化能人、非遗传承人等。

（三）发挥科技人才支撑作用。全面建立高等院校、科研院所等事业单位专业技术人员到乡村和企业挂职、兼职和离岗创新创业制度，保障其在职称评定、工资福利、社会保障等方面的权益。深入实施农业科研杰出人才计划和杰出青年农业科学家项目。健全种业等领域科研人员以知识产权明晰为基础、以知识价值为导向的分配政策。探索公益性和经营性农技推广融合发展机制，允许农技人员通过提供增值服务合理取酬。全面实施农技推广服务特聘计划。

（四）鼓励社会各界投身乡村建设。建立有效激励机制，以乡情乡愁为纽带，吸引支持企业家、党政干部、专家学者、医生教师、规划师、建筑师、律师、技能人才等，通过下乡担任志愿者、投资兴业、包村包项目、行医办学、捐资捐物、法律服务等方式服务乡村振兴事业。研究制定管理办法，允许符合要求的公职人员回乡任职。吸引更多人才投身现代农业，培养造就新农民。加快制定鼓励引导工商资本参与乡村振兴的指导意见，落实和完善融资贷款、配套设施建设补助、税费减免、用地等扶持政策，明确政策边界，保护好农民利益。发挥工会、共青团、妇联、科协、残联等群团组织的优势和力量，发挥各民主党派、工商联、无党派人士等积极作用，支持农村产业发展、生态环境保护、乡风文明建设、农村弱势群体关爱等。实施乡村振兴“巾帼行动”。加强对下乡组织和人员的管理服务，使之成为乡村振兴的建设性力量。

（五）创新乡村人才培育引进使用机制。建立自主培养与人才引进相结合，学历教育、技能培训、实践锻炼等多种方式并举的人力资源开发机制。建立城乡、区域、校地之间人才培养合作与交流机制。全面建立城市医生教师、科技文化人员等定期服务乡村机制。研究制定鼓励城市专业人才参与乡村振兴的政策。

十一、开拓投融资渠道，强化乡村振兴投入保障

实施乡村振兴战略，必须解决钱从哪里来的问题。要健全投入保障制度，创新投融资机制，加快形成财政优先保障、金融重点倾斜、社会积极参与的多元投入格局，确保投入力度不断增强、总量持续增加。

（一）确保财政投入持续增长。建立健全实施乡村振兴战略财政投入保障制度，公共财政更大力度向“三农”倾斜，确保财政投入与乡村振兴目标任务相适应。优化财政供给结构，推进行业内资金整合与行业间资金统筹相互衔接配合，增加地方自主统筹空间，加快建立涉农资金统筹整合长效机制。充分发挥财政资金的引导作用，撬动金融和社会资本更多投向乡村振兴。切实发挥全国农业信贷担保体系作用，通过财政担保费率补助和以奖代补等，加大对新型农业经营主体支持力度。加快设立国家融资担保基金，强化担保融资增信功能，引导更多金融资源支持乡村振兴。支持地方政府发行一般债券用于支持乡村振兴、脱贫攻坚领域的公益性项目。稳步推进地方政府专项债券管理改革，鼓励地方政府试点发行项目融资和收益自平衡的专项债券，支持符合条件、有一定收益的乡村公益性项目建设。规范地方政府举债融资行为，不得借乡村振兴之名违法违规变相举债。

（二）拓宽资金筹集渠道。调整完善土地出让收入使用范围，进一步提高农业农村投入比例。严格控制未利用地开垦，集中力量推进高标准农田建设。改进耕地占补平衡管理办法，建立高标准农田建设等新增耕地指标和城乡建设用地增减挂钩节余指标跨省域调剂机制，将所得收益通过支出预算全部用于巩固脱贫攻坚成果和支持实施乡村振兴战略。推广一事一议、以奖代补等方式，鼓励农民对直接受益的乡村基础设施建设投工投劳，让农民更多参与建设管护。

（三）提高金融服务水平。坚持农村金融改革发展的正确方向，健全适合农业农村特点的农村金融体系，推动农村金融机构回归本源，把更多金融资源配置到农村经济社会发展的重点领域和薄弱环节，更好满足乡村振兴多样化金融需求。要强化金融服务方式创新，防止脱实向虚倾向，严格管控风险，提高金融服务乡村振兴能力和水平。抓紧出台金融服务乡村振兴的指导意见。加大中国农业银行、中国邮政储蓄银行“三农”金融事业部对乡村振兴支持力度。明确国家开发银行、中国农业发展银行在乡村振兴

中的职责定位，强化金融服务方式创新，加大对乡村振兴中长期信贷支持。推动农村信用社省联社改革，保持农村信用社县域法人地位和数量总体稳定，完善村镇银行准入条件，地方法人金融机构要服务好乡村振兴。普惠金融重点要放在乡村。推动出台非存款类放贷组织条例。制定金融机构服务乡村振兴考核评估办法。支持符合条件的涉农企业发行上市、新三板挂牌和融资、并购重组，深入推进农产品期货期权市场建设，稳步扩大“保险＋期货”试点，探索“订单农业＋保险＋期货（权）”试点。改进农村金融差异化监管体系，强化地方政府金融风险防范处置责任。

十二、坚持和完善党对“三农”工作的领导

实施乡村振兴战略是党和国家的重大决策部署，各级党委和政府要提高对实施乡村振兴战略重大意义的认识，真正把实施乡村振兴战略摆在优先位置，把党管农村工作的要求落到实处。

（一）完善党的农村工作领导体制机制。各级党委和政府要坚持工业农业一起抓、城市农村一起抓，把农业农村优先发展原则体现到各个方面。健全党委统一领导、政府负责、党委农村工作部门统筹协调的农村工作领导体制。建立实施乡村振兴战略领导责任制，实行中央统筹省负总责市县抓落实的工作机制。党政一把手是第一责任人，五级书记抓乡村振兴。县委书记要下大气力抓好“三农”工作，当好乡村振兴“一线总指挥”。各部门要按照职责，加强工作指导，强化资源要素支持和制度供给，做好协同配合，形成乡村振兴工作合力。切实加强各级党委农村工作部门建设，按照《中国共产党工作机关条例（试行）》有关规定，做好党的农村工作机构设置和人员配置工作，充分发挥决策参谋、统筹协调、政策指导、推动落实、督导检查等职能。各省（自治区、直辖市）党委和政府每年要向党中央、国务院报告推进实施乡村振兴战略进展情况。建立市县党政领导班子和领导干部推进乡村振兴战略的实绩考核制度，将考核结果作为选拔任用领导干部的重要依据。

（二）研究制定中国共产党农村工作条例。根据坚持党对一切工作的领导的要求和新时代“三农”工作新形势新任务新要求，研究制定中国共产党农村工作条例，把党领导农村工作的传统、要求、政策等以党内法规形式确定下来，明确加强对农村工作领导的指导思想、原则要求、工作范围和对象、主要任务、机构职责、队伍建设等，完善领导体制和工作机制，确保乡村振兴战略有效实施。

（三）加强“三农”工作队伍建设。把懂农业、爱农村、爱农民作为基本要求，加强“三农”工作干部队伍培养、配备、管理、使用。各级党委和政府主要领导干部要懂“三农”工作、会抓“三农”工作，分管领导要真正成为“三农”工作行家里手。

制订并实施培训计划，全面提升“三农”干部队伍能力和水平。拓宽县级“三农”工作部门和乡镇干部来源渠道。把到农村一线工作锻炼作为培养干部的重要途径，注重提拔使用实绩优秀的干部，形成人才向农村基层一线流动的用人导向。

（四）强化乡村振兴规划引领。制定国家乡村振兴战略规划（2018—2022年），分别明确至2020年全面建成小康社会和2022年召开党的二十大时的目标任务，细化实化工作重点和政策措施，部署若干重大工程、重大计划、重大行动。各地区各部门要编制乡村振兴地方规划和专项规划或方案。加强各类规划的统筹管理和系统衔接，形成城乡融合、区域一体、多规合一的规划体系。根据发展现状和需要分类有序推进乡村振兴，对具备条件的村庄，要加快推进城镇基础设施和公共服务向农村延伸；对自然历史文化资源丰富的村庄，要统筹兼顾保护与发展；对生存条件恶劣、生态环境脆弱的村庄，要加大力度实施生态移民搬迁。

（五）强化乡村振兴法治保障。抓紧研究制定乡村振兴法的有关工作，把行之有效的乡村振兴政策法定化，充分发挥立法在乡村振兴中的保障和推动作用。及时修改和废止不适应的法律法规。推进粮食安全保障立法。各地可以从本地乡村发展实际需要出发，制定促进乡村振兴的地方性法规、地方政府规章。加强乡村统计工作和数据开发应用。

（六）营造乡村振兴良好氛围。凝聚全党全国全社会振兴乡村强大合力，宣传党的乡村振兴方针政策和各地丰富实践，振奋基层干部群众精神。建立乡村振兴专家决策咨询制度，组织智库加强理论研究。促进乡村振兴国际交流合作，讲好乡村振兴中国故事，为世界贡献中国智慧和中国方案。

中共中央、国务院印发的《乡村振兴战略规划（2018—2022年）》

前　言

党的十九大提出实施乡村振兴战略，是以习近平同志为核心的党中央着眼党和国家事业全局，深刻把握现代化建设规律和城乡关系变化特征，顺应亿万农民对美好生活的向往，对“三农”工作做出的重大决策部署，是决胜全面建成小康社会、全面建设社会主义现代化国家的重大历史任务，是新时代做好“三农”工作的总抓手。从党的十九大到二十大，是“两个一百年”奋斗目标的历史交汇期，既要全面建成小康社会、实现第一个百年奋斗目标，又要乘势而上开启全面建设社会主义现代化国家新征程，向第二个百年奋斗目标进军。为贯彻落实党的十九大、中央经济工作会议、中央农村工作会议精神和政府工作报告要求，描绘好战略蓝图，强化规划引领，科学有序推动乡村产业、人才、文化、生态和组织振兴，根据《中共中央、国务院关于实施乡村振兴战略的意见》，特编制《乡村振兴战略规划（2018—2022年）》。

本规划以习近平总书记关于“三农”工作的重要论述为指导，按照产业兴旺、生态宜居、乡风文明、治理有效、生活富裕的总要求，对实施乡村振兴战略做出阶段性谋划，分别明确至2020年全面建成小康社会和2022年召开党的二十大时的目标任务，细化实化工作重点和政策措施，部署重大工程、重大计划、重大行动，确保乡村振兴战略落实落地，是指导各地区各部门分类有序推进乡村振兴的重要依据。

第一篇　规划背景

党的十九大做出中国特色社会主义进入新时代的科学论断，提出实施乡村振兴战略的重大历史任务，在我国“三农”发展进程中具有划时代的里程碑意义，必须深入贯彻习近平新时代中国特色社会主义思想和党的十九大精神，在认真总结农业农村发展历史性成就和历史性变革的基础上，准确研判经济社会发展趋势和乡村演变发展态势，切实抓住历史机遇，增强责任感、使命感、紧迫感，把乡村振兴战略实施好。

第一章　重大意义

乡村是具有自然、社会、经济特征的地域综合体，兼具生产、生活、生态、文化等多重功能，与城镇互促互进、共生共存，共同构成人类活动的主要空间。乡村兴则国家兴，乡村衰则国家衰。我国人民日益增长的美好生活需要和不平衡不充分的发展之间的矛盾在乡村最为突出，我国仍处于并将长期处于社会主义初级阶段的特征很大程度上表现在乡村。全面建成小康社会和全面建设社会主义现代化强国，最艰巨最繁重的任务在农村，最广泛、最深厚的基础在农村，最大的潜力和后劲也在农村。实施乡村振兴战略，是解决新时代我国社会主要矛盾、实现"两个一百年"奋斗目标和中华民族伟大复兴中国梦的必然要求，具有重大现实意义和深远历史意义。

实施乡村振兴战略是建设现代化经济体系的重要基础。农业是国民经济的基础，农村经济是现代化经济体系的重要组成部分。乡村振兴，产业兴旺是重点。实施乡村振兴战略，深化农业供给侧结构性改革，构建现代农业产业体系、生产体系、经营体系，实现农村一二三产业深度融合发展，有利于推动农业从增产导向转向提质导向，增强我国农业创新力和竞争力，为建设现代化经济体系奠定坚实基础。

实施乡村振兴战略是建设美丽中国的关键举措。农业是生态产品的重要供给者，乡村是生态涵养的主体区，生态是乡村最大的发展优势。乡村振兴，生态宜居是关键。实施乡村振兴战略，统筹山水林田湖草系统治理，加快推行乡村绿色发展方式，加强农村人居环境整治，有利于构建人与自然和谐共生的乡村发展新格局，实现百姓富、生态美的统一。

实施乡村振兴战略是传承中华优秀传统文化的有效途径。中华文明根植于农耕文化，乡村是中华文明的基本载体。乡村振兴，乡风文明是保障。实施乡村振兴战略，深入挖掘农耕文化蕴含的优秀思想观念、人文精神、道德规范，结合时代要求在保护传承的基础上创造性转化、创新性发展，有利于在新时代焕发出乡风文明的新气象，进一步丰富和传承中华优秀传统文化。

实施乡村振兴战略是健全现代社会治理格局的固本之策。社会治理的基础在基层，薄弱环节在乡村。乡村振兴，治理有效是基础。实施乡村振兴战略，加强农村基层基础工作，健全乡村治理体系，确保广大农民安居乐业、农村社会安定有序，有利于打造共建共治共享的现代社会治理格局，推进国家治理体系和治理能力现代化。

实施乡村振兴战略是实现全体人民共同富裕的必然选择。农业强不强、农村美不美、农民富不富，关乎亿万农民的获得感、幸福感、安全感，关乎全面建成小康社会全局。乡村振兴，生活富裕是根本。实施乡村振兴战略，不断拓宽农民增收渠道，全面改善农村生产生活条件，促进社会公平正义，有利于增进农民福祉，让亿万农民走上共同富裕的道路，汇聚起建设社会主义现代化强国的磅礴力量。

第二章　振兴基础

党的十八大以来，面对我国经济发展进入新常态带来的深刻变化，以习近平同志为核心的党中央推动“三农”工作理论创新、实践创新、制度创新，坚持把解决好“三农”问题作为全党工作重中之重，切实把农业农村优先发展落到实处；坚持立足国内保证自给的方针，牢牢把握国家粮食安全主动权；坚持不断深化农村改革，激发农村发展新活力；坚持把推进农业供给侧结构性改革作为主线，加快提高农业供给质量；坚持绿色生态导向，推动农业农村可持续发展；坚持在发展中保障和改善民生，让广大农民有更多获得感；坚持遵循乡村发展规律，扎实推进生态宜居的美丽乡村建设；坚持加强和改善党对农村工作的领导，为“三农”发展提供坚强政治保障。这些重大举措和开创性工作，推动农业农村发展取得历史性成就、发生历史性变革，为党和国家事业全面开创新局面提供了有力支撑。

农业供给侧结构性改革取得新进展，农业综合生产能力明显增强，全国粮食总产量连续 5 年保持在 1.2 万亿斤以上，农业结构不断优化，农村新产业新业态新模式蓬勃发展，农业生态环境恶化问题得到初步遏制，农业生产经营方式发生重大变化。农村改革取得新突破，农村土地制度、农村集体产权制度改革稳步推进，重要农产品收储制度改革取得实质性成效，农村创新创业和投资兴业蔚然成风，农村发展新动能加快成长。城乡发展一体化迈出新步伐，5 年间 8 000 多万农业转移人口成为城镇居民，城乡居民收入相对差距缩小，农村消费持续增长，农民收入和生活水平明显提高。脱贫攻坚开创新局面，贫困地区农民收入增速持续快于全国平均水平，集中连片特困地区内生发展动力明显增强，过去 5 年累计 6 800 多万贫困人口脱贫。农村公共服务和社会事业达到新水平，农村基础设施建设不断加强，人居环境整治加快推进，教育、医疗卫生、文化等社会事业快速发展，农村社会焕发新气象。

同时，应当清醒地看到，当前我国农业农村基础差、底子薄、发展滞后的状况尚未根本改变，经济社会发展中最明显的短板仍然在“三农”，现代化建设中最薄弱的环节仍然是农业农村。主要表现在：农产品阶段性供过于求和供给不足并存，农村一二三产业融合发展深度不够，农业供给质量和效益亟待提高；农民适应生产力发展和市场竞争的能力不足，农村人才匮乏；农村基础设施建设仍然滞后，农村环境和生态问题比较突出，乡村发展整体水平亟待提升；农村民生领域欠账较多，城乡基本公共服务和收入水平差距仍然较大，脱贫攻坚任务依然艰巨；国家支农体系相对薄弱，农村金融改革任务繁重，城乡之间要素合理流动机制亟待健全；农村基层基础工作存在薄弱环节，乡村治理体系和治理能力亟待强化。

第三章　发展态势

从2018年到2022年，是实施乡村振兴战略的第一个5年，既有难得机遇，又面临严峻挑战。从国际环境看，全球经济复苏态势有望延续，我国统筹利用国内国际两个市场两种资源的空间将进一步拓展，同时国际农产品贸易不稳定性不确定性仍然突出，提高我国农业竞争力、妥善应对国际市场风险任务紧迫。特别是我国作为人口大国，粮食及重要农产品需求仍将刚性增长，保障国家粮食安全始终是头等大事。从国内形势看，随着我国经济由高速增长阶段转向高质量发展阶段，以及工业化、城镇化、信息化深入推进，乡村发展将处于大变革、大转型的关键时期。居民消费结构加快升级，中高端、多元化、个性化消费需求将快速增长，加快推进农业由增产导向转向提质导向是必然要求。我国城镇化进入快速发展与质量提升的新阶段，城市辐射带动农村的能力进一步增强，但大量农民仍然生活在农村的国情不会改变，迫切需要重塑城乡关系。我国乡村差异显著，多样性分化的趋势仍将延续，乡村的独特价值和多元功能将进一步得到发掘和拓展，同时应对好村庄空心化和农村老龄化、延续乡村文化血脉、完善乡村治理体系的任务艰巨。

实施乡村振兴战略具备较好条件。有习近平总书记把舵定向，有党中央、国务院的高度重视、坚强领导、科学决策，实施乡村振兴战略写入党章，成为全党的共同意志，乡村振兴具有根本政治保障。社会主义制度能够集中力量办大事，强农惠农富农政策力度不断加大，农村土地集体所有制和双层经营体制不断完善，乡村振兴具有坚强制度保障。优秀农耕文明源远流长，寻根溯源的人文情怀和国人的乡村情结历久弥深，现代城市文明导入融汇，乡村振兴具有深厚文化土壤。国家经济实力和综合国力日益增强，对农业农村支持力度不断加大，农村生产生活条件加快改善，农民收入持续增长，乡村振兴具有雄厚物质基础。农业现代化和社会主义新农村建设取得历史性成就，各地积累了丰富的成功经验和做法，乡村振兴具有扎实工作基础。

实施乡村振兴战略，是党对“三农”工作一系列方针政策的继承和发展，是亿万农民的殷切期盼。必须抓住机遇，迎接挑战，发挥优势，顺势而为，努力开创农业农村发展新局面，推动农业全面升级、农村全面进步、农民全面发展，谱写新时代乡村全面振兴新篇章。

第二篇　总体要求

按照到2020年实现全面建成小康社会和分两个阶段实现第二个百年奋斗目标的战

略部署，2018—2022年这5年间，既要在农村实现全面小康，又要为基本实现农业农村现代化开好局、起好步、打好基础。

第四章　指导思想和基本原则

第一节　指导思想

深入贯彻习近平新时代中国特色社会主义思想，深入贯彻党的十九大和十九届二中、三中全会精神，加强党对“三农”工作的全面领导，坚持稳中求进工作总基调，牢固树立新发展理念，落实高质量发展要求，紧紧围绕统筹推进“五位一体”总体布局和协调推进“四个全面”战略布局，坚持把解决好“三农”问题作为全党工作重中之重，坚持农业农村优先发展，按照产业兴旺、生态宜居、乡风文明、治理有效、生活富裕的总要求，建立健全城乡融合发展体制机制和政策体系，统筹推进农村经济建设、政治建设、文化建设、社会建设、生态文明建设和党的建设，加快推进乡村治理体系和治理能力现代化，加快推进农业农村现代化，走中国特色社会主义乡村振兴道路，让农业成为有奔头的产业，让农民成为有吸引力的职业，让农村成为安居乐业的美丽家园。

第二节　基本原则

——坚持党管农村工作。毫不动摇地坚持和加强党对农村工作的领导，健全党管农村工作方面的领导体制机制和党内法规，确保党在农村工作中始终总揽全局、协调各方，为乡村振兴提供坚强有力的政治保障。

——坚持农业农村优先发展。把实现乡村振兴作为全党的共同意志、共同行动，做到认识统一、步调一致，在干部配备上优先考虑，在要素配置上优先满足，在资金投入上优先保障，在公共服务上优先安排，加快补齐农业农村“短板”。

——坚持农民主体地位。充分尊重农民意愿，切实发挥农民在乡村振兴中的主体作用，调动亿万农民的积极性、主动性、创造性，把维护农民群众根本利益、促进农民共同富裕作为出发点和落脚点，促进农民持续增收，不断提升农民的获得感、幸福感、安全感。

——坚持乡村全面振兴。准确把握乡村振兴的科学内涵，挖掘乡村多种功能和价值，统筹谋划农村经济建设、政治建设、文化建设、社会建设、生态文明建设和党的建设，注重协同性、关联性，整体部署，协调推进。

——坚持城乡融合发展。坚决破除体制机制弊端，使市场在资源配置中起决定性作用，更好发挥政府作用，推动城乡要素自由流动、平等交换，推动新型工业化、信息化、城镇化、农业现代化同步发展，加快形成工农互促、城乡互补、全面融合、共同繁荣的新型工农城乡关系。

——坚持人与自然和谐共生。牢固树立和践行绿水青山就是金山银山的理念，落实节约优先、保护优先、自然恢复为主的方针，统筹山水林田湖草系统治理，严守生态保护红线，以绿色发展引领乡村振兴。

——坚持改革创新、激发活力。不断深化农村改革，扩大农业对外开放，激活主体、激活要素、激活市场，调动各方力量投身乡村振兴。以科技创新引领和支撑乡村振兴，以人才汇聚推动和保障乡村振兴，增强农业农村自我发展动力。

——坚持因地制宜、循序渐进。科学把握乡村的差异性和发展走势分化特征，做好顶层设计，注重规划先行、因势利导，分类施策、突出重点，体现特色、丰富多彩。既尽力而为，又量力而行，不搞层层加码，不搞一刀切，不搞形式主义和形象工程，久久为功，扎实推进。

第五章 发展目标

到 2020 年，乡村振兴的制度框架和政策体系基本形成，各地区各部门乡村振兴的思路举措得以确立，全面建成小康社会的目标如期实现。到 2022 年，乡村振兴的制度框架和政策体系初步健全。国家粮食安全保障水平进一步提高，现代农业体系初步构建，农业绿色发展全面推进；农村一二三产业融合发展格局初步形成，乡村产业加快发展，农民收入水平进一步提高，脱贫攻坚成果得到进一步巩固；农村基础设施条件持续改善，城乡统一的社会保障制度体系基本建立；农村人居环境显著改善，生态宜居的美丽乡村建设扎实推进；城乡融合发展体制机制初步建立，农村基本公共服务水平进一步提升；乡村优秀传统文化得以传承和发展，农民精神文化生活需求基本得到满足；以党组织为核心的农村基层组织建设明显加强，乡村治理能力进一步提升，现代乡村治理体系初步构建。探索形成一批各具特色的乡村振兴模式和经验，乡村振兴取得阶段性成果。

第六章 远景谋划

到 2035 年，乡村振兴取得决定性进展，农业农村现代化基本实现。农业结构得到根本性改善，农民就业质量显著提高，相对贫困进一步缓解，共同富裕迈出坚实步伐；城乡基本公共服务均等化基本实现，城乡融合发展体制机制更加完善；乡风文明达到新高度，乡村治理体系更加完善；农村生态环境根本好转，生态宜居的美丽乡村基本实现。

到 2050 年，乡村全面振兴，农业强、农村美、农民富全面实现。

第三篇 构建乡村振兴新格局

坚持乡村振兴和新型城镇化双轮驱动，统筹城乡国土空间开发格局，优化乡村生产生活生态空间，分类推进乡村振兴，打造各具特色的现代版“富春山居图”。

第七章　统筹城乡发展空间

按照主体功能定位，对国土空间的开发、保护和整治进行全面安排和总体布局，推进“多规合一”，加快形成城乡融合发展的空间格局。

第一节　强化空间用途管制

强化国土空间规划对各专项规划的指导约束作用，统筹自然资源开发利用、保护和修复，按照不同主体功能定位和陆海统筹原则，开展资源环境承载能力和国土空间开发适宜性评价，科学划定生态、农业、城镇等空间和生态保护红线、永久基本农田、城镇开发边界及海洋生物资源保护线、围填海控制线等主要控制线，推动主体功能区战略格局在市县层面精准落地，健全不同主体功能区差异化协同发展长效机制，实现山水林田湖草整体保护、系统修复、综合治理。

第二节　完善城乡布局结构

以城市群为主体构建大中小城市和小城镇协调发展的城镇格局，增强城镇地区对乡村的带动能力。加快发展中小城市，完善县城综合服务功能，推动农业转移人口就地就近城镇化。因地制宜发展特色鲜明、产城融合、充满魅力的特色小镇和小城镇，加强以乡镇政府驻地为中心的农民生活圈建设，以镇带村、以村促镇，推动镇村联动发展。建设生态宜居的美丽乡村，发挥多重功能，提供优质产品，传承乡村文化，留住乡愁记忆，满足人民日益增长的美好生活需要。

第三节　推进城乡统一规划

通盘考虑城镇和乡村发展，统筹谋划产业发展、基础设施、公共服务、资源能源、生态环境保护等主要布局，形成田园乡村与现代城镇各具特色、交相辉映的城乡发展形态。强化县域空间规划和各类专项规划引导约束作用，科学安排县域乡村布局、资源利用、设施配置和村庄整治，推动村庄规划管理全覆盖。综合考虑村庄演变规律、集聚特点和现状分布，结合农民生产生活半径，合理确定县域村庄布局和规模，避免随意撤并村庄搞大社区、违背农民意愿大拆大建。加强乡村风貌整体管控，注重农房单体个性设计，建设立足乡土社会、富有地域特色、承载田园乡愁、体现现代文明的升级版乡村，避免千村一面，防止乡村景观城市化。

第八章　优化乡村发展布局

坚持人口资源环境相均衡、经济社会生态效益相统一，打造集约高效生产空间，营造宜居适度生活空间，保护山清水秀生态空间，延续人和自然有机融合的乡村空间关系。

第一节　统筹利用生产空间

乡村生产空间是以提供农产品为主体功能的国土空间，兼具生态功能。围绕保障国家粮食安全和重要农产品供给，充分发挥各地比较优势，重点建设以“七区二十三带”为主体的农产品主产区。落实农业功能区制度，科学合理划定粮食生产功能区、重要农产品生产保护区和特色农产品优势区，合理划定养殖业适养、限养、禁养区域，严格保护农业生产空间。适应农村现代产业发展需要，科学划分乡村经济发展片区，统筹推进农业产业园、科技园、创业园等各类园区建设。

第二节　合理布局生活空间

乡村生活空间是以农村居民点为主体、为农民提供生产生活服务的国土空间。坚持节约集约用地，遵循乡村传统肌理和格局，划定空间管控边界，明确用地规模和管控要求，确定基础设施用地位置、规模和建设标准，合理配置公共服务设施，引导生活空间尺度适宜、布局协调、功能齐全。充分维护原生态村居风貌，保留乡村景观特色，保护自然和人文环境，注重融入时代感、现代性，强化空间利用的人性化、多样化，着力构建便捷的生活圈、完善的服务圈、繁荣的商业圈，让乡村居民过上更舒适的生活。

第三节　严格保护生态空间

乡村生态空间是具有自然属性、以提供生态产品或生态服务为主体功能的国土空间。加快构建以“两屏三带”为骨架的国家生态安全屏障，全面加强国家重点生态功能区保护，建立以国家公园为主体的自然保护地体系。树立山水林田湖草是一个生命共同体的理念，加强对自然生态空间的整体保护，修复和改善乡村生态环境，提升生态功能和服务价值。全面实施产业准入负面清单制度，推动各地因地制宜制定禁止和限制发展产业目录，明确产业发展方向和开发强度，强化准入管理和底线约束。

第九章　分类推进乡村发展

顺应村庄发展规律和演变趋势，根据不同村庄的发展现状、区位条件、资源禀赋等，按照集聚提升、融入城镇、特色保护、搬迁撤并的思路，分类推进乡村振兴，不搞一刀切。

第一节　集聚提升类村庄

现有规模较大的中心村和其他仍将存续的一般村庄，占乡村类型的大多数，是乡村振兴的重点。科学确定村庄发展方向，在原有规模基础上有序推进改造提升，激活产业、优化环境、提振人气、增添活力，保护保留乡村风貌，建设宜居宜业的美丽村庄。鼓励发挥自身比较优势，强化主导产业支撑，支持农业、工贸、休闲服务等专业化村庄发展。加强海岛村庄、国有农场及林场规划建设，改善生产生活条件。

第二节　城郊融合类村庄

城市近郊区以及县城城关镇所在地的村庄，具备成为城市后花园的优势，也具有向城市转型的条件。综合考虑工业化、城镇化和村庄自身发展需要，加快城乡产业融合发展、基础设施互联互通、公共服务共建共享，在形态上保留乡村风貌，在治理上体现城市水平，逐步强化服务城市发展、承接城市功能外溢、满足城市消费需求能力，为城乡融合发展提供实践经验。

第三节　特色保护类村庄

历史文化名村、传统村落、少数民族特色村寨、特色景观旅游名村等自然历史文化特色资源丰富的村庄，是彰显和传承中华优秀传统文化的重要载体。统筹保护、利用与发展的关系，努力保持村庄的完整性、真实性和延续性。切实保护村庄的传统选址、格局、风貌以及自然和田园景观等整体空间形态与环境，全面保护文物古迹、历史建筑、传统民居等传统建筑。尊重原住居民生活形态和传统习惯，加快改善村庄基础设施和公共环境，合理利用村庄特色资源，发展乡村旅游和特色产业，形成特色资源保护与村庄发展的良性互促机制。

第四节　搬迁撤并类村庄

对位于生存条件恶劣、生态环境脆弱、自然灾害频发等地区的村庄，因重大项目建设需要搬迁的村庄，以及人口流失特别严重的村庄，可通过易地扶贫搬迁、生态宜居搬迁、农村集聚发展搬迁等方式，实施村庄搬迁撤并，统筹解决村民生计、生态保护等问题。拟搬迁撤并的村庄，严格限制新建、扩建活动，统筹考虑拟迁入或新建村庄的基础设施和公共服务设施建设。坚持村庄搬迁撤并与新型城镇化、农业现代化相结合，依托适宜区域进行安置，避免新建孤立的村落式移民社区。搬迁撤并后的村庄原址，因地制宜复垦或还绿，增加乡村生产生态空间。农村居民点迁建和村庄撤并，必须尊重农民意愿并经村民会议同意，不得强制农民搬迁和集中上楼。

第十章　坚决打好精准脱贫攻坚战

把打好精准脱贫攻坚战作为实施乡村振兴战略的优先任务，推动脱贫攻坚与乡村振兴有机结合相互促进，确保到 2020 年我国现行标准下农村贫困人口实现脱贫，贫困县全部摘帽，解决区域性整体贫困。

第一节　深入实施精准扶贫精准脱贫

健全精准扶贫精准脱贫工作机制，夯实精准扶贫精准脱贫基础性工作。因地制宜、因户施策，探索多渠道、多样化的精准扶贫精准脱贫路径，提高扶贫措施针对性和有效性。做好东西部扶贫协作和对口支援工作，着力推动县与县精准对接，推进东部产业向西部梯度转移，加大产业扶贫工作力度。加强和改进定点扶贫工作，健全驻村帮扶机制，落实扶贫责任。加大金融扶贫力度。健全社会力量参与机制，引导激励社会各界更加关注、支持和参与脱贫攻坚。

第二节　重点攻克深度贫困

实施深度贫困地区脱贫攻坚行动方案。以解决突出制约问题为重点，以重大扶贫工程和到村到户到人帮扶为抓手，加大政策倾斜和扶贫资金整合力度，着力改善深度贫困地区发展条件，增强贫困农户发展能力。推动新增脱贫攻坚资金、新增脱贫攻坚项目、新增脱贫攻坚举措主要用于“三区三州”等深度贫困地区。推进贫困村基础设施和公共服务设施建设，培育壮大集体经济，确保深度贫困地区和贫困群众同全国人民一道进入全面小康社会。

第三节　巩固脱贫攻坚成果

加快建立健全缓解相对贫困的政策体系和工作机制，持续改善欠发达地区和其他地区相对贫困人口的发展条件，完善公共服务体系，增强脱贫地区“造血”功能。结合实施乡村振兴战略，压茬推进实施生态宜居搬迁等工程，巩固易地扶贫搬迁成果。注重扶志扶智，引导贫困群众克服“等靠要”思想，逐步消除精神贫困。建立正向激励机制，将帮扶政策措施与贫困群众参与挂钩，培育提升贫困群众发展生产和务工经商的基本能力。加强宣传引导，讲好中国减贫故事。认真总结脱贫攻坚经验，研究建立促进群众稳定脱贫和防范返贫的长效机制，探索统筹解决城乡贫困的政策措施，确保贫困群众稳定脱贫。

第四篇　加快农业现代化步伐

坚持质量兴农、品牌强农，深化农业供给侧结构性改革，构建现代农业产业体系、生产体系、经营体系，推动农业发展质量变革、效率变革、动力变革，持续提高农业创新力、竞争力和全要素生产率。

第十一章　夯实农业生产能力基础

深入实施藏粮于地、藏粮于技战略，提高农业综合生产能力，保障国家粮食安全和重要农产品有效供给，把中国人的饭碗牢牢端在自己手中。

第一节　健全粮食安全保障机制

坚持以我为主、立足国内、确保产能、适度进口、科技支撑的国家粮食安全战略，建立全方位的粮食安全保障机制。按照“确保谷物基本自给、口粮绝对安全”的要求，持续巩固和提升粮食生产能力。深化中央储备粮管理体制改革，科学确定储备规模，强化中央储备粮监督管理，推进中央、地方两级储备协同运作。鼓励加工流通企业、新型经营主体开展自主储粮和经营。全面落实粮食安全省长责任制，完善监督考核机制。强化粮食质量安全保障。加快完善粮食现代物流体系，构建安全高效、一体化运作的粮食物流网络。

第二节　加强耕地保护和建设

严守耕地红线，全面落实永久基本农田特殊保护制度，完成永久基本农田控制线划定工作，确保到2020年永久基本农田保护面积不低于15.46亿亩。大规模推进高标准农田建设，确保到2022年建成10亿亩高标准农田，所有高标准农田实现统一上图入库，形成完善的管护监督和考核机制。加快将粮食生产功能区和重要农产品生产保护区细化落实到具体地块，实现精准化管理。加强农田水利基础设施建设，实施耕地质量保护和提升行动，到2022年农田有效灌溉面积达到10.4亿亩，耕地质量平均提升0.5个等级（别）以上。

第三节　提升农业装备和信息化水平

推进我国农机装备和农业机械化转型升级，加快高端农机装备和丘陵山区、果菜茶生产、畜禽水产养殖等农机装备的生产研发、推广应用，提升渔业船舶装备水平。促进农机农艺融合，积极推进作物品种、栽培技术和机械装备集成配套，加快主要作物生产全程机械化，提高农机装备智能化水平。加强农业信息化建设，积极推进信息进村入户，鼓励互联网企业建立产销衔接的农业服务平台，加强农业信息监测预警和发布，提高农业综合信息服务水平。大力发展数字农业，实施智慧农业工程和“互联网+”现代农业行动，鼓励对农业生产进行数字化改造，加强农业遥感、物联网应用，提高农业精准化水平。发展智慧气象，提升气象为农服务能力。

第十二章　加快农业转型升级

按照建设现代化经济体系的要求，加快农业结构调整步伐，着力推动农业由增产导向转向提质导向，提高农业供给体系的整体质量和效率，加快实现由农业大国向农业强国转变。

第一节　优化农业生产力布局

以全国主体功能区划确定的农产品主产区为主体，立足各地农业资源禀赋和比较优势，构建优势区域布局和专业化生产格局，打造农业优化发展区和农业现代化先行区。东北地区重点提升粮食生产能力，依托“大粮仓”打造粮肉奶综合供应基地。华北地区着力稳定粮油和蔬菜、畜产品生产保障能力，发展节水型农业。长江中下游地区切实稳定粮油生产能力，优化水网地带生猪养殖布局，大力发展名优水产品生产。华南地区加快发展现代畜禽水产和特色园艺产品，发展具有出口优势的水产品养殖。西北、西南地区和北方农牧交错区加快调整产品结构，限制资源消耗大的产业规模，壮大区域特色产业。青海、西藏等生态脆弱区域坚持保护优先、限制开发，发展高原特色农牧业。

第二节 推进农业结构调整

加快发展粮经饲统筹、种养加一体、农牧渔结合的现代农业，促进农业结构不断优化升级。统筹调整种植业生产结构，稳定水稻、小麦生产，有序调减非优势区籽粒玉米，进一步扩大大豆生产规模，巩固主产区棉油糖胶生产，确保一定的自给水平。大力发展优质饲料牧草，合理利用退耕地、南方草山草坡和冬闲田拓展饲草发展空间。推进畜牧业区域布局调整，合理布局规模化养殖场，大力发展种养结合循环农业，促进养殖废弃物就近资源化利用。优化畜牧业生产结构，大力发展草食畜牧业，做大做强民族奶业。加强渔港经济区建设，推进渔港渔区振兴。合理确定内陆水域养殖规模，发展集约化、工厂化水产养殖和深远海养殖，降低江河湖泊和近海渔业捕捞强度，规范有序发展远洋渔业。

第三节 壮大特色优势产业

以各地资源禀赋和独特的历史文化为基础，有序开发优势特色资源，做大做强优势特色产业。创建特色鲜明、优势集聚、市场竞争力强的特色农产品优势区，支持特色农产品优势区建设标准化生产基地、加工基地、仓储物流基地，完善科技支撑体系、品牌与市场营销体系、质量控制体系，建立利益联结紧密的建设运行机制，形成特色农业产业集群。按照与国际标准接轨的目标，支持建立生产精细化管理与产品品质控制体系，采用国际通行的良好农业规范，塑造现代顶级农产品品牌。实施产业兴村强县行动，培育农业产业强镇，打造一乡一业、一村一品的发展格局。

第四节 保障农产品质量安全

实施食品安全战略，加快完善农产品质量和食品安全标准、监管体系，加快建立农产品质量分级及产地准出、市场准入制度。完善农兽药残留限量标准体系，推进农产品生产投入品使用规范化。建立健全农产品质量安全风险评估、监测预警和应急处置机制。实施动植物保护能力提升工程，实现全国动植物检疫防疫联防联控。完善农产品认证体系和农产品质量安全监管追溯系统，着力提高基层监管能力。落实生产经营者主体责任，强化农产品生产经营者的质量安全意识。建立农资和农产品生产企业信用信息系统，对失信市场主体开展联合惩戒。

第五节 培育提升农业品牌

实施农业品牌提升行动，加快形成以区域公用品牌、企业品牌、大宗农产品品牌、特色农产品品牌为核心的农业品牌格局。推进区域农产品公共品牌建设，擦亮老品牌，塑强新品牌，引入现代要素改造提升传统名优品牌，努力打造一批国际知名的农业品牌和国际品牌展会。做好品牌宣传推介，借助农产品博览会、展销会等渠道，充分利用电商、“互联网 +”等新兴手段，加强品牌市场营销。加强农产品商标及地理标志商标的注册和保护，构建我国农产品品牌保护体系，打击各种冒用、滥用公用品牌行为，建立区域公用品牌的授权使用机制以及品牌危机预警、风险规避和紧急事件应对机制。

第六节　构建农业对外开放新格局

建立健全农产品贸易政策体系。实施特色优势农产品出口提升行动，扩大高附加值农产品出口。积极参与全球粮农治理。加强与“一带一路”沿线国家合作，积极支持有条件的农业企业走出去。建立农业对外合作公共信息服务平台和信用评价体系。放宽农业外资准入，促进引资引技引智相结合。

第十三章　建立现代农业经营体系

坚持家庭经营在农业中的基础性地位，构建家庭经营、集体经营、合作经营、企业经营等共同发展的新型农业经营体系，发展多种形式适度规模经营，发展壮大农村集体经济，提高农业的集约化、专业化、组织化、社会化水平，有效带动小农户发展。

第一节　巩固和完善农村基本经营制度

落实农村土地承包关系稳定并长久不变政策，衔接落实好第二轮土地承包到期后再延长 30 年的政策，让农民吃上长效“定心丸”。全面完成土地承包经营权确权登记颁证工作，完善农村承包地“三权分置”制度，在依法保护集体所有权和农户承包权前提下，平等保护土地经营权。建立农村产权交易平台，加强土地经营权流转和规模经营的管理服务。加强农用地用途管制。完善集体林权制度，引导规范有序流转，鼓励发展家庭林场、股份合作林场。发展壮大农垦国有农业经济，培育一批具有国际竞争力的农垦企业集团。

第二节　壮大新型农业经营主体

实施新型农业经营主体培育工程，鼓励通过多种形式开展适度规模经营。培育发展家庭农场，提升农民专业合作社规范化水平，鼓励发展农民专业合作社联合社。不断壮大农林产业化龙头企业，鼓励建立现代企业制度。鼓励工商资本到农村投资适合产业化、规模化经营的农业项目，提供区域性、系统性解决方案，与当地农户形成互惠共赢的产业共同体。加快建立新型经营主体支持政策体系和信用评价体系，落实财政、税收、土地、信贷、保险等支持政策，扩大新型经营主体承担涉农项目规模。

第三节　发展新型农村集体经济

深入推进农村集体产权制度改革，推动资源变资产、资金变股金、农民变股东，发展多种形式的股份合作。完善农民对集体资产股份的占有、收益、有偿退出及抵押、担保、继承等权能和管理办法。研究制定农村集体经济组织法，充实农村集体产权权能。鼓励经济实力强的农村集体组织辐射带动周边村庄共同发展。发挥村党组织对集体经济组织的领导核心作用，防止内部少数人控制和外部资本侵占集体资产。

第四节　促进小农户生产和现代农业发展有机衔接

改善小农户生产设施条件，提高个体农户抵御自然风险能力。发展多样化的联合与合作，提升小农户组织化程度。鼓励新型经营主体与小农户建立契约型、股权型利益联结机制，带动小农户专业化生产，提高小农户自我发展能力。健全农业社会化服务体系，大力培育新型服务主体，加快发展“一站式”农业生产性服务业。加强工商企业租赁农户承包地的用途监管和风险防范，健全资格审查、项目审核、风险保障金制度，维护小农户权益。

第十四章　强化农业科技支撑

深入实施创新驱动发展战略，加快农业科技进步，提高农业科技自主创新水平、成果转化水平，为农业发展拓展新空间、增添新动能，引领支撑农业转型升级和提质增效。

第一节　提升农业科技创新水平

培育符合现代农业发展要求的创新主体，建立健全各类创新主体协调互动和创新要素高效配置的国家农业科技创新体系。强化农业基础研究，实现前瞻性基础研究和原创性重大成果突破。加强种业创新、现代食品、农机装备、农业污染防治、农村环境整治等方面的科研工作。深化农业科技体制改革，改进科研项目评审、人才评价和机构评估工作，建立差别化评价制度。深入实施现代种业提升工程，开展良种重大科研联合攻关，培育具有国际竞争力的种业龙头企业，推动建设种业科技强国。

第二节　打造农业科技创新平台基地

建设国家农业高新技术产业示范区、国家农业科技园区、省级农业科技园区，吸引更多的农业高新技术企业到科技园区落户，培育国际领先的农业高新技术企业，形成具有国际竞争力的农业高新技术产业。新建一批科技创新联盟，支持农业高新技术企业建立高水平研发机构。利用现有资源建设农业领域国家技术创新中心，加强重大共性关键技术和产品研发与应用示范。建设农业科技资源开放共享与服务平台，充分发挥重要公共科技资源优势，推动面向科技界开放共享，整合和完善科技资源共享服务平台。

第三节　加快农业科技成果转化应用

鼓励高校、科研院所建立一批专业化的技术转移机构和面向企业的技术服务网络，通过研发合作、技术转让、技术许可、作价投资等多种形式，实现科技成果市场价值。健全省市县三级科技成果转化工作网络，支持地方大力发展技术交易市场。面向绿色兴农重大需求，加大绿色技术供给，加强集成应用和示范推广。健全基层农业技术推广体系，创新公益性农技推广服务方式，支持各类社会力量参与农技推广，全面实施农技推广服务特聘计划，加强农业重大技术协同推广。健全农业科技领域分配政策，落实科研成果转化及农业科技创新激励相关政策。

第十五章　完善农业支持保护制度

以提升农业质量效益和竞争力为目标，强化绿色生态导向，创新完善政策工具和手段，加快建立新型农业支持保护政策体系。

第一节　加大支农投入力度

建立健全国家农业投入增长机制，政府固定资产投资继续向农业倾斜，优化投入结构，实施一批打基础、管长远、影响全局的重大工程，加快改变农业基础设施薄弱状况。建立以绿色生态为导向的农业补贴制度，提高农业补贴政策的指向性和精准性。落实和完善对农民直接补贴制度。完善粮食主产区利益补偿机制。继续支持粮改饲、粮豆轮作和畜禽水产标准化健康养殖，改革完善渔业油价补贴政策。完善农机购置补贴政策，鼓励对绿色农业发展机具、高性能机具以及保证粮食等主要农产品生产机具实行敞开补贴。

第二节　深化重要农产品收储制度改革

深化玉米收储制度改革，完善市场化收购加补贴机制。合理制定大豆补贴政策。完善稻谷、小麦最低收购价政策，增强政策灵活性和弹性，合理调整最低收购价水平，加快建立健全支持保护政策。深化国有粮食企业改革，培育壮大骨干粮食企业，引导多元市场主体入市收购，防止出现卖粮难。深化棉花目标价格改革，研究完善食糖（糖料）、油料支持政策，促进价格合理形成，激发企业活力，提高国内产业竞争力。

第三节　提高农业风险保障能力

完善农业保险政策体系，设计多层次、可选择、不同保障水平的保险产品。积极开发适应新型农业经营主体需求的保险品种，探索开展水稻、小麦、玉米三大主粮作物完全成本保险和收入保险试点，鼓励开展天气指数保险、价格指数保险、贷款保证保险等试点。健全农业保险大灾风险分散机制。发展农产品期权期货市场，扩大“保险＋期货”试点，探索“订单农业＋保险＋期货（权）”试点。健全国门生物安全查验机制，推进口岸动植物检疫规范化建设。强化边境管理，打击农产品走私。完善农业风险管理和预警体系。

第五篇　发展壮大乡村产业

以完善利益联结机制为核心，以制度、技术和商业模式创新为动力，推进农村一二三产业交叉融合，加快发展根植于农业农村、由当地农民主办、彰显地域特色和乡村价值的产业体系，推动乡村产业全面振兴。

第十六章　推动农村产业深度融合

把握城乡发展格局发生重要变化的机遇，培育农业农村新产业新业态，打造农村产业融合发展新载体新模式，推动要素跨界配置和产业有机融合，让农村一二三产业在融合发展中同步升级、同步增值、同步受益。

第一节　发掘新功能新价值

顺应城乡居民消费拓展升级趋势，结合各地资源禀赋，深入发掘农业农村的生态涵养、休闲观光、文化体验、健康养老等多种功能和多重价值。遵循市场规律，推动乡村资源全域化整合、多元化增值，增强地方特色产品时代感和竞争力，形成新的消费热点，增加乡村生态产品和服务供给。实施农产品加工业提升行动，支持开展农产品生产加工、综合利用关键技术研究与示范，推动初加工、精深加工、综合利用加工和主食加工协调发展，实现农产品多层次、多环节转化增值。

第二节　培育新产业新业态

深入实施电子商务进农村综合示范，建设具有广泛性的农村电子商务发展基础设施，加快建立健全适应农产品电商发展的标准体系。研发绿色智能农产品供应链核心技术，加快培育农业现代供应链主体。加强农商互联，密切产销衔接，发展农超、农社、农企、农校等产销对接的新型流通业态。实施休闲农业和乡村旅游精品工程，发展乡村共享经济等新业态，推动科技、人文等元素融入农业。强化农业生产性服务业对现代农业产业链的引领支撑作用，构建全程覆盖、区域集成、配套完备的新型农业社会化服务体系。清理规范制约农业农村新产业新业态发展的行政审批事项。着力优化农村消费环境，不断优化农村消费结构，提升农村消费层次。

第三节　打造新载体新模式

依托现代农业产业园、农业科技园区、农产品加工园、农村产业融合发展示范园等，打造农村产业融合发展的平台载体，促进农业内部融合、延伸农业产业链、拓展农业多种功能、发展农业新型业态等多模式融合发展。加快培育农商产业联盟、农业产业化联合体等新型产业链主体，打造一批产加销一体的全产业链企业集群。推进农业循环经济试点示范和田园综合体试点建设。加快培育一批“农字号”特色小镇，在有条件的地区建设培育特色商贸小镇，推动农村产业发展与新型城镇化相结合。

第十七章　完善紧密型利益联结机制

始终坚持把农民更多分享增值收益作为基本出发点，着力增强农民参与融合能力，创新收益分享模式，健全联农带农有效激励机制，让农民更多分享产业融合发展的增值收益。

第一节　提高农民参与程度

鼓励农民以土地、林权、资金、劳动、技术、产品为纽带，开展多种形式的合作与联合，依法组建农民专业合作社联合社，强化农民作为市场主体的平等地位。引导农村集体经济组织挖掘集体土地、房屋、设施等资源和资产潜力，依法通过股份制、合作制、股份合作制、租赁等形式，积极参与产业融合发展。积极培育社会化服务组织，加强农技指导、信用评价、保险推广、市场预测、产品营销等服务，为农民参与产业融合创造良好条件。

第二节　创新收益分享模式

加快推广“订单收购＋分红”“土地流转＋优先雇用＋社会保障”“农民入股＋保底收益＋按股分红”等多种利益联结方式，让农户分享加工、销售环节收益。鼓励行业协会或龙头企业与合作社、家庭农场、普通农户等组织共同营销，开展农产品销售推介和品牌运作，让农户更多分享产业链增值收益。鼓励农业产业化龙头企业通过设立风险资金、为农户提供信贷担保、领办或参办农民合作组织等多种形式，与农民建立稳定的订单和契约关系。完善涉农股份合作制企业利润分配机制，明确资本参与利润分配比例上限。

第三节　强化政策扶持引导

更好地发挥政府扶持资金作用，强化龙头企业、合作组织联农带农激励机制，探索将新型农业经营主体带动农户数量和成效作为安排财政支持资金的重要参考依据。以土地、林权为基础的各种形式合作，凡是享受财政投入或政策支持的承包经营者均应成为股东方。鼓励将符合条件的财政资金特别是扶贫资金量化到农村集体经济组织和农户后，以自愿入股方式投入新型农业经营主体，对农户土地经营权入股部分采取特殊保护，探索实行农民负盈不负亏的分配机制。

第十八章　激发农村创新创业活力

坚持市场化方向，优化农村创新创业环境，放开搞活农村经济，合理引导工商资本下乡，推动乡村大众创业万众创新，培育新动能。

第一节　培育壮大创新创业群体

推进产学研合作，加强科研机构、高校、企业、返乡下乡人员等主体协同，推动农村创新创业群体更加多元。培育以企业为主导的农业产业技术创新战略联盟，加速资金、技术和服务扩散，带动和支持返乡创业人员依托相关产业链创业发展。整合政府、企业、社会等多方资源，推动政策、技术、资本等各类要素向农村创新创业集聚。

鼓励农民就地创业、返乡创业，加大各方资源支持本地农民兴业创业力度。深入推行科技特派员制度，引导科技、信息、资金、管理等现代生产要素向乡村集聚。

第二节 完善创新创业服务体系

发展多种形式的创新创业支撑服务平台，健全服务功能，开展政策、资金、法律、知识产权、财务、商标等专业化服务。建立农村创新创业园区（基地），鼓励农业企业建立创新创业实训基地。鼓励有条件的县级政府设立“绿色通道”，为返乡下乡人员创新创业提供便利服务。建设一批众创空间、“星创天地”，降低创业门槛。依托基层就业和社会保障服务平台，做好返乡人员创业服务、社保关系转移接续等工作。

第三节 建立创新创业激励机制

加快将现有支持“双创”相关财政政策措施向返乡下乡人员创新创业拓展，把返乡下乡人员开展农业适度规模经营所需贷款按规定纳入全国农业信贷担保体系支持范围。适当放宽返乡创业园用电用水用地标准，吸引更多返乡人员入园创业。各地年度新增建设用地计划指标，要确定一定比例用于支持农村新产业新业态发展。落实好减税降费政策，支持农村创新创业。

第六篇 建设生态宜居的美丽乡村

牢固树立和践行绿水青山就是金山银山的理念，坚持尊重自然、顺应自然、保护自然，统筹山水林田湖草系统治理，加快转变生产生活方式，推动乡村生态振兴，建设生活环境整洁优美、生态系统稳定健康、人与自然和谐共生的生态宜居美丽乡村。

第十九章 推进农业绿色发展

以生态环境友好和资源永续利用为导向，推动形成农业绿色生产方式，实现投入品减量化、生产清洁化、废弃物资源化、产业模式生态化，提高农业可持续发展能力。

第一节 强化资源保护与节约利用

实施国家农业节水行动，建设节水型乡村。深入推进农业灌溉用水总量控制和定额管理，建立健全农业节水长效机制和政策体系。逐步明晰农业水权，推进农业水价综合改革，建立精准补贴和节水奖励机制。严格控制未利用地开垦，落实和完善耕地占补平衡制度。实施农用地分类管理，切实加大优先保护类耕地保护力度。降低耕地开发利用强度，扩大轮作休耕制度试点，制定轮作休耕规划。全面普查动植物种质资源，推进种质资源收集保存、鉴定和利用。强化渔业资源管控与养护，实施海洋渔业资源总量管理、海洋渔船“双控”和休禁渔制度，科学划定江河湖海限捕、禁捕区域，建设水生生物保护区、海洋牧场。

第二节　推进农业清洁生产

加强农业投入品规范化管理，健全投入品追溯系统，推进化肥农药减量施用，完善农药风险评估技术标准体系，严格饲料质量安全管理。加快推进种养循环一体化，建立农村有机废弃物收集、转化、利用网络体系，推进农林产品加工剩余物资源化利用，深入实施秸秆禁烧制度和综合利用，开展整县推进畜禽粪污资源化利用试点。推进废旧地膜和包装废弃物等回收处理。推行水产健康养殖，加大近海滩涂养殖环境治理力度，严格控制河流湖库、近岸海域投饵网箱养殖。探索农林牧渔融合循环发展模式，修复和完善生态廊道，恢复田间生物群落和生态链，建设健康稳定田园生态系统。

第三节　集中治理农业环境突出问题

深入实施土壤污染防治行动计划，开展土壤污染状况详查，积极推进重金属污染耕地等受污染耕地分类管理和安全利用，有序推进治理与修复。加强重有色金属矿区污染综合整治。加强农业面源污染综合防治。加大地下水超采治理，控制地下水漏斗区、地表水过度利用区用水总量。严格工业和城镇污染处理、达标排放，建立监测体系，强化经常性执法监管制度建设，推动环境监测、执法向农村延伸，严禁未经达标处理的城镇污水和其他污染物进入农业农村。

第二十章　持续改善农村人居环境

以建设美丽宜居村庄为导向，以农村垃圾、污水治理和村容村貌提升为主攻方向，开展农村人居环境整治行动，全面提升农村人居环境质量。

第一节　加快补齐突出短板

推进农村生活垃圾治理，建立健全符合农村实际、方式多样的生活垃圾收运处置体系，有条件的地区推行垃圾就地分类和资源化利用。开展非正规垃圾堆放点排查整治。实施“厕所革命”，结合各地实际普及不同类型的卫生厕所，推进厕所粪污无害化处理和资源化利用。梯次推进农村生活污水治理，有条件的地区推动城镇污水管网向周边村庄延伸覆盖。逐步消除农村黑臭水体，加强农村饮用水水源地保护。

第二节　着力提升村容村貌

科学规划村庄建筑布局，大力提升农房设计水平，突出乡土特色和地域民族特点。加快推进通村组道路、入户道路建设，基本解决村内道路泥泞、村民出行不便等问题。全面推进乡村绿化，建设具有乡村特色的绿化景观。完善村庄公共照明设施。整治公共空间和庭院环境，消除私搭乱建、乱堆乱放。继续推进城乡环境卫生整洁行动，加大卫生乡镇创建工作力度。鼓励具备条件的地区集中连片建设生态宜居的美丽乡村，综合提升田水路林村风貌，促进村庄形态与自然环境相得益彰。

第三节 建立健全整治长效机制

全面完成县域乡村建设规划编制或修编，推进实用性村庄规划编制实施，加强乡村建设规划许可管理。建立农村人居环境建设和管护长效机制，发挥村民主体作用，鼓励专业化、市场化建设和运行管护。推行环境治理依效付费制度，健全服务绩效评价考核机制。探索建立垃圾污水处理农户付费制度，完善财政补贴和农户付费合理分担机制。依法简化农村人居环境整治建设项目审批程序和招投标程序。完善农村人居环境标准体系。

第二十一章 加强乡村生态保护与修复

大力实施乡村生态保护与修复重大工程，完善重要生态系统保护制度，促进乡村生产生活环境稳步改善，自然生态系统功能和稳定性全面提升，生态产品供给能力进一步增强。

第一节 实施重要生态系统保护和修复重大工程

统筹山水林田湖草系统治理，优化生态安全屏障体系。大力实施大规模国土绿化行动，全面建设三北、长江等重点防护林体系，扩大退耕还林还草，巩固退耕还林还草成果，推动森林质量精准提升，加强有害生物防治。稳定扩大退牧还草实施范围，继续推进草原防灾减灾、鼠虫草害防治、严重退化沙化草原治理等工程。保护和恢复乡村河湖、湿地生态系统，积极开展农村水生态修复，连通河湖水系，恢复河塘行蓄能力，推进退田还湖还湿、退圩退垸还湖。大力推进荒漠化、石漠化、水土流失综合治理，实施生态清洁小流域建设，推进绿色小水电改造。加快国土综合整治，实施农村土地综合整治重大行动，推进农用地和低效建设用地整理以及历史遗留损毁土地复垦。加强矿产资源开发集中地区特别是重有色金属矿区地质环境和生态修复，以及损毁山体、矿山废弃地修复。加快近岸海域综合治理，实施蓝色海湾整治行动和自然岸线修复。实施生物多样性保护重大工程，提升各类重要保护地保护管理能力。加强野生动植物保护，强化外来入侵物种风险评估、监测预警与综合防控。开展重大生态修复工程气象保障服务，探索实施生态修复型人工增雨工程。

第二节 健全重要生态系统保护制度

完善天然林和公益林保护制度，进一步细化各类森林和林地的管控措施或经营制度。完善草原生态监管和定期调查制度，严格实施草原禁牧和草畜平衡制度，全面落实草原经营者生态保护主体责任。完善荒漠生态保护制度，加强沙区天然植被和绿洲保护。全面推行河长制湖长制，鼓励将河长湖长体系延伸至村一级。推进河湖饮用水水源保护区划定和立界工作，加强对水源涵养区、蓄洪滞涝区、滨河滨湖带的保护。严格落实自然保护区、风景名胜区、地质遗迹等各类保护地保护制度，支持有条件的地方结合国家公园体制试点，探索对居住在核心区域的农牧民实施生态搬迁试点。

第三节　健全生态保护补偿机制

加大重点生态功能区转移支付力度，建立省以下生态保护补偿资金投入机制。完善重点领域生态保护补偿机制，鼓励地方因地制宜探索通过赎买、租赁、置换、协议、混合所有制等方式加强重点区位森林保护，落实草原生态保护补助奖励政策，建立长江流域重点水域禁捕补偿制度，鼓励各地建立流域上下游等横向补偿机制。推动市场化多元化生态补偿，建立健全用水权、排污权、碳排放权交易制度，形成森林、草原、湿地等生态修复工程参与碳汇交易的有效途径，探索实物补偿、服务补偿、设施补偿、对口支援、干部支持、共建园区、飞地经济等方式，提高补偿的针对性。

第四节　发挥自然资源多重效益

大力发展生态旅游、生态种养等产业，打造乡村生态产业链。进一步盘活森林、草原、湿地等自然资源，允许集体经济组织灵活利用现有生产服务设施用地开展相关经营活动。鼓励各类社会主体参与生态保护修复，对集中连片开展生态修复达到一定规模的经营主体，允许在符合土地管理法律法规和土地利用总体规划、依法办理建设用地审批手续、坚持节约集约用地的前提下，利用1%~3%治理面积从事旅游、康养、体育、设施农业等产业开发。深化集体林权制度改革，全面开展森林经营方案编制工作，扩大商品林经营自主权，鼓励多种形式的适度规模经营，支持开展林权收储担保服务。完善生态资源管护机制，设立生态管护员工作岗位，鼓励当地群众参与生态管护和管理服务。进一步健全自然资源有偿使用制度，研究探索生态资源价值评估方法并开展试点。

第七篇　繁荣发展乡村文化

坚持以社会主义核心价值观为引领，以传承发展中华优秀传统文化为核心，以乡村公共文化服务体系建设为载体，培育文明乡风、良好家风、淳朴民风，推动乡村文化振兴，建设邻里守望、诚信重礼、勤俭节约的文明乡村。

第二十二章　加强农村思想道德建设

持续推进农村精神文明建设，提升农民精神风貌，倡导科学文明生活，不断提高乡村社会文明程度。

第一节　践行社会主义核心价值观

坚持教育引导、实践养成、制度保障三管齐下，采取符合农村特点的方式方法和载体，深化中国特色社会主义和中国梦宣传教育，大力弘扬民族精神和时代精神。加强爱国主义、集体主义、社会主义教育，深化民族团结进步教育。注重典型示范，深入实施时代新人培育工程，推出一批新时代农民的先进模范人物。把社会主义核心价值观融入法治建设，推动公正文明执法司法，彰显社会主流价值。强化公共政策价值导向，探索建立重大公共政策道德风险评估和纠偏机制。

第二节 巩固农村思想文化阵地

推动基层党组织、基层单位、农村社区有针对性地加强农村群众性思想政治工作。加强对农村社会热点难点问题的应对解读，合理引导社会预期。健全人文关怀和心理疏导机制，培育自尊自信、理性平和、积极向上的农村社会心态。深化文明村镇创建活动，进一步提高县级及以上文明村和文明乡镇的占比。广泛开展星级文明户、文明家庭等群众性精神文明创建活动。深入开展“扫黄打非”进基层。重视发挥社区教育作用，做好家庭教育，传承良好家风家训。完善文化科技卫生“三下乡”长效机制。

第三节 倡导诚信道德规范

深入实施公民道德建设工程，推进社会公德、职业道德、家庭美德、个人品德建设。推进诚信建设，强化农民的社会责任意识、规则意识、集体意识和主人翁意识。建立健全农村信用体系，完善守信激励和失信惩戒机制。弘扬劳动最光荣、劳动者最伟大的观念。弘扬中华孝道，强化孝敬父母、尊敬长辈的社会风尚。广泛开展好媳妇、好儿女、好公婆等评选表彰活动，开展寻找最美乡村教师、医生、村官、人民调解员等活动。深入宣传道德模范、身边好人的典型事迹，建立健全先进模范发挥作用的长效机制。

第二十三章 弘扬中华优秀传统文化

立足乡村文明，吸取城市文明及外来文化优秀成果，在保护传承的基础上，创造性转化、创新性发展，不断赋予时代内涵、丰富表现形式，为增强文化自信提供优质载体。

第一节 保护利用乡村传统文化

实施农耕文化传承保护工程，深入挖掘农耕文化中蕴含的优秀思想观念、人文精神、道德规范，充分发挥其在凝聚人心、教化群众、淳化民风中的重要作用。划定乡村建设的历史文化保护线，保护好文物古迹、传统村落、民族村寨、传统建筑、农业遗迹、灌溉工程遗产。传承传统建筑文化，使历史记忆、地域特色、民族特点融入乡村建设与维护。支持农村地区优秀戏曲曲艺、少数民族文化、民间文化等传承发展。完善非物质文化遗产保护制度，实施非物质文化遗产传承发展工程。实施乡村经济社会变迁物证征藏工程，鼓励乡村史志修编。

第二节 重塑乡村文化生态

紧密结合特色小镇、美丽乡村建设，深入挖掘乡村特色文化符号，盘活地方和民族特色文化资源，走特色化、差异化发展之路。以形神兼备为导向，保护乡村原有建筑风貌和村落格局，把民族民间文化元素融入乡村建设，深挖历史古韵，弘扬人文之美，重塑诗意闲适的人文环境和田绿草青的居住环境，重现原生田园风光和原本乡情乡愁。引导企业家、文化工作者、退休人员、文化志愿者等投身乡村文化建设，丰富农村文化业态。

第三节　发展乡村特色文化产业

加强规划引导、典型示范，挖掘培养乡土文化本土人才，建设一批特色鲜明、优势突出的农耕文化产业展示区，打造一批特色文化产业乡镇、文化产业特色村和文化产业群。大力推动农村地区实施传统工艺振兴计划，培育形成具有民族和地域特色的传统工艺产品，促进传统工艺提高品质、形成品牌、带动就业。积极开发传统节日文化用品和武术、戏曲、舞龙、舞狮、锣鼓等民间艺术、民俗表演项目，促进文化资源与现代消费需求有效对接。推动文化、旅游与其他产业深度融合、创新发展。

第二十四章　丰富乡村文化生活

推动城乡公共文化服务体系融合发展，增加优秀乡村文化产品和服务供给，活跃繁荣农村文化市场，为广大农民提供高质量的精神营养。

第一节　健全公共文化服务体系

按照有标准、有网络、有内容、有人才的要求，健全乡村公共文化服务体系。推动县级图书馆、文化馆总分馆制，发挥县级公共文化机构辐射作用，加强基层综合性文化服务中心建设，实现乡村两级公共文化服务全覆盖，提升服务效能。完善农村新闻出版广播电视公共服务覆盖体系，推进数字广播电视户户通，探索农村电影放映的新方法新模式，推进农家书屋延伸服务和提质增效。继续实施公共数字文化工程，积极发挥新媒体作用，使农民群众能便捷获取优质数字文化资源。完善乡村公共体育服务体系，推动村健身设施全覆盖。

第二节　增加公共文化产品和服务供给

深入推进文化惠民，为农村地区提供更多更好的公共文化产品和服务。建立农民群众文化需求反馈机制，推动政府向社会购买公共文化服务，开展“菜单式”“订单式”服务。加强公共文化服务品牌建设，推动形成具有鲜明特色和社会影响力的农村公共文化服务项目。开展文化结对帮扶。支持“三农”题材文艺创作生产，鼓励文艺工作者推出反映农民生产生活尤其是乡村振兴实践的优秀文艺作品。鼓励各级文艺组织深入农村地区开展惠民演出活动。加强农村科普工作，推动全民阅读进家庭、进农村，提高农民科学文化素养。

第三节　广泛开展群众文化活动

完善群众文艺扶持机制，鼓励农村地区自办文化。培育挖掘乡土文化本土人才，支持乡村文化能人。加强基层文化队伍培训，培养一支懂文艺爱农村爱农民、专兼职相结合的农村文化工作队伍。传承和发展民族民间传统体育，广泛开展形式多样的农民群众性体育活动。鼓励开展群众性节日民俗活动，支持文化志愿者深入农村开展丰富多彩的文化志愿服务活动。活跃繁荣农村文化市场，推动农村文化市场转型升级，加强农村文化市场监管。

第八篇　健全现代乡村治理体系

把夯实基层基础作为固本之策，建立健全党委领导、政府负责、社会协同、公众参与、法治保障的现代乡村社会治理体制，推动乡村组织振兴，打造充满活力、和谐有序的善治乡村。

第二十五章　加强农村基层党组织对乡村振兴的全面领导

以农村基层党组织建设为主线，突出政治功能，提升组织力，把农村基层党组织建成宣传党的主张、贯彻党的决定、领导基层治理、团结动员群众、推动改革发展的坚强战斗堡垒。

第一节　健全以党组织为核心的组织体系

坚持农村基层党组织领导核心地位，大力推进村党组织书记通过法定程序担任村民委员会主任和集体经济组织、农民合作组织负责人，推行村“两委”班子成员交叉任职；提倡由非村民委员会成员的村党组织班子成员或党员担任村务监督委员会主任；村民委员会成员、村民代表中党员应当占一定比例。在以建制村为基本单元设置党组织的基础上，创新党组织设置。推动农村基层党组织和党员在脱贫攻坚和乡村振兴中提高威信、提升影响。加强农村新型经济组织和社会组织的党建工作，引导其始终坚持为农民服务的正确方向。

第二节　加强农村基层党组织带头人队伍建设

实施村党组织带头人整体优化提升行动。加大从本村致富能手、外出务工经商人员、本乡本土大学毕业生、复员退伍军人中培养选拔力度。以县为单位，逐村摸排分析，对村党组织书记集中调整优化，全面实行县级备案管理。健全从优秀村党组织书记中选拔乡镇领导干部、考录乡镇公务员、招聘乡镇事业编制人员机制。通过本土人才回引、院校定向培养、县乡统筹招聘等渠道，每个村储备一定数量的村级后备干部。全面向贫困村、软弱涣散村和集体经济薄弱村党组织派出第一书记，建立长效机制。

第三节　加强农村党员队伍建设

加强农村党员教育、管理、监督，推进“两学一做”学习教育常态化制度化，教育引导广大党员自觉用习近平新时代中国特色社会主义思想武装头脑。严格党的组织生活，全面落实“三会一课”、主题党日、谈心谈话、民主评议党员、党员联系农户等制度。加强农村流动党员管理。注重发挥无职党员作用。扩大党内基层民主，推进党务公开。加强党内激励关怀帮扶，定期走访慰问农村老党员、生活困难党员，帮助解决实际困难。稳妥有序开展不合格党员组织处置工作。加大在青年农民、外出务工人员、妇女中发展党员力度。

第四节　强化农村基层党组织建设责任与保障

推动全面从严治党向纵深发展、向基层延伸，严格落实各级党委尤其是县级党委主体责任，进一步压实县乡纪委监督责任，将抓党建促脱贫攻坚、促乡村振兴情况作为每年市县乡党委书记抓基层党建述职评议考核的重要内容，纳入巡视、巡察工作内容，作为领导班子综合评价和选拔任用领导干部的重要依据。坚持抓乡促村，整乡推进、整县提升，加强基本组织、基本队伍、基本制度、基本活动、基本保障建设，持续整顿软弱涣散村党组织。加强农村基层党风廉政建设，强化农村基层干部和党员的日常教育管理监督，加强对《农村基层干部廉洁履行职责若干规定（试行）》执行情况的监督检查，弘扬新风正气，抵制歪风邪气。充分发挥纪检监察机关在督促相关职能部门抓好中央政策落实方面的作用，加强对落实情况特别是涉农资金拨付、物资调配等工作的监督，开展扶贫领域腐败和作风问题专项治理，严厉打击农村基层黑恶势力和涉黑涉恶腐败及“保护伞”，严肃查处发生在惠农资金、征地拆迁、生态环保和农村“三资”管理领域的违纪违法问题，坚决纠正损害农民利益的行为，严厉整治群众身边腐败问题。全面执行以财政投入为主的稳定的村级组织运转经费保障政策。满怀热情关心关爱农村基层干部，政治上激励、工作上支持、待遇上保障、心理上关怀。重视发现和树立优秀农村基层干部典型，彰显榜样力量。

第二十六章　促进自治法治德治有机结合

坚持自治为基、法治为本、德治为先，健全和创新村党组织领导的充满活力的村民自治机制，强化法律权威地位，以德治滋养法治、涵养自治，让德治贯穿乡村治理全过程。

第一节　深化村民自治实践

加强农村群众性自治组织建设。完善农村民主选举、民主协商、民主决策、民主管理、民主监督制度。规范村民委员会等自治组织选举办法，健全民主决策程序。依托村民会议、村民代表会议、村民议事会、村民理事会等，形成民事民议、民事民办、民事民管的多层次基层协商格局。创新村民议事形式，完善议事决策主体和程序，落实群众知情权和决策权。全面建立健全村务监督委员会，健全务实管用的村务监督机制，推行村级事务阳光工程。充分发挥自治章程、村规民约在农村基层治理中的独特功能，弘扬公序良俗。继续开展以村民小组或自然村为基本单元的村民自治试点工作。加强基层纪委监委对村民委员会的联系和指导。

第二节　推进乡村法治建设

深入开展“法律进乡村”宣传教育活动，提高农民法治素养，引导干部群众尊法学法守法用法。增强基层干部法治观念、法治为民意识，把政府各项涉农工作纳入法治化轨道。维护村民委员会、农村集体经济组织、农村合作经济组织的特别法人地位和权利。深入推进综合行政执法改革向基层延伸，创新监管方式，推动执法队伍整合、执法力量下沉，提高执法能力和水平。加强乡村人民调解组织建设，建立健全乡村调解、县市仲裁、司法保障的农村土地承包经营纠纷调处机制。健全农村公共法律服务体系，加强对农民的法律援助、司法救助和公益法律服务。深入开展法治县（市、区）、民主法治示范村等法治创建活动，深化农村基层组织依法治理。

第三节　提升乡村德治水平

深入挖掘乡村熟人社会蕴含的道德规范，结合时代要求进行创新，强化道德教化作用，引导农民向上向善、孝老爱亲、重义守信、勤俭持家。建立道德激励约束机制，引导农民自我管理、自我教育、自我服务、自我提高，实现家庭和睦、邻里和谐、干群融洽。积极发挥新乡贤作用。深入推进移风易俗，开展专项文明行动，遏制大操大办、相互攀比、“天价彩礼”、厚葬薄养等陈规陋习。加强无神论宣传教育，抵制封建迷信活动。深化农村殡葬改革。

第四节　建设平安乡村

健全落实社会治安综合治理领导责任制，健全农村社会治安防控体系，推动社会治安防控力量下沉，加强农村群防群治队伍建设。深入开展扫黑除恶专项斗争。依法加大对农村非法宗教、邪教活动打击力度，严防境外渗透，继续整治农村乱建宗教活动场所、滥塑宗教造像。完善县乡村三级综治中心功能和运行机制。健全农村公共安全体系，持续开展农村安全隐患治理。加强农村警务、消防、安全生产工作，坚决遏制重特大安全事故。健全矛盾纠纷多元化解机制，深入排查化解各类矛盾纠纷，全面推广“枫桥经验”，做到小事不出村、大事不出乡（镇）。落实乡镇政府农村道路交通安全监督管理责任，探索实施“路长制”。探索以网格化管理为抓手，推动基层服务和管理精细化精准化。推进农村“雪亮工程”建设。

第二十七章　夯实基层政权

科学设置乡镇机构，构建简约高效的基层管理体制，健全农村基层服务体系，夯实乡村治理基础。

第一节　加强基层政权建设

面向服务人民群众合理设置基层政权机构、调配人力资源，不简单照搬上级机关设置模式。根据工作需要，整合基层审批、服务、执法等方面力量，统筹机构编制资源，整合相关职能设立综合性机构，实行扁平化和网格化管理。推动乡村治理重心下移，尽可能把资源、服务、管理下放到基层。加强乡镇领导班子建设，有计划地选派省市县机关部门有发展潜力的年轻干部到乡镇任职。加大从优秀选调生、乡镇事业编制人员、优秀村干部、大学生村官中选拔乡镇领导班子成员力度。加强边境地区、民族地区农村基层政权建设相关工作。

第二节　创新基层管理体制机制

明确县乡财政事权和支出责任划分，改进乡镇财政预算管理制度。推进乡镇协商制度化、规范化建设，创新联系服务群众工作方法。推进直接服务民生的公共事业部门改革，改进服务方式，最大限度方便群众。推动乡镇政务服务事项一窗式办理、部门信息系统一平台整合、社会服务管理大数据一口径汇集，不断提高乡村治理智能化水平。健全监督体系，规范乡镇管理行为。改革创新考评体系，强化以群众满意度为重点的考核导向。严格控制对乡镇设立不切实际的“一票否决”事项。

第三节　健全农村基层服务体系

制定基层政府在村（农村社区）治理方面的权责清单，推进农村基层服务规范化标准化。整合优化公共服务和行政审批职责，打造“一门式办理”“一站式服务”的综合服务平台。在村庄普遍建立网上服务站点，逐步形成完善的乡村便民服务体系。大力培育服务性、公益性、互助性农村社会组织，积极发展农村社会工作和志愿服务。开展农村基层减负工作，集中清理对村级组织考核评比多、创建达标多、检查督查多等突出问题。

第九篇　保障和改善农村民生

坚持人人尽责、人人享有，围绕农民群众最关心最直接最现实的利益问题，加快补齐农村民生短板，提高农村美好生活保障水平，让农民群众有更多实实在在的获得感、幸福感、安全感。

第二十八章　加强农村基础设施建设

继续把基础设施建设重点放在农村，持续加大投入力度，加快补齐农村基础设施短板，促进城乡基础设施互联互通，推动农村基础设施提档升级。

第一节　改善农村交通物流设施条件

以示范县为载体全面推进“四好农村路”建设，深化农村公路管理养护体制改革，健全管理养护长效机制，完善安全防护设施，保障农村地区基本出行条件。推动城市公共交通线路向城市周边延伸，鼓励发展镇村公交，实现具备条件的建制村全部通客车。加大对革命老区、民族地区、边疆地区、贫困地区铁路公益性运输的支持力度，继续开好“慢火车”。加快构建农村物流基础设施骨干网络，鼓励商贸、邮政、快递、供销、运输等企业加大在农村地区的设施网络布局。加快完善农村物流基础设施末端网络，鼓励有条件的地区建设面向农村地区的共同配送中心。

第二节　加强农村水利基础设施网络建设

构建大中小微结合、骨干和田间衔接、长期发挥效益的农村水利基础设施网络，着力提高节水供水和防洪减灾能力。科学有序推进重大水利工程建设，加强灾后水利薄弱环节建设，统筹推进中小型水源工程和抗旱应急能力建设。巩固提升农村饮水安全保障水平，开展大中型灌区续建配套节水改造与现代化建设，有序新建一批节水型、生态型灌区，实施大中型灌排泵站更新改造。推进小型农田水利设施达标提质，实施水系连通和河塘清淤整治等工程建设。推进智慧水利建设。深化农村水利工程产权制度与管理体制改革，健全基层水利服务体系，促进工程长期良性运行。

第三节　构建农村现代能源体系

优化农村能源供给结构，大力发展太阳能、浅层地热能、生物质能等，因地制宜开发利用水能和风能。完善农村能源基础设施网络，加快新一轮农村电网升级改造，推动供气设施向农村延伸。加快推进生物质热电联产、生物质供热、规模化生物质天然气和规模化大型沼气等燃料清洁化工程。推进农村能源消费升级，大幅度提高电能在农村能源消费中的比重，加快实施北方农村地区冬季清洁取暖，积极稳妥推进散煤替代。推广农村绿色节能建筑和农用节能技术、产品。大力发展“互联网 +”智慧能源，探索建设农村能源革命示范区。

第四节　夯实乡村信息化基础

深化电信普遍服务，加快农村地区宽带网络和第四代移动通信网络覆盖步伐。实施新一代信息基础设施建设工程。实施数字乡村战略，加快物联网、地理信息、智能设备等现代信息技术与农村生产生活的全面深度融合，深化农业农村大数据创新应用，推广远程教育、远程医疗、金融服务进村等信息服务，建立空间化、智能化的新型农村统计信息系统。在乡村信息化基础设施建设过程中，同步规划、同步建设、同步实施网络安全工作。

第二十九章　提升农村劳动力就业质量

坚持就业优先战略和积极就业政策，健全城乡均等的公共就业服务体系，不断提升农村劳动者素质，拓展农民外出就业和就地就近就业空间，实现更高质量和更充分就业。

第一节　拓宽转移就业渠道

增强经济发展创造就业岗位能力，拓宽农村劳动力转移就业渠道，引导农村劳动力外出就业，更加积极地支持就地就近就业。发展壮大县域经济，加快培育区域特色产业，拓宽农民就业空间。大力发展吸纳就业能力强的产业和企业，结合新型城镇化建设合理引导产业梯度转移，创造更多适合农村劳动力转移就业的机会，推进农村劳动力转移就业示范基地建设。加强劳务协作，积极开展有组织的劳务输出。实施乡村就业促进行动，大力发展乡村特色产业，推进乡村经济多元化，提供更多就业岗位。结合农村基础设施等工程建设，鼓励采取以工代赈方式就近吸纳农村劳动力务工。

第二节　强化乡村就业服务

健全覆盖城乡的公共就业服务体系，提供全方位公共就业服务。加强乡镇、行政村基层平台建设，扩大就业服务覆盖面，提升服务水平。开展农村劳动力资源调查统计，建立农村劳动力资源信息库并实行动态管理。加快公共就业服务信息化建设，打造线上线下一体的服务模式。推动建立覆盖城乡全体劳动者、贯穿劳动者学习工作终身、适应就业和人才成长需要的职业技能培训制度，增强职业培训的针对性和有效性。在整合资源基础上，合理布局建设一批公共实训基地。

第三节　完善制度保障体系

推动形成平等竞争、规范有序、城乡统一的人力资源市场，建立健全城乡劳动者平等就业、同工同酬制度，提高就业稳定性和收入水平。健全人力资源市场法律法规体系，依法保障农村劳动者和用人单位合法权益。完善政府、工会、企业共同参与的协调协商机制，构建和谐劳动关系。落实就业服务、人才激励、教育培训、资金奖补、金融支持、社会保险等就业扶持相关政策。加强就业援助，对就业困难农民实行分类帮扶。

第三十章　增加农村公共服务供给

继续把国家社会事业发展的重点放在农村，促进公共教育、医疗卫生、社会保障等资源向农村倾斜，逐步建立健全全民覆盖、普惠共享、城乡一体的基本公共服务体系，推进城乡基本公共服务均等化。

第一节　优先发展农村教育事业

统筹规划布局农村基础教育学校，保障学生就近享有有质量的教育。科学推进义务教育公办学校标准化建设，全面改善贫困地区义务教育薄弱学校基本办学条件，加强寄宿制学校建设，提升乡村教育质量，实现县域校际资源均衡配置。发展农村学前教育，每个乡镇至少办好 1 所公办中心幼儿园，完善县乡村学前教育公共服务网络。继续实施特殊教育提升计划。科学稳妥推行民族地区乡村中小学双语教育，坚定不移推行国家通用语言文字教育。实施高中阶段教育普及攻坚计划，提高高中阶段教育普及水平。大力发展面向农村的职业教育，加快推进职业院校布局结构调整，加强县级职业教育中心建设，有针对性地设置专业和课程，满足乡村产业发展和振兴需要。推动优质学校辐射农村薄弱学校常态化，加强城乡教师交流轮岗。积极发展“互联网 + 教育”，推进乡村学校信息化基础设施建设，优化数字教育资源公共服务体系。落实好乡村教师支持计划，继续实施农村义务教育学校教师特设岗位计划，加强乡村学校紧缺学科教师和民族地区双语教师培训，落实乡村教师生活补助政策，建好建强乡村教师队伍。

第二节　推进健康乡村建设

深入实施国家基本公共卫生服务项目，完善基本公共卫生服务项目补助政策，提供基础性全方位全周期的健康管理服务。加强慢性病、地方病综合防控，大力推进农村地区精神卫生、职业病和重大传染病防治。深化农村计划生育管理服务改革，落实全面两孩政策。增强妇幼健康服务能力，倡导优生优育。加强基层医疗卫生服务体系建设，基本实现每个乡镇都有 1 所政府举办的乡镇卫生院，每个行政村都有 1 所卫生室，每个乡镇卫生院都有全科医生，支持中西部地区基层医疗卫生机构标准化建设和设备提挡升级。切实加强乡村医生队伍建设，支持并推动乡村医生申请执业（助理）医师资格。全面建立分级诊疗制度，实行差别化的医保支付和价格政策。深入推进基层卫生综合改革，完善基层医疗卫生机构绩效工资制度。开展和规范家庭医生签约服务。树立大卫生大健康理念，广泛开展健康教育活动，倡导科学文明健康的生活方式，养成良好卫生习惯，提升居民文明卫生素质。

第三节　加强农村社会保障体系建设

按照兜底线、织密网、建机制的要求，全面建成覆盖全民、城乡统筹、权责清晰、保障适度、可持续的多层次社会保障体系。进一步完善城乡居民基本养老保险制度，加快建立城乡居民基本养老保险待遇确定和基础养老金标准正常调整机制。完善统一的城乡居民基本医疗保险制度和大病保险制度，做好农民重特大疾病救助工作，健全医疗救助与基本医疗保险、城乡居民大病保险及相关保障制度的衔接机制，巩固城乡居民医保全国异地就医联网直接结算。推进低保制度城乡统筹发展，健全低保标准动态调整机制。全面实施特困人员救助供养制度，提升托底保障能力和服务质量。推动各地通过政府购买服务、设置基层公共管理和社会服务岗位、引入社会工作专业人才和志愿者等方式，为农村留守儿童和妇女、老年人以及困境儿童提供关爱服务。加强和改善农村残疾人服务，将残疾人普遍纳入社会保障体系予以保障和扶持。

第四节　提升农村养老服务能力

适应农村人口老龄化加剧形势，加快建立以居家为基础、社区为依托、机构为补充的多层次农村养老服务体系。以乡镇为中心，建立具有综合服务功能、医养相结合的养老机构，与农村基本公共服务、农村特困供养服务、农村互助养老服务相互配合，形成农村基本养老服务网络。提高乡村卫生服务机构为老年人提供医疗保健服务的能力。支持主要面向失能、半失能老年人的农村养老服务设施建设，推进农村幸福院等互助型养老服务发展，建立健全农村留守老年人关爱服务体系。开发农村康养产业项目。鼓励村集体建设用地优先用于发展养老服务。

第五节　加强农村防灾减灾救灾能力建设

坚持以防为主、防抗救相结合，坚持常态减灾与非常态救灾相统一，全面提高抵御各类灾害综合防范能力。加强农村自然灾害监测预报预警，解决农村预警信息发布“最后一公里”问题。加强防灾减灾工程建设，推进实施自然灾害高风险区农村困难群众危房改造。全面深化森林、草原火灾防控治理。大力推进农村公共消防设施、消防力量和消防安全管理组织建设，改善农村消防安全条件。推进自然灾害救助物资储备体系建设。开展灾害救助应急预案编制和演练，完善应对灾害的政策支持体系和灾后重建工作机制。在农村广泛开展防灾减灾宣传教育。

第十篇　完善城乡融合发展政策体系

顺应城乡融合发展趋势，重塑城乡关系，更好地激发农村内部发展活力、优化农村外部发展环境，推动人才、土地、资本等要素双向流动，为乡村振兴注入新动能。

第三十一章　加快农业转移人口市民化

加快推进户籍制度改革，全面实行居住证制度，促进有能力在城镇稳定就业和生活的农业转移人口有序实现市民化。

第一节　健全落户制度

鼓励各地进一步放宽落户条件，除极少数超大城市外，允许农业转移人口在就业地落户，优先解决农村学生升学和参军进入城镇的人口、在城镇就业居住5年以上和举家迁徙的农业转移人口以及新生代农民工落户问题。区分超大城市和特大城市主城区、郊区、新区等区域，分类制定落户政策，重点解决符合条件的普通劳动者落户问题。全面实行居住证制度，确保各地居住证申领门槛不高于国家标准、享受的各项基本公共服务和办事便利不低于国家标准，推进居住证制度覆盖全部未落户城镇常住人口。

第二节　保障享有权益

不断扩大城镇基本公共服务覆盖面，保障符合条件的未落户农民工在流入地平等享受城镇基本公共服务。通过多种方式增加学位供给，保障农民工随迁子女以流入地公办学校为主接受义务教育，以普惠性幼儿园为主接受学前教育。完善就业失业登记管理制度，面向农业转移人口全面提供政府补贴职业技能培训服务。将农业转移人口纳入社区卫生和计划生育服务体系，提供基本医疗卫生服务。把进城落户农民完全纳入城镇社会保障体系，在农村参加的养老保险和医疗保险规范接入城镇社会保障体系，做好基本医疗保险关系转移接续和异地就医结算工作。把进城落户农民完全纳入城镇住房保障体系，对符合条件的采取多种方式满足基本住房需求。

第三节　完善激励机制

维护进城落户农民土地承包权、宅基地使用权、集体收益分配权，引导进城落户农民依法自愿有偿转让上述权益。加快户籍变动与农村“三权”脱钩，不得以退出“三权”作为农民进城落户的条件，促使有条件的农业转移人口放心落户城镇。落实支持农业转移人口市民化财政政策，以及城镇建设用地增加规模与吸纳农业转移人口落户数量挂钩政策，健全由政府、企业、个人共同参与的市民化成本分担机制。

第三十二章　强化乡村振兴人才支撑

实行更加积极、更加开放、更加有效的人才政策，推动乡村人才振兴，让各类人才在乡村大施所能、大展才华、大显身手。

第一节　培育新型职业农民

全面建立职业农民制度，培养新一代爱农业、懂技术、善经营的新型职业农民，优化农业从业者结构。实施新型职业农民培育工程，支持新型职业农民通过弹性学制参加中高等农业职业教育。创新培训组织形式，探索田间课堂、网络教室等培训方式，支持农民专业合作社、专业技术协会、龙头企业等主体承担培训。鼓励各地开展职业农民职称评定试点。引导符合条件的新型职业农民参加城镇职工养老、医疗等社会保障制度。

第二节　加强农村专业人才队伍建设

加大“三农”领域实用专业人才培育力度，提高农村专业人才服务保障能力。加强农技推广人才队伍建设，探索公益性和经营性农技推广融合发展机制，允许农技人员通过提供增值服务合理取酬，全面实施农技推广服务特聘计划。加强涉农院校和学科专业建设，大力培育农业科技、科普人才，深入实施农业科研杰出人才计划和杰出青年农业科学家项目，深化农业系列职称制度改革。

第三节　鼓励社会人才投身乡村建设

建立健全激励机制，研究制定完善相关政策措施和管理办法，鼓励社会人才投身乡村建设。以乡情乡愁为纽带，引导和支持企业家、党政干部、专家学者、医生教师、规划师、建筑师、律师、技能人才等，通过下乡担任志愿者、投资兴业、行医办学、捐资捐物、法律服务等方式服务乡村振兴事业，允许符合要求的公职人员回乡任职。落实和完善融资贷款、配套设施建设补助、税费减免等扶持政策，引导工商资本积极投入乡村振兴事业。继续实施“三区”（边远贫困地区、边疆民族地区和革命老区）人才支持计划，深入推进大学生村官工作，因地制宜实施“三支一扶”、高校毕业生基层成长等计划，开展乡村振兴“巾帼行动”、青春建功行动。建立城乡、区域、校地之间人才培养合作与交流机制。全面建立城市医生教师、科技文化人员等定期服务乡村机制。

第三十三章　加强乡村振兴用地保障

完善农村土地利用管理政策体系，盘活存量，用好流量，辅以增量，激活农村土地资源资产，保障乡村振兴用地需求。

第一节　健全农村土地管理制度

总结农村土地征收、集体经营性建设用地入市、宅基地制度改革试点经验，逐步扩大试点，加快土地管理法修改。探索具体用地项目公共利益认定机制，完善征地补偿标准，建立被征地农民长远生计的多元保障机制。建立健全依法公平取得、节约集约使用、自愿有偿退出的宅基地管理制度。在符合规划和用途管制前提下，赋予农村集体经营性建设用地出让、租赁、入股权能，明确入市范围和途径。建立集体经营性建设用地增值收益分配机制。

第二节　完善农村新增用地保障机制

统筹农业农村各项土地利用活动，乡镇土地利用总体规划可以预留一定比例的规划建设用地指标，用于农业农村发展。根据规划确定的用地结构和布局，年度土地利用计划分配中可安排一定比例新增建设用地指标专项支持农业农村发展。对于农业生产过程中所需各类生产设施和附属设施用地，以及由于农业规模经营必须兴建的配套设施，在不占用永久基本农田的前提下，纳入设施农用地管理，实行县级备案。鼓励农业生产与村庄建设用地复合利用，发展农村新产业新业态，拓展土地使用功能。

第三节　盘活农村存量建设用地

完善农民闲置宅基地和闲置农房政策，探索宅基地所有权、资格权、使用权“三权分置”，落实宅基地集体所有权，保障宅基地农户资格权和农民房屋财产权，适度放活宅基地和农民房屋使用权，不得违规违法买卖宅基地，严格实行土地用途管制，严格禁止下乡利用农村宅基地建设别墅大院和私人会馆。在符合土地利用总体规划前提下，允许县级政府通过村土地利用规划调整优化村庄用地布局，有效利用农村零星分散的存量建设用地。对利用收储农村闲置建设用地发展农村新产业新业态的，给予新增建设用地指标奖励。

第三十四章　健全多元投入保障机制

健全投入保障制度，完善政府投资体制，充分激发社会投资的动力和活力，加快形成财政优先保障、社会积极参与的多元投入格局。

第一节　继续坚持财政优先保障

建立健全实施乡村振兴战略财政投入保障制度，明确和强化各级政府“三农”投入责任，公共财政更大力度向“三农”倾斜，确保财政投入与乡村振兴目标任务相适应。规范地方政府举债融资行为，支持地方政府发行一般债券用于支持乡村振兴领域公益性项目，鼓励地方政府试点发行项目融资和收益自平衡的专项债券，支持符合条件、有一定收益的乡村公益性建设项目。加大政府投资对农业绿色生产、可持续发展、农村人居环境、基本公共服务等重点领域和薄弱环节支持力度，充分发挥投资对优化供给结构的关键性作用。充分发挥规划的引领作用，推进行业内资金整合与行业间资金统筹相互衔接配合，加快建立涉农资金统筹整合长效机制。强化支农资金监督管理，提高财政支农资金使用效益。

第二节　提高土地出让收益用于农业农村比例

开拓投融资渠道，健全乡村振兴投入保障制度，为实施乡村振兴战略提供稳定可靠资金来源。坚持取之于地，主要用之于农的原则，制定调整完善土地出让收入使用范围、提高农业农村投入比例的政策性意见，所筹集资金用于支持实施乡村振兴战略。改进耕地占补平衡管理办法，建立高标准农田建设等新增耕地指标和城乡建设用地增减挂钩节余指标跨省域调剂机制，将所得收益通过支出预算全部用于巩固脱贫攻坚成果和支持实施乡村振兴战略。

第三节 引导和撬动社会资本投向农村

优化乡村营商环境，加大农村基础设施和公用事业领域开放力度，吸引社会资本参与乡村振兴。规范有序盘活农业农村基础设施存量资产，回收资金主要用于补短板项目建设。继续深化“放管服”改革，鼓励工商资本投入农业农村，为乡村振兴提供综合性解决方案。鼓励利用外资开展现代农业、产业融合、生态修复、人居环境整治和农村基础设施等建设。推广一事一议、以奖代补等方式，鼓励农民对直接受益的乡村基础设施建设投工投劳，让农民更多参与建设管护。

第三十五章 加大金融支农力度

健全适合农业农村特点的农村金融体系，把更多金融资源配置到农村经济社会发展的重点领域和薄弱环节，更好地满足乡村振兴多样化金融需求。

第一节 健全金融支农组织体系

发展乡村普惠金融。深入推进银行业金融机构专业化体制机制建设，形成多样化农村金融服务主体。指导大型商业银行立足普惠金融事业部等专营机制建设，完善专业化的“三农”金融服务供给机制。完善中国农业银行、中国邮政储蓄银行“三农”金融事业部运营体系，明确国家开发银行、中国农业发展银行在乡村振兴中的职责定位，加大对乡村振兴信贷支持。支持中小型银行优化网点渠道建设，下沉服务重心。推动农村信用社省联社改革，保持农村信用社县域法人地位和数量总体稳定，完善村镇银行准入条件。引导农民合作金融健康有序发展。鼓励证券、保险、担保、基金、期货、租赁、信托等金融资源聚焦服务乡村振兴。

第二节 创新金融支农产品和服务

加快农村金融产品和服务方式创新，持续深入推进农村支付环境建设，全面激活农村金融服务链条。稳妥有序推进农村承包土地经营权、农民住房财产权、集体经营性建设用地使用权抵押贷款试点。探索县级土地储备公司参与农村承包土地经营权和农民住房财产权“两权”抵押试点工作。充分发挥全国信用信息共享平台和金融信用信息基础数据库的作用，探索开发新型信用类金融支农产品和服务。结合农村集体产权制度改革，探索利用量化的农村集体资产股权的融资方式。提高直接融资比重，支持农业企业依托多层次资本市场发展壮大。创新服务模式，引导持牌金融机构通过互联网和移动终端提供普惠金融服务，促进金融科技与农村金融规范发展。

第三节 完善金融支农激励政策

继续通过奖励、补贴、税收优惠等政策工具支持“三农”金融服务。抓紧出台金融服务乡村振兴的指导意见。发挥再贷款、再贴现等货币政策工具的引导作用，将乡村振兴作为信贷政策结构性调整的重要方向。落实县域金融机构涉农贷款增量奖励政策，完善涉农贴息贷款政策，降低农户和新型农业经营主体的融资成本。健全农村金融风险缓释机制，加快完善“三农”融资担保体系。充分发挥好国家融资担保基金的作用，强化担保融资增信功能，引导更多金融资源支持乡村振兴。制定金融机构服务乡村振兴考核评估办法。改进农村金融差异化监管体系，合理确定金融机构发起设立和业务拓展的准入门槛。守住不发生系统性金融风险底线，强化地方政府金融风险防范处置责任。

第十一篇　规划实施

实行中央统筹、省负总责、市县抓落实的乡村振兴工作机制，坚持党的领导，更好履行各级政府职责，凝聚全社会力量，扎实有序推进乡村振兴。

第三十六章　加强组织领导

坚持党总揽全局、协调各方，强化党组织的领导核心作用，提高领导能力和水平，为实现乡村振兴提供坚强保证。

第一节　落实各方责任

强化地方各级党委和政府在实施乡村振兴战略中的主体责任，推动各级干部主动担当作为。坚持工业农业一起抓、城市农村一起抓，把农业农村优先发展原则体现到各个方面。坚持乡村振兴重大事项、重要问题、重要工作由党组织讨论决定的机制，落实党政一把手是第一责任人、五级书记抓乡村振兴的工作要求。县委书记要当好乡村振兴“一线总指挥”，下大力气抓好“三农”工作。各地区要依照国家规划科学编制乡村振兴地方规划或方案，科学制定配套政策和配置公共资源，明确目标任务，细化实化政策措施，增强可操作性。各部门要各司其职、密切配合，抓紧制定专项规划或指导意见，细化落实并指导地方完成国家规划提出的主要目标任务。建立健全规划实施和工作推进机制，加强政策衔接和工作协调。培养造就一支懂农业、爱农村、爱农民的“三农”工作队伍，带领群众投身乡村振兴伟大事业。

第二节　强化法治保障

各级党委和政府要善于运用法治思维和法治方式推进乡村振兴工作，严格执行现行涉农法律法规，在规划编制、项目安排、资金使用、监督管理等方面，提高规范化、制度化、法治化水平。完善乡村振兴法律法规和标准体系，充分发挥立法在乡村振兴中的保障和推动作用。推动各类组织和个人依法依规实施和参与乡村振兴。加强基层执法队伍建设，强化市场监管，规范乡村市场秩序，有效促进社会公平正义，维护人民群众合法权益。

第三节　动员社会参与

搭建社会参与平台，加强组织动员，构建政府、市场、社会协同推进的乡村振兴参与机制。创新宣传形式，广泛宣传乡村振兴相关政策和生动实践，营造良好社会氛围。发挥工会、共青团、妇联、科协、残联等群团组织的优势和力量，发挥各民主党派、工商联、无党派人士等积极作用，凝聚乡村振兴强大合力。建立乡村振兴专家决策咨询制度，组织智库加强理论研究。促进乡村振兴国际交流合作，讲好乡村振兴的中国故事，为世界贡献中国智慧和中国方案。

第四节　开展评估考核

加强乡村振兴战略规划实施考核监督和激励约束。将规划实施成效纳入地方各级党委和政府及有关部门的年度绩效考评内容，考核结果作为有关领导干部年度考核、选拔任用的重要依据，确保完成各项目标任务。本规划确定的约束性指标以及重大工程、重大项目、重大政策和重要改革任务，要明确责任主体和进度要求，确保质量和效果。加强乡村统计工作，因地制宜建立客观反映乡村振兴进展的指标和统计体系。建立规划实施督促检查机制，适时开展规划中期评估和总结评估。

第三十七章　有序实现乡村振兴

充分认识乡村振兴任务的长期性、艰巨性，保持历史耐心，避免超越发展阶段，统筹谋划，典型带动，有序推进，不搞齐步走。

第一节　准确聚焦阶段任务

在全面建成小康社会决胜期，重点抓好防范化解重大风险、精准脱贫、污染防治三大攻坚战，加快补齐农业现代化短腿和乡村建设短板。在开启全面建设社会主义现代化国家新征程时期，重点加快城乡融合发展制度设计和政策创新，推动城乡公共资源均衡配置和基本公共服务均等化，推进乡村治理体系和治理能力现代化，全面提升农民精神风貌，为乡村振兴这盘大棋布好局。

第二节　科学把握节奏力度

合理设定阶段性目标任务和工作重点，分步实施，形成统筹推进的工作机制。加强主体、资源、政策和城乡协同发力，避免代替农民选择，引导农民摒弃“等靠要”思想，激发农村各类主体活力，激活乡村振兴内生动力，形成系统高效的运行机制。立足当前发展阶段，科学评估财政承受能力、集体经济实力和社会资本动力，依法合规谋划乡村振兴筹资渠道，避免负债搞建设，防止刮风搞运动，合理确定乡村基础设施、公共产品、制度保障等供给水平，形成可持续发展的长效机制。

第三节　梯次推进乡村振兴

科学把握我国乡村区域差异，尊重并发挥基层首创精神，发掘和总结典型经验，推动不同地区、不同发展阶段的乡村有序实现农业农村现代化。发挥引领区示范作用，东部沿海发达地区、人口净流入城市的郊区、集体经济实力强以及其他具备条件的乡村，到2022年率先基本实现农业农村现代化。推动重点区加速发展，中小城市和小城镇周边以及广大平原、丘陵地区的乡村，涵盖我国大部分村庄，是乡村振兴的主战场，到2035年基本实现农业农村现代化。聚焦攻坚区精准发力，革命老区、民族地区、边疆地区、集中连片特困地区的乡村，到2050年如期实现农业农村现代化。

农业农村部关于实施农村一二三产业融合发展推进行动的通知

为深入贯彻落实党的十九大关于“促进农村一二三产业融合发展，支持和鼓励农民就业创业，拓宽增收渠道”的决策部署，按照今年中央一号文件“大力开发农业多种功能，构建农村一二三产业融合发展体系”和《政府工作报告》“多渠道增加农民收入，促进农村一二三产业融合发展”的要求，农业农村部决定实施农村一二三产业融合发展推进行动（以下简称“推进行动”）。现将有关事项通知如下。

一、充分认识推进行动的重要意义

促进农村一二三产业融合发展是党中央、国务院作出的重要决策，是党的“三农”理论和政策的创新和发展。党的十八大以来，各级农业农村部门认真贯彻中央决策部署，把农村一二三产业融合发展（以下简称“农村产业融合发展”）作为农业农村经济转型升级的重要抓手和有效途径，积极推动政策落实和示范带动，取得了积极成效。但总体看，一些地方认识还不足，政策落实不到位；有些地方融合发展水平不高，产加销环节衔接不紧密，产业链延伸、价值链提升不充分；有些地方的企业和农民利益联结机制还不完善，农民分享全产业链增值收益还不够。实施推进行动，有利于构建现代农业产业体系、经营体系和生产体系，提升农业质量效益和市场竞争力；有利于拓宽农民就业增收渠道，促进农民持续较快增收；有利于培育农村新产业新业态新模式，壮大农业农村发展新动能；有利于促进城乡各种资源要素合理流动，以产业融合促进城乡融合。总之，实施推进行动，对于构建农村产业融合发展体系，实施乡村振兴战略，加快农业农村现代化都具有十分重要的意义。

二、准确把握推进行动的总体要求

实施推进行动，要以习近平总书记“三农”思想为指引，坚持“基在农业、惠在农村、利在农民”原则，以农民分享产业链增值收益为核心，以延长产业链、提升价值链、完善利益链为关键，以改革创新为动力，加强农业与加工流通、休闲旅游、文化体育、科技教育、健康养生和电子商务等产业深度融合，增强“产加销消”的互联互通性，形成多业态打造、多主体参与、多机制联结、多要素发力、多模式推进的农村产业融合发展体系，努力助推乡村产业兴旺，切实增强农业农村经济发展新动能。

实施推进行动，要坚持利农惠农，强化企业和农民利益联结，保障农民分享产业融合增值收益。坚持分类施策，发挥各地的特色和资源优势，探索不同地区、不同产业、不同企业的融合模式。坚持市场导向，尊重各类市场主体意愿，引导企业与农民共建产业融合利益共同体，共同提升价值链和利益链。坚持绿色引领，建立低碳、低耗、循环、高效的绿色发展方式，促进资源节约集约利用和生态环境保护。

三、进一步明确推进行动的目标任务

到2020年，农村产业融合主体规模不断壮大，产业链不断延长，价值链明显提升，供应链加快重组，企业和农民的利益联结机制更加完善，融合模式更加多样，建成一批农村产业融合发展先导区和示范园，融合发展体系初步形成，为实施乡村振兴战略提供有力支撑。

（一）落实政策引导融合。继续贯彻落实党中央、国务院关于推进农村产业融合发展、支持返乡下乡人员创业创新、进一步促进农产品加工业发展、发展休闲农业和乡村旅游的决策部署，积极推动财税、金融、保险、投资、科技、人才和用地用电等政策措施落地见效。引导各地以问题为导向，有针对性地细化实化工作举措。组织实施好支持农村产业融合发展项目，促进产业兴村强县和信息进村入户，扶持一批带动力强、影响力大、能让更多农民分享全产业链增值收益的融合发展主体。

（二）创业创新促进融合。积极推动农村创业创新，以返乡下乡本乡创业创新人员为重点，加快培育一批融合利益共同体；以科技人员、企业家、经营管理和职业技能人才等为重点，加快实施一批融合发展相关项目；以农村创业创新项目创意大赛、农村创业创新成果展览展示等为载体，选拔培育一批农村创业创新标杆和代表人物；以农村创业创新园区（基地）为平台，为创业创新主体提供场所和高效便捷服务。

（三）发展产业支撑融合。通过政策推动、企业带动和项目引导，加快发展绿色、循环农业，提高优质农产品生产比例，夯实产业融合发展基础。统筹推动初加工、精深加工、综合利用加工协调发展，不断增强农产品加工业引领带动能力。通过大力发展金融服务、物流配送、电子商务、休闲农业和乡村旅游等新产业新业态新模式，引导第三产业逐步实现主体多元化、业态多样化、设施现代化、发展集聚化、服务规范化，拓宽产业融合发展新途径。同时引导农村一二三产业跨界融合、紧密相连、一体推进，形成农业与其他产业深度融合格局，催生新产业新业态新模式，拓宽农民就业增收渠道。

（四）完善机制带动融合。以保底收购、保底分红、利润返还、合作制、股份合作制、股份制等为主要形式，引导企业和农户建立紧密的利益联结关系；鼓励支持企业将资金、设备、技术与农户的土地经营权等要素有机结合，推动价值分配向上游农户倾斜，打造风险共担、利益共享、命运与共的农村产业融合发展主体；支持企业为农户提供种养技术、产品营销、商品化处理等服务，带领农户发展新产业，增加农户参与产业融合的机会，提升小农户自我发展并与现代农业对接的能力；鼓励企业、科研院所、大专院校和农户成立产业联盟，通过共同研发、成果转化、共有品牌、统一营销等方式，实现信息互通、优势互补。

（五）加强服务推动融合。推进农产品加工流通、休闲旅游、电子商务、投资贸易、展示展销等平台建设，通过政府购买服务等方式为企业提供政策咨询、融资信息、人才对接等公共服务；加快制修订一批行业标准，规范行业管理和提升自律能力；完善统计制度和调查方法，开展行业运行监测分析，指导和推动农村产业融合有序发展；进一步加强与金融机构、产业投资基金的合作，加大农村产业融合发展信贷支持力度。

四、切实强化推进行动的保障措施

（一）强化组织领导。各级农业农村部门要积极发挥指导和引导作用，认真履行有关职责任务，加强沟通协调，推动形成工作合力。各省（区、市）农业农村部门要制定推进行动工作方案，进一步明确实施推进行动的目标思路、重点任务、进度安排、责任分工和保障措施，整合资源力量，构建上下联动、部门协调配合的工作环境。于 2018 年 7 月 15 日前将各省（区、市）农村产业融合发展推进行动实施方案报送至农业农村部农产品加工局。

（二）强化典型带动。通过政策集成和要素集聚，打造一批具有引领和示范带动作用的农村产业融合发展先导区和示范园；培育一批产业深度融合的现代农业产业园、科技园、创业园、农产品精深加工示范基地和农产品加工园区，促进产园（产城、产镇、产村）融合发展；推介一批农产品加工业发展典型和中央厨房、副产物综合利用模式、休闲农业与乡村旅游示范县、精品线路和景点、美丽休闲乡村、农村创业创新典型县、优秀带头人和企业家典型，充分发挥其辐射带动和示范引领作用。

（三）强化指导督促。各省（区、市）农业农村部门要加强对市县农村产业融合发展推进行动的指导，及时对相关工作进行跟踪了解、总结评估。加快建立激励约束机制，开展绩效评估，对实施推进行动好的市县，加大政策、项目等支持力度，切实起到鼓励先进、鞭策后进作用。

（四）强化宣传引导。各省（区、市）农业农村部门要广泛通过广播、电视、报纸、网络、宣传册、明白纸等形式，积极宣传政策措施、典型案例和融合模式等，为农村产业融合发展蓄积动力、营造良好的外部环境和舆论氛围。

农业农村部

2018 年 6 月 6 日

浙江省委、浙江省人民政府关于《全面实施乡村振兴战略高水平推进农业农村现代化行动计划（2018—2022年）》

为贯彻落实党的十九大和《中共中央国务院关于实施乡村振兴战略的意见》精神，全面实施乡村振兴战略，高水平推进农业农村现代化，特制定本行动计划。

一、总体要求

1. 重大意义。农业农村农民问题是关系国计民生的根本性问题。没有农业农村现代化，就没有国家的现代化。农业强不强、农村美不美、农民富不富，决定全面建成小康社会和社会主义现代化建设的质量。党的十八大以来，我省坚持以习近平“三农”思想为指导，以“八八战略”为总纲，坚定不移推进“千村示范、万村整治”工程，大力发展高效生态农业，深入推进美丽乡村建设，全面深化农村改革，农业供给侧结构性改革成效明显，乡村面貌深刻变化，农民生活显著改善，生态红利逐步显现，形成了城乡发展加快融合的良好局面。但当前我省发展不平衡不充分问题在乡村仍较为突出。高水平全面建成小康社会、高水平推进社会主义现代化建设，最艰巨最繁重的任务在农村，最广泛最深厚的基础在农村，最大的潜力和后劲也在农村。实施乡村振兴战略，加快推进农业农村现代化，是解决人民日益增长的美好生活需要和不平衡不充分的发展之间矛盾的必然要求，是如期实现“两个高水平”目标的必然要求，是实现全体人民共同富裕的必然要求。必须举全省之力，以更强的决心、更高的目标、更大的力度，推动农业全面升级、农村全面进步、农民全面发展，高水平谱写新时代“三农”工作新篇章。

2. 指导思想。高举习近平新时代中国特色社会主义思想伟大旗帜，深入贯彻党的十九大和十九届二中、三中全会精神，加强党对“三农”工作的领导，认真践行新发展理念，全面落实高质量发展要求，深入实施“八八战略”，坚持把解决好“三农”问题作为重中之重，坚定走中国特色社会主义乡村振兴道路，坚持农业农村优先发展，坚持绿水青山就是金山银山理念，按照产业兴旺、生态宜居、乡风文明、治理有效、生活富裕的总要求，实施万家新型农业主体提升、万个景区村庄创建、万家文化礼堂引领、万村善治示范、万元农民收入新增“五万工程”，全面推进农村经济建设、政治建设、文化建设、社会建设、生态文明建设和党的建设，深入推进城乡融合发展和乡村特质发展，大力提升乡村治理能力，高水平推进农业农村现代化，让农业加快成为有奔头的产业，让农民加快成为有吸引力的职业，让农村加快成为安居乐业的美丽家园，推动乡村全面振兴。

3. 目标任务。按照省第十四次党代会和省委十四届二次全会提出的“两个高水平”目标和战略安排，实施乡村振兴战略、高水平推进农业农村现代化的目标任务是：到2020年，乡村振兴制度框架和政策体系基本形成，乡村振兴取得实质性进展，广大农村与全省同步高水平全面建成小康社会。到2022年，乡村振兴取得重大进展，以人为核心的现代化高水平推进。高效生态现代农业高质量发展，农村一二三产业深度融合，数字农业、智慧农业、分享农业加快推进，农村合作经济加快发展，农业创新力、竞争力、可持续发展力和全要素生产率全面提升，全省农林牧渔业增加值年均增长2%，提升新型农业主体10 000家以上。农村生态环境明显好转，村镇规划布局不断优化，农村人居环境全域提升，乡村特色更加彰显，城乡互联互通的基础设施加快建设，花园式的美丽乡村升级版基本建成，创建乡村振兴精品村1 000个、A级景区村10 000个。新风尚新文化全面弘扬，农村社会安定有序，农民安居乐业，农村党的建设全面加强，乡村治理体系进一步完善，新增农村文化礼堂15 000家，建设善治示范村10 000个。农民收入水平保持领先地位，精准帮扶机制更加完善，村级集体经济加快发展，农村居民人均可支配收入五年新增10 000元、达到35 000元以上，城乡居民收入比、农民收入与低收入农户收入比均缩小到2 ∶ 1以内。城乡融合发展体制机制加快构建，人才、土地等要素加快向农村流动，城乡均等的公共服务水平明显提升，农民生活质量明显提高，完成农村公路建设改造提升10 000千米以上，标准化学校覆盖率达到98%以上。党的农村工作领导体制机制进一步健全，各地各部门合力推进乡村振兴的格局全面形成。到2035年，乡村振兴目标基本实现，农民共同富裕走在全国前列，农业农村现代化率先实现。到2050年，乡村全面振兴，农民共同富裕高标准实现，农业农村现代化高水平实现。（下文未明确年限的目标，均为到2022年）

4. 基本原则

——坚持农业农村优先发展。把实现乡村振兴作为全省上下的共同意志、共同行动，做到认识统一、步调一致，在干部配备上优先考虑、要素配置上优先满足、资金投入上优先保障、公共服务上优先安排，补齐影响乡村发展的“短板”。

——坚持乡村高质量发展。准确把握农民群众日益增长的美好生活需要，推动乡村发展质量变革、效率变革、动力变革，切实发挥农民在乡村振兴中的主体作用，促进农民职业化、非农化、市民化，高质量发展现代农业、建设美丽乡村、打造品质乡村生活。

——坚持乡村全面振兴。重新审视和挖掘乡村多种功能和价值，重塑工农城乡关系，按照统筹推进“五位一体”总体布局和协调推进“四个全面”战略布局的要求，全面推动乡村产业振兴、人才振兴、文化振兴、生态振兴、组织振兴。

——坚持城乡融合发展。把融合发展作为贯穿乡村振兴的主线，强化乡村振兴制度供给，加快构建城乡融合发展的体制机制和政策体系，全面推进产村人融合、农村一二三产业融合、农村生产生活生态文化融合、自治法治德治相结合，实现乡村振兴大融合。大力推进共享发展，让改革发展成果更多更公平惠及全体农民。

——坚持因地制宜、特质发展。科学把握乡村的差异性和发展走势分化特征，挖掘乡村特质，突出个性发展，针对精品村、历史文化村、民族村、生态脆弱村、集体经济薄弱村、城中村、外来人口较多村、外出人口较多村、边界村等不同村情，规划先行、分类施策、典型引路。尽力而为，量力而行，不搞一刀切，不搞统一模式，不搞层层加码，杜绝“形象工程”。

——坚持底线思维和红线意识。突出以人民为中心的发展思想，把保护和增进农民权益作为根本，坚守农村土地集体所有制不改变、农民利益不受损、农村基本经营制度不松动等底线，严守农村生态环境、耕地面积和质量、粮食安全等红线。

二、实施乡村产业振兴行动，全面加快农村产业融合发展

乡村振兴，产业兴旺是重点。坚持质量兴农、绿色兴农、科技兴农、品牌强农，以农业供给侧结构性改革为主线，以高效生态高质为导向，完善现代农业产业体系、生产体系、经营体系，构建农村一二三产业融合发展体系，推进农业绿色化、优质化、特色化、品牌化，高水平推进农业现代化和乡村产业高质量发展。

5. 大力发展高效生态现代农业。深化农业“两区”建设，实施农业“12188”工程，建成100个一二三产业深度融合的省级现代农业园区、200个集产业园科技园创业园功能于一体的农业可持续发展示范园、100个特色农业强镇、80条单条产值10亿元以上的示范性农业全产业链，保护好800万亩粮食生产功能区。支持有条件的地区积极创建国家级农业高新技术产业示范区。加强粮食生产能力建设，保障粮食安全。优化农业结构，转型发展特色农业产业，传承发展传统经典产业，培育发展农村新兴产业，推动产业兴村强县。大力发展现代种业，培育壮大“育繁推一体化”现代种业企业。

推进国家农业可持续发展试验示范区暨农业绿色发展试点先行区、海洋渔业可持续发展试点省建设，深化现代生态循环农业发展，完善农业绿色发展制度体系。推进农林牧渔深度融合，推广“千斤粮万元钱”“一亩山万元钱”模式。深入实施化肥农药减量增效行动，年商品有机肥推广应用100万吨以上、绿色防控技术应用800万亩次以上。加快发展绿色畜牧业，建设美丽牧场1 000个以上。实施“以鱼秀水、以鱼秀美”行动，推进水产养殖绿色发展，建设20个渔业转型发展先行区。

6. 培育提升新型农业主体。实施万家新型农业主体提升工程，优化农业从业者结构，加快建设知识型、技能型、创新型农业经营者队伍，培育省市认定的规范化农民合作社（含联合社）5 000家、骨干农业龙头企业3 000家、示范性家庭农场3 000家、示范性专业化市场化服务组织1 000家。完善大学毕业生到农业领域创业就业政策，五年内推动10 000名以上大学生从事现代农业，培育农创客3 000名以上，建设一批农创客创业园。鼓励农业龙头企业、农民合作社、专业化市场化服务组织等加强对小农户的带动，建立健全扶持政策，促进小农户与现代农业发展有机衔接。支持涉农企业上市。

7. 强化农业品质提升和品牌培育。建立健全绿色农业标准体系，推广全程标准化生产和全产业链安全风险管控。加强食用农产品合格证管理，完善检测监管体系，确保食品安全。农产品质量安全追溯平台覆盖所有县（市、区），规模生产经营主体纳入平台管理。实施农业品牌振兴计划，培育浙江名牌农产品300个以上，做大做强“丽水山耕”等区域农产品公共品牌。加强农业品牌宣传和农产品营销平台建设，办好中国国际茶叶博览会、浙江农业博览会、中国义乌国际森林产品博览会等农展会。发展以品牌为引领的中高端农产品连锁经营体系。深化农业对外开放，发展总部农业，把农业发展融入“一带一路”建设，扩大浙江品牌农产品在沿线国家和地区的影响力。

8. 加快推进农村一二三产业融合发展。大力开发农业多种功能，推进农产品生产、加工、销售与旅游、健康、文化、信息、体育等产业融合发展，形成产业链条完整、布局合理、功能多样、业态丰富、利益联结紧密的发展新格局。推进农业产业化联合体、农旅一体化综合体建设，延长产业链、提升价值链、完善利益链，以保底分红、股份合作、利润返还等形式提高农民增值收益。引导产业集聚发展，深化国家农村一二三产业融合发展整县制试点示范，打造特色产业示范区，试点示范县农民收入和村集体经济收入增幅应高于全省平均水平。加快农产品加工园区建设，提高农产品加工转化水平。加快推进农村流通现代化，推进“互联网+农村物流”，加快农产品储藏、运输和冷链物流体系建设，打造农产品销售公共服务平台。规范提升发展农家乐休闲旅游业，农家乐旅游人次、营业收入分别达到4亿人次以上、700亿元以上，建设省级示范性农家乐经营户1 000家。深入实施农村电子商务增效行动和电子商务进万村工程，大力发展数字农业，鼓励支持各类市场主体创新发展基于互联网的新型农业产业模式，建成村级服务网点20 000个、电商专业村1 200个，实现农产品网上销售额超千亿元。发展乡村共享经济、特色文化产业。

9. 培育现代农业经济。构建现代农业产业体系，实现现代农业总产出超万亿元。以茶叶、花卉苗木、中药材、食用菌、竹木、生猪、渔业等特色优势产业为重点，培育千亿级的农业全产业链经济。推进“放心粮油”工程，加强粮油仓储设施建设，培育以粮食、食用油、饲料加工为重点的千亿级粮食产业经济。大力发展乡村旅游、民族文化旅游、生态康养、农耕文化、观光农业、创意农业等新产业新业态，培育千亿级的农业美丽经济。完善农机产品需求与科研导向目录机制，以农机具、智能大棚、喷滴灌设施、信息装备等为重点，培育千亿级的农机装备产业经济。以农业作业服务、农资供应服务、农产品购销服务和农村电商服务、农业信息化服务、科技服务等为重点，培育千亿级的农业综合服务经济。

三、实施新时代美丽乡村建设行动，全面打造人与自然和谐共生新格局

乡村振兴，生态宜居是关键。推动乡村生态振兴，以绿色发展为引领，按照统筹规划、体现特质、全域推进、提升质量要求，主动融入大湾区大花园大通道大都市区建设，以“千村精品、万村景区”工程为龙头，推动生产生活生态深度融合，全面提升生态宜居的农村环境，打造各具特色的现代版“富春山居图”，让美丽乡村成为大花园的标志、美丽浙江的底色。

10. 系统推进农村生态保护和修复。统筹山水林田湖草系统治理，全面落实“水十条”“土十条”等措施，打赢蓝天保卫战，推动乡村自然资本加快增值。落实城镇、农业、生态空间和生态保护红线、永久基本农田保护红线、城镇开发边界控制线。加强绿色空间守护，完善市场化、多元化生态补偿机制，增进生态环境保护利益。全面实行主要污染物排放财政收费制度、与出境水水质和森林质量挂钩的财政奖惩制度。严守耕地红线，严格未利用地开垦，统筹推进高标准农田建设和耕地质量保护与提升工程。加大废弃矿山治理力度。加强生物多样性保护，推进自然保护区、森林公园和湿地公园建设，着力提高森林质量，全省森林覆盖率稳定在61%以上、平原林木覆盖率稳定在20%以上。落实最严格的水资源管理制度，加强农田水利基本建设、山区小流域治理和水土保持生态建设，新增高效节水灌溉面积130万亩，农田灌溉水有效利用系数提高到0.6。深入开展农业面源污染治理、农用地土壤污染防治、水产养殖尾水治理等，消除农业环境安全隐患。深入实施浙江渔场修复振兴行动，严格落实禁渔区禁

渔期制度，加快建设海洋生态建设示范区，实施海岸线整治修复三年行动，建设美丽海洋。加强农村环境监管能力建设，严禁工业和城镇污染向农业农村转移。正确处理开发与保护的关系，增加农业生态产品和生态服务供给。

11. 强化乡村规划设计引领和村庄特色风貌引导。加强村庄规划设计，完善具有浙江特色的“村庄布点规划—村庄规划—村庄设计—农房设计”规划设计层级体系，推进多规融合在村落地实施。实施“千村精品、万村景区”工程，每年创建乡村振兴精品村 200 个、A 级景区村 2 000 个、美丽乡村示范县 6 个，累计新增 500 个以上美丽宜居示范村、20 个中国少数民族特色村寨。深入推进整洁田园、美丽农业建设，实现投入品减量化、生产清洁化、废弃物资源化、产业模式生态化。深化“四边三化”行动。开展森林城市、森林城镇、森林村庄建设，推广“一村万树”。坚持“洁、齐、绿、美、景、韵”六美标准，建设美丽庭院 500 万户。加强农村建房规范化施工管理，建设一批具有乡土气息、浙江特质、江南韵味的浙派民居。

12. 全域提升农村人居环境质量。深入推进农村厕所革命、污水革命、垃圾革命，彻底消除脏乱差、根治污泥浊水。推进农村公厕科学合理布局，积极建设生态公厕，完善农村公厕日常运维管理财政补助机制，基本普及农户水冲式卫生厕所。完善农村生活污水治理长效管理机制，加强处理设施标准化运维服务能力。完善落实河长制、湖长制、滩长制、湾长制、林长制，大力开展美丽河湖建设，深入实施河湖库塘清淤工程，建立健全轮疏机制，加快推进农村水利工程提档升级改造，巩固提升农村劣 V 类水剿灭成果。实施农村生活垃圾农户分类、回收利用、设施提升、制度建设、长效管理五大行动，完善分类投放、分类收集、分类运输、分类处理机制，全面推进分类减量化资源化无害化，每年建设垃圾分类示范村 200 个，到 2022 年实现分类处理村全覆盖。建立有制度、有标准、有队伍、有经费、有监督的村庄人居环境管护长效机制，推行城乡垃圾污水治理统一规划、统一建设、统一运行、统一管理。

13. 加快农村基础设施提档升级。高水平推进“四好农村路”建设，加快万里美丽经济交通走廊建设，完善农村公共交通服务体系，加快打通乡村断头路，巩固客运“村村通”成果，提升城乡运输服务一体化水平。提速实施百项千亿防洪排涝工程，沿海五大主要平原排涝能力和五大江河干流防洪能力总体达到 20 年一遇、重点湾区防潮能力总体达到 50~100 年一遇规划标准。巩固提升农村饮水安全人口 400 万人。实施数字乡村战略，加强整体规划设计，加快开发乡村振兴信息产品和服务，缩小城乡数字差距。深入推进信息进村入户工程，到 2020 年实现村全覆盖。加强乡村通信网络建设，实现光纤网络、4G 网络全覆盖，农村和海岛基本实现 100 M 以上接入能力。完善邮政农村快递网络。推进新一轮农村电网改造升级工程，加快城乡电力均等化进程，持续增强供电能力。制定深化农村公共基础设施管护体制改革指导意见。

14. 大力推进小城镇建设。充分发挥小城镇连接城乡的节点和纽带作用，增强小城镇集聚、辐射功能，搭建多层次、宽领域、广覆盖的融合发展平台。深入推进小城镇环境综合整治，完善小城镇边界区域治理，落实街长制，推动全省有整治任务的1 191个乡镇（街道）环境质量全面改善、服务功能持续增强、管理水平显著提高。大力推进中心镇培育、小城市培育试点和特色小镇建设，打造农民创业就业的节点和平台，推动繁荣农村经济、转化农业人口、优化城乡结构、集约利用资源、补齐服务“短板”。

四、实施乡村文化兴盛行动，全面塑造淳朴文明良好乡风

乡村振兴，乡风文明是保障。坚持物质文明和精神文明一起抓，以农村文化礼堂为主阵地，培育文明乡风、良好家风、淳朴民风，发挥精神文明建设的引领力、凝聚力和推动力，推动乡村文化振兴，提振农民精气神，建设风清气正的文明乡村。

15. 培育农村新时代新风尚。以社会主义核心价值观为引领，坚持教育引导、实践养成、制度保障三管齐下，着力提升农村文明程度。实施农村文明素质提升工程，深入推进农村文明家庭、最美家庭、绿色家庭、书香家庭、健康家庭建设。开展乡风文明培育行动，深化文明村镇创建活动，县级以上文明村镇创建率达到80%。用好村规民约、乡风评议等载体，推进移风易俗，遏制大操大办、厚葬薄养、人情攀比等陈规陋习，推行乡风文明指数测评体系。推进农村诚信建设，强化农民的社会责任意识、规则意识、集体意识、主人翁意识。深化“最美浙江人”主题宣传实践活动，广泛开展最美邻里、身边好人、美德少年等选树活动。

16. 全面繁荣农村文化。巩固提升“千镇万村种文化”活动成果，深化拓展“双万结对、共建文明”活动。加强基层文化产品供给、文化阵地建设、文化活动开展和文化人才培养，不断增强农村文化生机活力。加大优质文化产品供给，支持农村题材影视、戏曲、歌曲、舞台剧等创作。利用传统节日、民间特色节庆、少数民族文化，广泛开展“我们的节日”等民俗文体活动。培育农业农村文化产业，建设一批创意农业试点和农业文化发展示范基地。

17. 加强农村公共文化建设。完善农村文化礼堂建设推进、管理运行、内容供给、文化培育、队伍建设、激励保障等机制，每年新增3 000家农村文化礼堂。实施公共文化服务重点县及薄弱乡村文化建设“十百千”工程，实现乡村两级公共文化服务全覆盖。按照有标准、有网络、有内容、有人才的要求，加快构建农村现代公共文化服务体系，推进公共文化服务标准化、均等化、多样化。推进乡镇数字影院建设。实施文化信息资源共享工程，使农民足不出户共享城市优质文化资源。

18. 传承发展提升农村优秀传统文化。划定乡村建设的历史文化保护线，加强农业

农村文化遗产挖掘保护利用，保护好文物古迹、传统村落、民族村寨、传统建筑、农业遗迹、灌溉工程遗产、古树名木等。深化历史文化（传统）村落保护利用，每年选树20个历史文化村落保护利用示范村、保护提升100个传统村落风貌。实施农村优秀传统文化保护振兴工程，加强非物质文化遗产和农耕文明传承发展，复兴民俗活动，提升民间技艺。保护好优秀农耕文化遗产，发挥农耕文化在凝聚人心、教化群众、淳化民风、培育产业中的重要作用。实施农家小吃振兴计划，深入挖掘推广农村传统特色乡土美食，重拾乡愁记忆。

五、实施自治法治德治“三治结合”提升行动，全面推进乡村治理体系和治理能力现代化

乡村振兴，治理有效是基础。按照“抓基层、打基础”的要求，推动乡村组织振兴，建立健全党委领导、政府负责、社会协同、公众参与、法治保障的现代乡村社会治理体制，加快构建自治、法治、德治相结合的乡村治理体系，打造充满活力、安定有序的善治乡村。

19. 创新乡村治理组织形式。切实加强基层党组织对乡村治理的全面领导，完善村民委员会和村经济合作社为执行主体、村务监督委员会为制约机构、社会组织为补充力量的乡村治理组织体系。培育有地方特色和时代精神的新乡贤文化，鼓励发展乡贤理事会、参事会、议事会等乡贤组织，吸引支持企业家、党政干部、专家学者、医生教师、技能人才等回馈故里，推动项目回归、人才回乡、技术回援、文化反哺。充分发挥农民合作组织寓治理于服务的独特作用，积极培育文体协会、环保协会、调解组织、志愿者队伍、爱心基金会等社会组织。

20. 全面提升乡村治理能力。深化农村“最多跑一次”改革，加强信息化与乡村治理深度融合，完善基层便民服务体系，村庄普遍建立网上服务站点，实现网上办、马上办、全程帮办、少跑快办。推进农村基层档案规范化建设。加快推进乡村治理数字化转型，深化“基层治理四平台”建设，完善信息系统、属地管理、全科网格、运行机制。推动乡村治理重心下移，尽可能把资源、服务、管理下放到基层。加强乡镇政府服务能力建设，优化服务资源配置，支持乡镇政府依法行使职权，全面提升服务能力。健全财政投入经费保障制度，保证每个村都有基本运转经费。

21. 加快推进乡村治理“三治结合”。完善自治、法治、德治相结合的联动体系，提升长效管控和服务能力，建设善治示范村10 000个，开展无案件、无诉讼、无信访“三无”村建设。坚持自治为基，健全和创新村党组织领导的充满活力的村民自治机制，规范村民（代表）会议制度，继承发展“枫桥经验”“后陈经验”，推进村级事务

阳光公开经常化、制度化、规范化和村规民约法治化、规范化、特色化。推动村党组织书记通过选举担任村委会主任，注重通过法定程序把党员选为村民委员会、村经济合作社班子成员和村民代表。坚持法治为本，推进法治乡村建设，将政府涉农各项工作纳入法治化轨道，加强农村普法教育，完善公共法律服务中心、基层站点规范化建设，建成省级民主法治示范村 2 000 个以上。健全农村法律服务体系，实现法律援助咨询服务全覆盖。坚持德治为先，深入挖掘乡村熟人社会蕴含的道德规范，加强道德讲堂、德育基地等载体建设，弘扬真善美，传播正能量，引导农民自我管理、自我教育、自我服务、自我提高，营造向上向善的好德氛围。

22. 推进乡村治理机制创新。推行村民说事制度，构建村民说事、村务会商、民事村办、村事民评的闭环体系。推广农村小微权力清单制度，编制村级事务权力清单和负面清单。严格执行涉村工作事项清单制度。深入开展平安乡村建设，严厉打击农村黑恶势力、宗族恶势力，严厉打击黄赌毒盗拐骗等违法犯罪，依法加大对农村非法宗教活动和境外渗透活动打击力度，依法制止利用宗教干涉农村公共事务。推进农村“雪亮工程”建设，实现公共安全视频监控农村全覆盖，构建网上网下整体作战新格局。

六、实施富民惠民行动，全面促进全体农民共同富裕

乡村振兴，生活富裕是根本。坚持人人尽责、人人享有，以保障和增进农民民生福祉为出发点和落脚点，千方百计增加农民收入，坚决打赢低收入百姓增收攻坚战，加快推进城乡公共服务均等化，全面创造农民群众美好生活，建设获得感幸福感安全感强的幸福乡村。

23. 促进农民收入持续普遍较快增长。大力发展农村旅游经济、生态经济、电商经济、文创经济、养生经济等，发展农产品精深加工、商贸物流、文化旅游等产业，实现乡村经济多元化，增加农民创业收入。坚持以创业带动就业，提高农民就业层次，健全合理的工薪增长机制，完善农民工工资支付预防和保障机制。深入实施农民持股计划，大力发展合作经济，让资源变资产、资金变股金、农民变股东，加快补齐农民财产性收入短板。加快扩大农村公共服务人群覆盖，提升服务质量，增加农民转移性收入。

24. 大力提升农村公共服务水平。优先发展农村教育事业，实施农村学前教育补短提升工程，改善基础教育学校办学条件，办好必要的乡村小规模学校，加快义务教育学校标准化建设，进一步提升农村基础教育整体水平。基层公共就业创业服务平台延伸到村，实现城乡就业创业服务一体化。坚持正确的卫生健康工作方针，加快推进健康乡村建设，深入实施“双下沉、两提升”工程，加快高水平医疗联合体和县域医疗

服务共同体建设，建立重大疾病早期筛查应用解决方案和决策支持系统，加快培育乡村全科医生。推动医养结合，发展康复事业和健康产业，完善养老服务设施布局，加强农村社区居家养老服务照料中心建设，满足农村养老需要。加快文化体育事业发展，实施小康体育村升级工程，推进体育现代化县（市、区）建设。加强农村残疾人公共服务供给。

25. 加强农村社会保障体系建设。深化全省统一的城乡居民基本医疗保险制度建设，加强与职工基本医疗保险、医疗救助及其他医疗保障制度有机衔接。完善大病保险制度，大病保险合规医疗费用最低支付比例原则上不低于60%。完善城乡居民基本养老保险制度，建立健全城乡居民基本养老金标准正常调整机制。推进被征地农民基本生活保障与基本养老保险制度衔接。加强传统海洋捕捞渔民养老保障。完善最低生活保障制度，规范低保对象管理，实行低保标准城乡同标。将进城落户农业转移人口全部纳入城镇住房保障体系。完善社会救助制度，实现不同救助方式的有机衔接，提高群众知晓率和受益率。加强和改善农村残疾人服务，完善困难残疾人生活补贴和重度残疾人护理补贴制度。完善农村留守儿童和妇女、老年人以及困境儿童关爱服务体系。

26. 切实保障农村公共安全。打好城乡治危拆违攻坚战，全面完成D级农民自住危房和涉及公共安全的C级、D级危房治理改造及其他农村危房治理改造，深化“无违建县（市、区）”创建。深入推进地质灾害隐患综合治理“除险安居”三年行动，基本消除地质灾害重大隐患。加强农村安全体系建设，完善基层防汛防台、农村消防、气象为农和海洋公共安全服务体系，加强标准渔港、避风锚地、避灾安置点建设，建成气象防灾减灾标准化村5 000个。

27. 实施低收入农户全面小康计划。把提高帮扶质量、促进全面发展放在首位，完善精准帮扶和减缓相对贫困机制，提升低收入农户增收能力、自我发展能力和生活质量，低收入农户人均可支配收入达到18 000元。加大对低收入农户发展农业产业的直接扶持，积极发展来料加工业和乡村旅游业，稳步推进光伏小康工程。深入实施异地搬迁工程。稳妥推进库区移民工作。鼓励低收入农户创业创新，推动低收入中老年、残疾人等非正规就业。广泛推行能人带动下的合作扶贫，推广资产收益扶贫模式。扩大扶贫小额信贷规模，完善风险补偿机制。实施健康扶贫、教育扶贫、科技扶贫、电商扶贫、旅游扶贫，确保低收入农户享受行业扶贫政策。深化结对帮扶工作，打造山海协作升级版，重点帮助经济薄弱村发展特色生态产业。落实“两山（一类）”财政专项激励政策，支持淳安等26县加快发展，推进山区经济发展，加大对“老少边”地区转移支付力度。加强民族乡村等区域均衡发展，完善差别化支持政策，实现民族乡村跨越式发展。

七、全面深化农村改革，深入推进城乡融合发展制度建设

乡村振兴，深化改革是动力。坚持“城乡等值化”理念，以完善产权制度和要素市场化配置为重点，加强顶层设计和改革落地，激活主体、要素、市场，大力推进城乡要素自由流动、平等交换，着力推进新型城市化与乡村振兴协同发展，加快形成工农互促、城乡互补、全面融合、共同繁荣的新型工农城乡关系。

28. 巩固和完善农村基本经营制度。衔接落实好第二轮土地承包到期后再延长 30 年的政策，确保农村土地承包关系稳定并长久不变。全面完成农村土地承包经营权确权登记发证工作，实现承包土地信息联通共享。完善农村承包地“三权分置”制度。支持发展以村集体经济组织为主导的土地股份合作社，鼓励以土地经营权、林权等入股，推进渔业产权制度改革创新，保障农户共享增值收益，特别在引入工商业主投资农业中，提倡让农户以土地经营权入股方式共建共享。加快改造提升农民合作社，引导家庭农场加入合作社、合作社组建联合社。发展多种形式适度规模经营，推广委托流转、土地托管、代耕代种、整村整组流转、风险保障金等做法，规范流转土地经营权登记管理。深化农业社会化服务试点，建立健全政府购买农业公益性服务机制。推进全国深化林业综合改革试验示范区建设，深化集体林权制度改革。推进海洋生态保护开发制度创新。

29. 深化农村土地制度改革。落实加强耕地保护和改进占补平衡的政策，完善农村土地利用管理政策体系。加快房地一体的农村宅基地及住房确权登记发证。完善宅基地权益保障和取得方式，建立依法公平取得、节约集约使用、自愿有偿退出的农村宅基地制度。探索宅基地所有权、资格权、使用权“三权分置”，落实宅基地集体所有权，保障宅基地农户资格权和农民房屋财产权，适度放活宅基地和农民房屋使用权，不得违规违法买卖宅基地，严格实行土地用途管制，严格禁止下乡利用宅基地建设别墅大院和私人会馆。支持村经济合作社以出租、联营、合作等多种方式盘活利用闲置宅基地和闲置农房。探索形成同权同价、同等入市、流转顺畅、收益共享的农村集体经营性建设用地入市制度。推进农村土地征收制度改革。强化土地利用规划管控，推进村土地利用规划编制和实施，优化农村各业各类用地空间布局。实施乡村全域土地综合整治，合理配置农村土地资源要素，加强农村建设用地盘活利用。在符合土地利用总体规划前提下，允许县级政府通过村土地利用规划，调整优化村庄用地布局，有效利用农村零星分散的存量建设用地；预留部分规划建设用地指标用于单独选址的农业设施和休闲旅游设施等建设。完善农业农村发展用地政策，保障农村一二三产业融合发展用地，完善设施农用地利用和管理。城乡建设用地增减挂钩节余指标可在全省范围

内流转使用。深化“坡地村镇”建设试点。加大土地管理执法力度，加强垦造耕地监管，完善农村违法用地、违法建筑防控体系。

30. 深化农村集体产权制度改革。发挥村党组织对集体经济组织的领导核心作用，深化村经济合作社股份合作制改革，完善和活化集体资产股份权能，防止内部少数人控制和外部资本侵占集体资产，保障农民财产权益。完善农村产权流转交易市场体系和交易规则，推进交易信息平台和产权登记备案平台联网一体化。积极推进农业水价综合改革，基本实行农业用水总量控制和定额管理，提高农业用水效率。完善农民转化体制机制，建立健全支持农业转移人口市民化的财政政策、城镇建设用地增加规模同吸纳落户数量挂钩机制。引导进城落户农民依法自愿有偿转让土地承包权、宅基地使用权、集体收益分配权。

31. 深化“三位一体”农合联改革。完善农合联组织运行机制和农民合作基金、资产经营公司运作机制，强化为农服务功能。构建以合作社联合社和产业协会为载体的农业专业性服务体系与以农合联为载体的通用性服务体系相结合的现代农业服务体系，建成以县域为依托的500个特色农业服务联合体和200个现代农业综合服务组织。加快构建集农资供应、庄稼医生、技术指导等于一体、线上线下相结合的农资服务体系，健全集消费品零售、公共服务代理、相关服务代办于一体的生活服务体系，建设农药化肥包装物回收、农村垃圾分类及资源化利用、有机肥和环保装备制造相结合的乡村环境服务体系。推进农合联与农信机构深度协作和有机衔接，实现农信机构对农合联会员信用评定和授信服务全覆盖。发挥市场机制作用，推动更多涉农公共服务事项以委托或购买方式由农合联或其他主体承担。引导农合联会员合作投资涉农产业和为农服务项目，形成以各类合作社为主体的新型合作经济发展格局。坚持典型引领，开展“三位一体”农合联示范建设。

32. 深化农村金融体制改革。完善农村金融市场、金融机构、金融产品体系，推动农村金融机构回归本源。制定金融机构服务乡村振兴政策意见和考核评估办法。支持各类金融机构拓展“三农”业务，确保涉农贷款投放持续增长。实施乡村振兴战略金融服务工程，农信机构新增信贷投入5 000亿元以上，其他金融机构要增加对乡村振兴的信贷投放。普惠金融重点要放在乡村。稳妥推进、规范发展农村资金互助组织，落实监管主体和责任。深化农村承包土地经营权、农民住房财产权抵押贷款试点，加快推进林权抵押贷款、生态公益林补偿收益权质押贷款，积极探索林地经营权抵押贷款。创新“政银担”合作机制，完善农业信贷担保体系，鼓励有条件的村组建村级合作担保组织。推进农业政策性保险扩面、增品、提标，扩大农产品价格指数保险、收入保险、天气指数保险试点，开展水稻等农作物完全成本保险试点。深化渔业互助保险，发展农业互助保险。

八、加强科技创新与人才培育，增强农业农村发展支撑

乡村振兴，科技与人才是支撑。深入推进创新强省、人才强省在乡村的落地，推动乡村人才振兴，把科技创新作为第一动力，把人力资本开发放在首要位置，强化乡村振兴科技支撑、人才支撑，着力构建新型农业科技创新体系，加快完善农村人才培育体系，畅通智力、技术、资金、管理下乡通道，激发农业农村创业创新活力。

33. 加强农业农村科技研发与成果转化应用。提升农业研发创新能力，加快推进生态农业创新、现代农机装备研发、农产品质量安全、营养健康食品开发与保鲜物流、农业资源高效利用、农业融合跨界技术等重点领域研发项目。建设现代农业产业科技创新中心，研发高效低耗低成本、绿色生态循环新技术。实施新品种选育重大专项。加强农业物联网智能控制技术、传感技术、遥控技术等关键技术开发。支持涉农科研院所和高校与企业联合建立农业科技研究中心，跨界跨域合作建立产学研用相结合的科技创新联盟。鼓励农业经营主体自主创办农业科研机构，加快省级农业重点企业研究院建设。创新农业科技成果转化交易机制，加快技术转移中心建设。健全农科教产学研联盟，深化农技推广体系改革，推行“产业＋团队＋项目＋基地”推广模式。

34. 支持农业农村科技人员创业创新。加快推进农业农村科技人员创业创新试点建设。全面建立高等学校、科研院所等事业单位科研人员到乡村和企业挂职、兼职和离岗创新创业制度，保障其在职称评聘、工资福利、社会保障等方面的权益。建立以知识产权和服务业绩为导向的分配激励机制，提高科研人员科技成果转化收益比例。完善科技特派员制度，建设100个以上省级以上农业“星创天地”。

35. 加强乡村振兴人才培养。深入推进千万农民素质提升工程，实施百万农村实用人才培养计划、乡村振兴领军人才培养计划，统筹加强农村管理人才、创业人才、服务人才等专业人才队伍建设，全省农村实用人才总量达到110万人以上。实施新型职业农民培育工程，突出“学历＋技能＋创业”导向，支持新型职业农民通过弹性学制参加中高等农业职业教育，探索培养农民研究生，培育新型职业农民20万人。完善乡土人才扶持政策，培养一批农业职业经理人、经纪人、乡村工匠、文化能人、非遗传承人等。支持浙江大学、浙江农林大学等高等学校和职业学校科学调整增设涉农专业，扩大涉农人才培养规模，参与新型职业农民培养培训。办好省农民大学、市农民学院、县农民学校和实训基地，充分发挥乡镇成人学校、农广校作用，组建浙江农艺师学院、浙江茶业学院，搭建农业继续教育和职业教育公益性教育服务平台，开展职业农民职称评定试点。

36. 引导各类人才向农业农村集聚。加强招才引智，促进各类人才投身乡村振兴。

完善城乡、区域、校地之间人才培养合作交流机制，建立医生、教师、科技人员、文化人员等定期服务乡村机制。制定鼓励引导工商资本参与乡村振兴的指导意见，落实和完善融资贷款、配套设施建设补助、税费减免、用地等扶持政策，明确政策边界，探索建立资格准入制度、项目联评联审制度，保护好农民利益。实施农村归雁计划，吸引高校毕业生、农民工、退役士兵等返乡下乡创业创新。推进民兵后备力量服务乡村振兴。强化县级政府主体责任，完善对返乡下乡人员创业补贴、融资、场地、培训等扶持政策。返乡下乡创业人员可在创业地享受与当地劳动者同等的创业扶持政策，并按规定纳入就业援助、社会保险和救助体系，首次创业、正常经营一年以上的返乡创业农民工纳入一次性创业补贴支持范围。鼓励设立农村人才发展基金。发挥工会、共青团、妇联、科协、残联等群团组织和农合联、行业协会等社会组织的优势和力量，实施乡村振兴“巾帼行动”，发挥各民主党派、工商联、无党派人士等积极作用，支持乡村振兴。制定管理办法，允许符合要求的公职人员回乡任职。制定鼓励城市专业人才参与乡村振兴的政策。

九、加强农村党建引领，全面夯实基层基础

乡村振兴，夯实基层基础是前提。坚持党领导一切的原则，抓党建促乡村振兴，强化农村基层党组织的领导核心地位，突出政治功能，提升组织力，全面巩固党在农村的执政基础。

37. 强化农村基层党组织领导核心作用。旗帜鲜明加强农村党组织对农村各类组织、各项事务的领导，健全完善村党组织领导的村级重大事项、重要问题、重要工作讨论决定机制，充分发挥乡镇党委在实施乡村振兴战略中的龙头作用，巩固农村党组织在农村的领导地位。深化基层党建“整乡推进、整县提升”，高标准落实农村党建“浙江二十条”。深化基层党组织堡垒指数考评，探索推行基层党组织负面清单管理，扩大先进支部增量，加强后进支部整顿。广泛推行干部驻村联户、结对帮扶等服务群众机制，建好用好农村党群服务中心。面向帮扶重点村、软弱涣散村、集体经济薄弱村，实现村第一书记和农村工作指导员派驻全覆盖。深化巡视巡察、农村基层作风巡查工作，加强“村霸”“蝇贪”整治，严肃查处侵犯农民利益的腐败行为。发展壮大村级集体经济，推广嘉善等地村集体经济“飞地”抱团发展模式，开展“千企帮千村”活动，深入实施集体经济薄弱村消除计划，到 2019 年全面消除集体经济年收入低于 10 万元的薄弱村，到 2021 年所有村年经营收入达到 5 万元以上。强化农村集体资产管理，积极化解村债务。

38. 完善农村基层党组织体系。积极创新符合农村发展趋势的党组织设置方式，理

顺农村各类党组织隶属关系，扩大党在农村的组织覆盖和工作覆盖。加强区域党建和领域党建融合互动，扎实推进农村基层党建全领域建强、全区域提升。按照地域相近、规模适度、活动便利原则，探索以龙头企业带建、村企联建等方式联合建立区域性党组织。加快推进专业合作社、农业龙头企业、农创客集聚地、农合联等新领域新业态党建工作，推动农村基层党组织与农村经济组织、社会组织深度融合。对党员人数较多、下设党组织较多的村，村党支部可升格为党总支或党委。

39. 实施农村头雁工程。加强农村基层带头人队伍建设，在农村致富带头人、乡土人才、新乡贤、务工经商返乡人员、退役士兵、优秀大学生村官等的党员中优选村党组织书记。加强村党组织书记履职能力建设，建立村党组织书记教育实践基地，开展跟班实训，所有村党组织书记每年培训不少于56个学时。推行岗位目标管理、经济责任审计、廉政监督、不合格村干部歇职等制度，推动村干部竞职履职、创业承诺、辞职承诺等承诺兑现。深入开展选树“千名好支书”活动，加大从优秀村党组织书记中选拔乡镇领导干部、考录乡镇公务员、招聘事业编制人员力度。加强农村基层党员干部后备力量培养储备。加强村务工作者队伍职业化建设。严格按标准兑现村干部基本报酬，建立健全与绩效考核相挂钩的报酬兑现机制。

40. 加强农村党员队伍建设。严格党内组织生活，全面落实“三会一课”、支部主题党日、党员“党性体检、民主评议”等制度，运用互联网设计新载体，提高党员教育管理水平。加强流动党员管理。完善党员先锋指数考评，全面深化农村党员管理“十条红线”，稳妥有序做好不合格党员处置工作。注重在农村现有优秀人员、青年农民、在外农民工优秀分子中培养和发展党员。健全落实农村党员“四必到、四必访”等机制，推行党员责任岗、示范区，深入开展党员志愿服务。全面建立党内关爱基金，加强对农村困难党员、老党员等的关怀帮扶，定期走访慰问，帮助解决困难。

十、切实加强组织领导

实施乡村振兴战略是党和国家的重大决策部署，是新时代“三农”工作的总抓手，必须把乡村振兴摆上优先位置，把党管农村工作的要求落到实处。

41. 加强党对农村工作的全面领导。始终坚持把解决好“三农”问题作为全党工作的重中之重，完善党委统一领导、政府负责、农村工作部门统筹协调的农村工作领导体制。省社会主义新农村建设领导小组调整为省乡村振兴领导小组。建立实施乡村振兴战略领导责任制，实行省负总责、市县抓落实、乡村组织实施的工作机制。党政“一把手”是第一责任人，五级书记抓乡村振兴，县委书记要当好乡村振兴的“一线总指挥”。各部门按照职责，加强工作指导，强化资源要素支持，形成工作合力。切实加强各级农村工作部门建设，按照规定做好机构设置和人员配置工作，充分发挥决策参谋、统筹协调、政策指导、推动落实、督导检查等职能，发挥乡村振兴总牵头总协调作用。从 2018 年开始实行市县党政领导班子和领导干部推进乡村振兴实绩考核制度，考核结果作为选拔任用领导干部的重要依据。

42. 建立完善的推进体系。强化规划引领，制定浙江省实施乡村振兴战略规划（2018—2022 年），各地各部门要编制乡村振兴战略规划和专项规划或方案，形成系统衔接、城乡融合、多规合一的规划体系，推动多规融合在村一级落地实施。科学把握乡村的差异性和发展走势分化特征，积极稳妥推进人口规模偏小乡村的调整。围绕乡村产业、生态宜居、农民增收和贫困帮扶、村级集体经济、农村改革、公共服务、基础设施建设、文明乡风、公共安全和乡村治理、农村党建等，建立乡村振兴指标体系。建立省市县三级联动、部门协同、乡村落实的工作推进机制，推动任务分解、指导服务、督促检查、绩效评估等工作，形成乡村振兴工作体系。聚焦乡村产业“强”、乡村环境“美”、乡风文明“淳”、乡村治理“安”、农民增收“富”，强化制度和政策供给，加快形成乡村振兴政策体系。开展农业农村现代化评价，建立乡村振兴评价体系。加强乡村振兴标准体系建设，开展标准化试点示范。建立乡村振兴统计体系，推进数据开发应用。完善工作载体和平台，谋划实施一批乡村振兴重大项目。坚持典型引路，鼓励先行先试，与农业农村部共同推进乡村振兴示范省建设，选择若干不同类型的地方建设乡村振兴示范区，支持淳安县下姜村及周边地区建设示范区。充分发挥立法的保障和推动作用，适时制定促进乡村振兴的地方性法规、地方政府规章。加强宣传报道，讲好乡村振兴浙江故事。建立乡村振兴专家决策咨询制度，加强理论研究，发挥智库作用，动员社会各界为乡村振兴建言献策。

43. 强化投入保障。健全投入保障机制，加快形成财政优先保障、金融重点倾斜、社会积极参与的多元投入格局。把农业农村作为财政优先保障领域，确保公共财政更大力度向“三农”倾斜，确保财政投入与乡村振兴的目标任务相适应。优化财政供给结构，推进行业内资金整合与行业间资金统筹相互衔接配合，增加地方自主统筹空间，完善涉农资金统筹整合长效机制。完善以绿色生态为导向的财政支农政策体系。以省农业发展投资基金为基础设立省乡村振兴投资基金，支持有条件的地区设立乡村振兴基金。调整完善土地出让收入使用范围，进一步提高农业农村投入比例。探索有效盘活农村闲置资源资产的路径和方式，引导更多工商资本、金融资本、社会资本等投向农业农村。切实发挥农民群众的主体作用，鼓励农民对直接受益的乡村基础设施建设投工投劳。

44. 加强“三农”工作队伍建设。坚持严管与厚爱结合、约束与激励并重，加强“三农”工作干部队伍的培养、配备、管理、使用，推动农村工作干部真正深入群众、真心依靠群众、真情关爱群众、真诚服务群众，锻造一支懂农业、爱农村、爱农民的“三农”工作队伍。各级党委和政府主要领导干部要懂“三农”工作、会抓“三农”工作，分管领导要真正成为“三农”工作的行家里手。开展“不忘初心、牢记使命”主题教育，推进“两学一做”学习教育常态化制度化，大力弘扬红船精神和浙江精神，不断提高“三农”干部综合素质。制订实施“三农”干部培训计划，全面提升各级干部特别是领导干部做好“三农”工作的能力和水平。推进乡镇干部队伍专业化，提高乡村干部本土化率。把到农村一线锻炼作为培养干部的重要途径，加强从政治上、工作上、生活上关心关爱，形成人才向农村基层一线流动的用人导向。

温州市 2018 年乡村振兴文件：关于培育农业农村新动能实施乡村振兴战略的若干政策意见（温委发〔2018〕46 号）

为加快实施乡村振兴战略，全面深化农业供给侧结构性改革，培育农业农村转型发展新动能，巩固提升农业产业化水平，推进我市现代农业发展，在历年涉农有关政策整合优化的基础上，制定如下政策意见。

一、高标准推进乡村振兴和美丽乡村建设

1. 大力建设乡村振兴示范带。全力推动美丽乡村建设串点、连线、成片，以竞争性分配方式，依据年度考核结果对乡村振兴示范带建设给予总计 4 800 万元的补助，考核办法另行制定。新认定为省级美丽乡村示范县创建工作试点的县给予 200 万元补助，新认定为省一级美丽乡村示范县的奖励 300 万元。在乡村振兴示范带范围外，每年遴选 6 个美丽乡村标杆乡镇，每个乡镇奖励 100 万元。

2. 深入建设“三位一体”农村新型合作体系。对农合联（资产经营公司）投资的 100 万元以上建设项目，按照投资额的 30% 给予不超过 50 万元的项目补助。对市区农信融资担保公司按照当年涉农担保业务担保额的 2% 给予不超过 60 万元的风险补贴。每年安排 20 万元用于支持农合联组织针对会员的特有工种、实用技术、业务工作等培训，给予不超过培训费用（须符合标准）的 80%、总额不超过 20 万元的补助。

3. 深入实施精准脱贫。每年安排 3 470 万元资金，以各县（市、区）扶贫工作任务完成考核结果为标准，采取因素法进行差异化分配，重点用于直接推动或带动扶贫对象增收或改善生产生活环境的项目，因素考核办法另行制定；其中 800 万元重点支持西部生态休闲产业带覆盖的 81 个乡镇扶贫工作。每年安排 1 300 万元用于支持农村和农业领域小型公益基础设施建设、以发展村集体经济为目的的农业生产设施建设、以

支持财政支农资金折股量化贫困对象为目的的农业农村发展项目。促进城乡供水一体化，对各地完成农村饮水安全巩固提升项目的按年度投资予以奖励，市本级及市区每年不超过 45%。

4. 落实乡村振兴用地保障。对纳入省市任务并取得村土地利用规划批复的全域土地综合整治项目，给予 20 万元奖励；通过全域土地综合整治项目验收的，按项目涉及户籍人口数分别奖励 200 万元（999 人〈含〉以下）、400 万元（1 000~1 999 人）、600 万元（2 000 人〈含〉以上）。市级统筹占补平衡指标每年预留 1 000 亩定向用于支持西部交通、生态休闲产业等重大项目建设，补充耕地调剂费由使用地支付。

二、提升发展效益农业

5. 打造农业产业平台。对列入市级田园综合体试点的项目分三年给予总计 3 000 万元的补助，并从中择优推荐省级、国家级试点。对通过市级评审上报省、国家农业产业平台的项目，并如期通过上级验收投运的，按其运营评价给予相应补助，补助办法另行制定。每年安排 500 万元用于我市农业综合开发项目投入，按照因素法考核下达给各县（市、区）。

6. 鼓励提升农业科技供给水平。在全市优选 3~5 个品种选育协作组，按照实际育种年限给予不超过五年的连续年度 50 万 ~100 万元经费补助。新育成的品种（系）通过国家级品种审定、国家植物新品种保护权或通过畜禽新品种、配套系审定和畜禽遗传资源鉴定的，次年给予第一育成单位 50 万元补助。通过省级品种审定（认定）或确定为省内种植业主导品种的，给予第一育成单位 30 万元补助。新认定的省级重点农业企业研究院按省财政补助资金金额给予同比例配套。市财政每年安排 400 万元支持科技特派员带项目在基层开展科技成果转化、示范基地建设和科技帮扶。对承担农业农村基础信息采集试点和农业物联网建设试点工作的县（市、区）、市级功能区，分别给予 200 万元和 300 万元补助资金。

7. 支持农业品牌建设。新获得中国名牌、中国农业名牌、中国驰名商标、中国好粮油的企业给予 20 万元奖励，新获得浙江名牌农产品和区域名牌农产品的企业给予 10 万元奖励，新通过国家级（农业部）农产品地理标志保护产品认定的给予 10 万元奖励。鼓励各县（市、区）围绕主导产业开展农产品区域公用品牌培育，安排 300 万元重点支持 1~2 个县（市、区）集中开展农产品质量控制、农产品区域公用品牌建设、品牌经营和管理、农业生产标准化等建设。对创成水产品区域公用品牌的县（市、区）给予 60 万元奖励。列入食用农产品标牌标识建设的试点县（市、区）给予 500 万元补助。对完成市级“阳光农场”建设任务的县（市、区）按照每个项目 30 万元标准予以补助。

8. 支持“互联网＋农业”体系建设。市级对各县（市、区）建设和运营的农产品展示体验中心（新零售模式）给予 15 万元补助。鼓励各类农业经营主体通过互联网建立农产品营销、分销平台，本地农产品网络销售额 200 万元以上的销售主体，按照前 20 名的排名给予 2 万 ~5 万元的一次性奖励。

9. 培育壮大农业产业经营主体。新认定的国家级、省级农业龙头企业分别给予 50 万元、20 万元奖励。销售产值首次达到 1 亿元、5 亿元的农业龙头企业分别给予 10 万元、20 万元奖励。新认定的国家级、省级示范性农民专业合作社给予 20 万元、5 万元奖励，新认定的省级示范性家庭农场给予 5 万元奖励。

三、培育农业新产业新业态

10. 支持发展粮食新业态新规模。市区粮食企业实施的投资额 100 万元以上粮食新业态项目，给予项目投资额 20%、不超过 50 万元的补助。对市区发展规模种粮、全年稻麦复种面积达 50 亩以上的规模经营主体和连片种植旱粮面积 50 亩以上的大户，在省补的基础上，由市级财政每年安排资金通过因素法分配到各区，统筹用于粮食生产相关补贴政策。经认定符合“五代”标准（代清理、代干燥、代储存、代加工、代销售）的粮食产后服务中心给予 30 万元奖励，实行“粮食银行”或订单入市引导优质粮油生产、拓展全产业链、发展“产储加销”一体化的，追加奖励 20 万元。市本级年度产值（销售额）首次达到 5 千万元、1 亿元、5 亿元的粮油骨干企业，分别给予 5 万元、10 万元、20 万元奖励。

11. 引导粮食加工储备技术改造。对纳入市级应急体系的新建粮食加工生产线，给予设备投资 40% 的补助，每百吨补助不超过 50 万元；主要设备更新投资额 50 万元以上或日加工能力提高 50 吨以上的技改项目，给予设备投资 20%、不超过 20 万元的补助。鼓励社会储粮工作，市区粮食企业实施准低温储粮改造且库存量 100 吨以上的，给予每 50 米 23 万元、不超过 20 万元的补助；对市本级纳入社会化储粮大数据建设的主体，每新增千户数据终端，给予 20 万元补助。对市本级新发展的放心粮油配送中心给予投资额 40%、不超过 20 万元的补助；配送中心每新增 5 家标准配送网点给予 10 万元补助。

12. 促进畜牧业转型升级。对完成现代化规模猪场（年出栏 1 万头以上）和省级美丽牧场（数字化牧场）建设任务的县（市、区），分别按照每个任务补助 150 万元和 20 万元的标准，补助到项目所在地乡镇统筹用于畜牧产业发展。

13. 支持现代渔业建设。对通过农业农村部渔业健康养殖示范县考核验收的县（市、区）给予 50 万元奖励。建设集渔船避风补给、渔获交易、冷链物流、精深加工、休闲观光、城镇建设为一体的现代渔港经济区，对获得全国文明渔港称号的县（市、区）给予50万元奖励，对获得国家级或省级最美渔村（特色渔村）、休闲渔业示范（精品）基地等称号的县（市、区），分别按照国家级50万元、省级30万元给予奖励。开展市级水产加工技术试验示范基地建设，对基地所在县（市、区）给予不超过基地建设总投资50%、最高50万元的补助。开展市级生态健康养殖示范区建设，对所在县（市、区）给予不超过建设总投资50%、最高100万元的资金补助。通过省级渔业转型发展先行区考核验收合格的县（市、区）给予50万元奖励。

14. 着力发展森林康养业。积极开展森林康养产业示范点建设，每年安排330万元，以竞争性遴选方式每年择优选取1~3个示范点，由县统筹用于市级示范点建设的补助，遴选办法另行制定。

15. 大力发展民宿经济。鼓励村集体经济组织以专业合作社模式整村发展民宿，对新建成民宿经营户15户以上的民宿集聚村，并实现统一管理的，一次性给予村集体经济组织20万元奖励。

16. 提升发展供销流通体系。基层供销合作社、专业合作社、经营服务综合体、为农服务中心投资额不少于30万元的新项目，给予不超过项目实际投资额40%、最高30万元的补助。市区农资和日用品经营服务网络建设或承担供销社业务企业开展农资和日用品经营网络投入100万元以上的、投入电子商务企业20万元以上的新项目，新建农产品加工、农批市场投入200万元以上的项目，给予不超过项目实际投资额40%、最高50万元的补助，具体奖励额度根据项目规模、实施情况和产生效益等情况综合审定；在全省范围内有典型示范带动作用项目可给予不超过项目投资额50%、最高100万元的补助。

四、构建绿色生态屏障

17. 全方位开展环境整治。市财政每年安排1 000万元，按照各县（市、区）、市级功能区平原河网整治和“污水零直排区”建设任务完成情况赋分给予奖励，赋分办法另行制定。按照县（市、区）、市级功能区实施“土十条”、六大行业整治、七大重污染行业整治提升三项工作的年度考核等次分别实施三项奖励，优秀档（2个）奖励50万元，良好档（3个）奖励30万元。支持排污权回购，活跃排污权市场流通，对于企业排污权回购项目，根据相关审核及核准金额予以拨付。

18. 建设生态绿色示范。县（市、区）、市级功能区获国家级、省级生态文明建设示范创建命名的分别奖励100万元、60万元。对各县（市、区）、市级功能区美丽温州提升工程项目实施考核奖励，每年优选3个市级项目，给予40万元奖励。对认定为市级海洋生态建设示范项目所在县（市、区）给予不超过项目总投资60%、最高500万元补助。每年遴选1~3个成效突出、具有实际推广意义的市级绿色系列创建类（绿色学校、生态文明教育基地）项目，给予单个项目总投资30%、不超过100万元的补助。

19.加强饮用水源保护。市级饮用水源地专项补偿资金原则上对瑞安市、文成县、泰顺县、瓯海区分别按照3.99%、55.47%、35.94%、4.6%的比例实施因素法分配补偿，鹿城区、永嘉县每年定额补偿50万元，未完成年度考核任务或年度任务完成不理想的根据考核结果扣减补偿资金。对珊溪水库一级水源保护区范围人口向集雨区外统筹集聚按照2.5万元/人给予补助。对珊溪水库入库支流水质提升、生活污水治理设施改造、生活垃圾处理设施建设、库周岸线环境综合整治、库区监控系统等工程项目按实际投资给予全额补助；对水源地植树造林、林相改造和封禁治理、小流域水土流失治理、裸露面生态修复、茶果园综合整治、地质灾害点治理等项目根据综合评定结果按投资额60%~80%予以补助，获得国家级、省级示范工程的增加补助5%；珊溪水库库区畜禽养殖污染长效管理项目按1 500元/千米^{2}标准补助属地政府，连续3年每年安排500万元对经济困难的原养殖户经营的转产转业项目给予不超过实际投资30%的补助，对吸收原养殖户就业、帮助经济困难养殖户脱贫致富的项目根据综合评定结果给予不超过实际投资15%的补助；每年安排150万元实施鱼苗投放；以上项目补助支出三年总计3.1亿元，在珊溪水利枢纽水源地人口统筹集聚和水源保护工程建设专项资金中安排。

20.提高河流湖泊山塘水质。市区认定为市级重点美丽河湖创建计划的项目，给予核定投资50%、不超过2 000万元的补助。按照6分/方的标准引珊溪水库、泽雅水库生态水入温瑞塘河，提高河流水动力条件和自净能力。推进美丽山塘建设，市本级按照不超过山塘整治项目年度投资45%的比例给予实施主体经费补助。

21.加强生态公益林建设。建立实行市级公益林与省级以上公益林补偿联动调整机制，推动补偿标准稳步增长，省级以上一般公益林补偿标准提高到35元/亩，增加部分资金由市县两级财政按现行分担比例承担。推行借款人以林权作为抵押向金融机构贷款、担保公司对该贷款进行担保、市财政安排资金对担保公司进行风险补偿的贷款模式，风险补偿按照担保公司年新增林权抵押贷款担保额（不含续贷担保）的0.5%执行，年度补偿总额不超过200万元。

22.鼓励资源循环利用。对市区新建改造提升、符合文明城市创建要求、项目年度投资额不少于10万元的再生资源网点给予不超过项目当年实际投资额50%、最高20万元的补助。对供销社系统内企业或承担供销社业务企业投资新建的、项目年度投资额不少于50万元的市区循环经济管理服务点（分拣集散中心），给予不超过项目当年实际投资额30%、最高20万元的补助。对年度投资不少于20万元的市区供销社再生回收信息化平台建设项目，给予不超过项目年投资额50%、最高20万元的补助。市财政每年安排70万元用于实施化肥淡季储备。

五、筑牢乡村振兴安全底线

23. 保障各类水利工程安全。对市本级承担的规划编制及课题研究、项目前期、水利设施和灌区建设的维护管理实行全额补助。推动水利工程管理市场化专业化，市区范围内水利工程实行市场化管理的，按单个年度合同额50万~100万元（不含100万元）、100万~150万元（不含150万元）、150万~200万元（不含200万元）及200万元以上（含200万元）四档分别奖励20万元、50万元、70万元、100万元。加快水利工程建设，鹿城区、龙湾区、瓯海区、洞头区和浙南产业集聚区按照上年度重点水利工程和面上小型农田水利、河道清淤等项目完成投资（已单独安排的山塘整治、美丽河湖建设等除外）给予10%的补助。严格落实小型水库安全管理责任制的，市本级和市区小型水库通过考核后按照1.5万元/（年・座）的标准补助水库巡查工作，其他地区按照1万元/（年・座）的标准补助。市区范围内实施水利工程标准化建设的，按照水利部门明确的分类补助基数给予30%的补助，文成县、泰顺县和苍南县补25%，其他地区补20%。开展堤防灾害保险工作，以合同价为基数，鹿城区、龙湾区、瓯海区、瓯江口产业集聚区、浙南产业集聚区补助90%，洞头区、泰顺县、文成县补助80%，永嘉县、平阳县、苍南县补助70%，乐清市、瑞安市补助50%。

24. 大力实施“除险安居”。加快地质灾害隐患综合治理，2018—2019年继续给予永嘉县、平阳县、苍南县、文成县、泰顺县等5个加快发展县地质灾害避让搬迁涉及群众人均5 500元的补助。支持文泰抗震安居工程建设，其中异地迁建、自行购房、本地重建农户人均补助5 000元，发放到户；并按照异地迁建和自行购房农户人均5 500元标准补助两县统筹用于安居工程建设。

25. 保障农业灾后救济。安排800万元设立农业救灾补助资金，专项用于突发自然灾害后农业（含农、林、渔）灾后恢复生产设备、设施修复购置、种子种苗采购、补种补植及动植物疫病防控等。

温州市农业主导产业综合开发项目例举

地 区	项目名称	建设主体名称	产业类别
鹿城区	鹿城区雅西休闲农庄（生态农业公园）改扩建项目	温州市雅西农业开发有限公司	休闲观光农业
鹿城区	中华竹鼠规模化生态养殖项目	温州浙农生态农庄有限公司	野生动物驯养
瓯海区	瓯海区引进国外先进分子育种技术 开展油菜新品种选育和研发	温州嘉友生物科技有限公司、温州嘉友分子育种研究院	粮油种子种苗
瓯海区	瓯海区协春千亩现代花卉示范园区改扩建项目	温州市协春园艺科技有限公司、温州市瓯海丽岙协春园艺场	花卉苗木
龙湾区	龙湾区永中莲情文化园	温州莲情水生花卉专业合作社	休闲观光农业
乐清市	乐清市雁荡山铁皮石斛产业提升与示范	浙江铁枫堂科技股份有限公司	中药材
乐清市	乐清市雁荡山茶叶全产业链建设	乐清市能仁村茶叶专业合作社、乐清市芙蓉茶叶专业合作社	茶叶
乐清市	乐清市南美白对虾集约化无公害基地建设	乐清市南美水产养殖专业合作社	渔业养殖
瑞安市	瑞安市伽乐虫草食用菌种植场地基础配套设施建设	瑞安市伽乐虫草食用菌专业合作社	食用菌
瑞安市	浙江仙之源铁皮石斛产业示范园	浙江仙之源现代农业股份有限公司	中药材
瑞安市	瑞安市百果园生态园建设	瑞安市百果园生态农庄有限公司	水果
瑞安市	瑞安市马屿生猪主导产业综合开发建设（项目一期工程）	瑞安市鹏亨畜牧有限公司	畜牧业
瑞安市	瑞安市栖林休闲观光农业示范园区建设	瑞安市栖林果树有限公司	休闲观光农业
瑞安市	瑞安市南美白对虾产业示范区建设	温州市金潮水产养殖有限公司	渔业养殖
苍南县	苍南日月潭休闲观光农业项目	苍南日月潭农庄有限公司	休闲观光农业
苍南县	苍南县油茶良种繁育基地更新油茶加工设备技改提升项目	苍南县华州山野油茶专业合作社、苍南华玉山野油茶有限公司	粮油种子种苗
苍南县	苍南县石砰海参增养殖设施建设	浙江新旺海洋生物科技有限公司	渔业养殖
平阳县	平阳县昆阳镇黄栀子全产业链建设	浙江星光农业开发有限公司、温州皓绿生态农业开发有限公司	中药材
平阳县	平阳县霞山标准化生猪养殖基地建设	平阳县霞山牧业有限公司	畜牧业
泰顺县	泰顺县标准化生态农牧产业园区建设项目	浙江味美思农牧业有限公司	畜牧业

续表

地 区	项目名称	建设主体名称	产业类别
泰顺县	泰顺县一鸣生态美丽农庄建设	泰顺县一鸣生态农业有限公司	畜牧业
泰顺县	泰顺县市级油茶主导产业综合开发项目	温州瑞雪农业开发有限公司	油茶种植
文成县	文成县百丈漈农业观光园建设	温州市天顶湖休闲农庄股份有限公司	休闲观光农业
永嘉县	永嘉县嘉纳生态蔬菜基地建设	永嘉汇发农业开发有限公司	蔬菜种植
永嘉县	永嘉县顺优生猪养殖基地	温州顺优养殖有限公司	畜牧业
永嘉县	永嘉县五星潭省级森林公园基础设施建设	浙江五星潭森林公园旅游开发有限公司	森林公园
永嘉县	永嘉县大洋山森林公园(休闲观光园)	永嘉县大洋山森林公园旅游开发有限公司	森林公园

温州市市级以上农业龙头企业一览

序	县别	单位名称	单位地址	认定等级	法人代表
1	鹿城区	藤桥禽业股份有限公司	温州市鹿城区藤桥镇南市东路19号	国家级	张卢兄
2	鹿城区	温州市展宏畜牧有限公司	温州市鹿城区藤桥镇上寺西村	省级	林宪忠
3	鹿城区	温州进兴农业开发有限公司	温州市鹿城区藤桥镇上桥路103号	省级	张海川
4	鹿城区	山农股份有限公司	温州市鹿城区藤桥镇祖师湾山农路2–8号	省级	叶周松
5	鹿城区	温州市依依农业有限公司	温州市鹿城区藤桥镇南市东路19号	市级	张海猛
6	鹿城区	温州市大红花蜂业有限公司	温州市蒲鞋市新村32幢107	市级	李　俊
7	鹿城区	温州市绿藤农业开发有限公司	温州市鹿城区藤桥镇小岙村	市级	周劲松
8	鹿城区	浙江红欣园林艺术有限公司	温州市黎明工业区山下前巷59号	市级	陈习之
9	鹿城区	温州市双桥园艺科技有限公司	温州市下桥新村1幢4号	市级	徐　斌
10	鹿城区	温州市嘉丰农业开发有限公司	温州市瓯北镇保一村文化路16号	市级	金显耀
11	鹿城区	温州市多味坊食品有限公司	温州市新城大道246号	市级	王宏亮
12	鹿城区	温州市黄渔国水产食品有限公司	温州市锦绣路万康商务中心	市级	黄国云
13	鹿城区	温州市强能食品有限公司	温州市鹿城区牛山北路25–1号	市级	黄旭辉
14	鹿城区	温州市汇农食品有限公司	温州市葡萄棚葡工中路26路	市级	何　斌
15	鹿城区	温州市康美食品有限公司	温州市鹿城路翠微新村广宇锦园3幢802	市级	李陈期
16	鹿城区	温州纪元园艺科技有限公司	温州市仰义街道陈村路21号	市级	张炳忠
17	鹿城区	浙江绿艺园林工程有限公司	温州市温州大道铁路大厦13A	市级	陈出新
18	鹿城区	温州庆鸿药材种植有限公司	温州市新田园假日花园7幢1703室	市级	金罗福
19	鹿城区	浙江永凯农业有限公司	温州市鹿城区吴桥路82弄底	市级	林永法

续表

序	县别	单位名称	单位地址	认定等级	法人代表
鹿城区总计 19 家，国家级 1 家，省级 3 家，市级 19 家					
20	**龙湾区**	温州市初旭食品有限公司	龙湾区蒲州街道蒲东后路5号	市级	吴初旭
21	龙湾区	温州市振丰农业开发有限公司	鹿城区府东路 110 号中州大楼	市级	王 伟
22	龙湾区	温州市龙湾三周蔬菜示范场	海滨街道沙中村沙村路 150 弄 4 号	市级	周振林
23	龙湾区	温州市思味特食品有限公司	海滨街道海滨安心公寓 1 幢一层 111 室	市级	潘洪兴
24	龙湾区	温州萨啦咪食品有限公司	龙湾区经济技术开发区四明山路 100 号	市级	周素素
25	龙湾区	浙江造福食品有限公司	龙湾区瑶溪街道河头龙西路 118 号	市级	卓一造
26	龙湾区	温州市龙湾建设园林绿化工程有限公司	温州市龙湾状元新街龙珠商城 D-302-303	市级	陈瑞兄
27	龙湾区	温州市温联生态农业综合开发有限公司	温州市龙湾区状元街道龙飞路 2-2 号	市级	黄剑波
28	龙湾区	温州市正德粮食有限公司	瑶溪镇白楼下温州粮食中心市场 B 区 2 幢	市级	郑克宇
29	龙湾区	温州市海得旺商品有限公司	温州市龙湾区永中街道新城村永青路 60 号	市级	梁芝丹
30	龙湾区	温州市郑家园食品贸易有限公司	温州市龙湾区永中街道郑宅村	市级	郑振晓
31	龙湾区	浙江叶同仁健康食品股份有限公司	温州市龙湾区富春江路 122 号	市级	王崇焕
龙湾区总计 12 家，市级 12 家					
32	**瓯海区**	浙江大好大食品有限公司	温州瓯海梅屿工业区	国家级	苏尔苗
33	瓯海区	浙江绿鹿食品有限公司	瓯海潘桥仙门民新路 3 号	省级	廖仁富
34	瓯海区	温州汇丰饲料有限公司	瓯海经济开发区北纬路 4-12 号	市级	潘景芳
35	瓯海区	浙江五凤食品开发有限公司	瓯海泽雅镇五凤垟路 1-18 号	市级	林和平
36	瓯海区	温州市东瓯食品有限公司	瓯海潘桥仙门民新路 6 号	市级	黄晓东
37	瓯海区	温州市瓯海菜篮子有限公司	瓯海龙霞路北口禽蛋市场大楼	市级	沈孔燕
38	瓯海区	温州市绿普农副产品有限公司	瓯海仙岩街道温瑞北路 48 号	市级	邵世普
39	瓯海区	温州市白云珍稀动植物开发有限公司	瓯海将军桥兴海路 60-6 号	市级	潘武斌
40	瓯海区	温州协春园艺科技有限公司	瓯海丽岙丽塘路口	市级	徐协春

续表

序	县别	单位名称	单位地址	认定等级	法人代表
41	瓯海区	浙江美福食品有限公司	温州黎明工业区 28 号	市级	陈文秋
42	瓯海区	温州市瓯海正大粮油有限公司	瓯海南堡浙南粮油批发市场 138 号	市级	吴国荣
43	瓯海区	温州市瓯海丽岙永成花木场	瓯海丽岙街道白门工业区	市级	陈永生
44	瓯海区	温州市观火熊类养殖场	瓯海区巨溪中岙山边	市级	林观火
45	瓯海区	温州市健生水产有限公司	瓯海新桥三组团 16 幢 105 室	市级	林克文
46	瓯海区	温州市米醴琼酒业有限公司	瓯海郭溪宋河北路 108	市级	项云飞
47	瓯海区	温州好村庄农业有限公司	温州新城中兴大厦 13 楼	市级	金国华
48	瓯海区	温州民丰农产品有限公司	瓯海农业高新技术示范区兴业路 1 号	市级	潘景芳
49	瓯海区	温州市神鹿种业有限公司	温州市锦花路 20 弄 7 号	市级	黄文斌
50	瓯海区	温州华美建设工程公司	瓯海丽岙丽塘新路	市级	黄龙奇
51	瓯海区	温州可可里农业开发有限公司	温州上陡门 12 组团 12–102	市级	徐晓磊
52	瓯海区	温州哼力生态养殖有限公司	瓯海瞿溪溪源路 19 弄 17 号	市级	胡永波
53	瓯海区	温州永高食品有限公司	瓯海经济开发区西经一路 11 号	市级	汪和钧
54	瓯海区	温州荣仙绿化园艺工程有限公司	瓯海丽岙镇 104 国道王宅	市级	李荣仙
55	瓯海区	温州市顶诺食品有限公司	瓯海农业加工园内（潘桥）	市级	黄玉克
56	瓯海区	温州市日旺食品有限公司	瓯海泽雅镇工业区	市级	陈丹君
57	瓯海区	温州修文食品有限公司	瓯海梧田街道辽前路 147 号（B 幢）	市级	王修文
58	瓯海区	浙江山农特产有限公司	瓯海景山街道兴海路 9 号	市级	项洁欧
59	瓯海区	浙江神良种业有限公司	温州经济开发区灵江路 46 号	市级	邵泰良
60	瓯海区	温州市爱尔蔬菜开发有限公司	瓯海区慈湖农科院内教导路 2 号	市级	余 静
瓯海区总计 29 家，国家级 1 家，省级 1 家，市级 29 家					
61	**乐清市**	温州虹丰粮油集团公司	乐清市虹桥镇梅隆路 9 号	省级	卓建成
62	乐清市	温州海美鲜集团有限公司	乐清市蒲岐镇双屿港	省级	洪阿才
63	乐清市	乐清市山头人食品开发有限公司	乐清市柳市镇新光村	市级	杨德献
64	乐清市	乐清市苏林花木工程有限公司	乐清市城南街道界岱村	市级	林晶晶
65	乐清市	温州海中宝水产开发有限公司	乐清市蒲岐双屿港	市级	周明来
66	乐清市	乐清市佐佩食品开发有限公司	乐清市天成乡西潭路 67 号	市级	赵日旭

续表

序	县别	单位名称	单位地址	认定等级	法人代表
67	乐清市	乐清市海洋生物保健品有限公司	乐清市蒲岐镇南门街	市级	李阿杰
68	乐清市	乐清市浙南水产有限公司	乐清市蒲岐镇特色工业园区	市级	陈全东
69	乐清市	温州海德力鲨鱼制品有限公司	乐清市蒲岐镇教场东路	市级	王星标
70	乐清市	乐清市民富冷冻有限公司	乐清市蒲岐镇东门念四路	市级	吴再柳
71	乐清市	乐清市绿雁农业开发有限公司	乐清市大荆镇蔗湖村	市级	干方本
72	乐清市	乐清市大龙湫茶叶有限公司	乐清市乐成镇鸣阳路265号	市级	林建乐
73	乐清市	乐清市仙虹粮油贸易有限公司	乐清市仙垟陈村仙虹路6号	市级	叶传相
74	乐清市	浙江森得保生物制品有限公司	乐清市经济开发区纬17路261号	市级	冯文通
75	乐清市	温州华亚食品有限公司	乐清市城南亦丰路25号	市级	叶云莲
76	乐清市	浙江康顺畜牧有限公司	乐清市淡溪镇四都陈坦村	市级	潘阿叨
77	乐清市	浙江铁枫堂科技股份有限公司	乐清市仙溪镇北垟村	市级	宋仙水
78	乐清市	乐清市雁吹雪铁皮石斛有限公司	乐清市大荆镇双峰乡平园村西山下	市级	黄彩平
79	乐清市	乐清市茗西生态茶有限公司	乐清市北白象镇城田村	市级	张相银
80	乐清市	浙江百川食品有限公司	乐清市雁荡镇雁山路85号	市级	付昌娇
81	乐清市	乐清市东亚石斛开发有限公司	乐清市仙溪镇东加呑村	市级	金传高
乐清市总计21家，省级2家，市级21家					
82	**瑞安市**	瑞安市华盛水产有限公司	瑞安市经济开发区滨江大道388号	国家级	陈景滢
83	瑞安市	瑞安市华忠水产食品有限公司	瑞安市经济开发区上东路111号	省级	林建华
84	瑞安市	温州香海食品有限公司	瑞安市经济开发区滨江大道338号	省级	陈勋弟
85	瑞安市	温州拓海食品有限公司	瑞安市经济开发区金源路187号	省级	陈建仁
86	瑞安市	浙江金旺达食品有限公司	瑞安市飞云新区华明路185号	省级	黄建国
87	瑞安市	瑞安市瑞发绿色食品有限公司	瑞安市飞云街道宋家棣1号	市级	王孔群
88	瑞安市	浙江顶味食品有限公司	瑞安市经济开发区上东路299号	市级	陈文春
89	瑞安市	温州山民食品有限公司	瑞安市湖岭镇林溪社区陈雅山村	市级	陈志海
90	瑞安市	瑞安市百好乳业有限公司	瑞安市锦湖街道沿江西路163号	市级	王仲达
91	瑞安市	瑞安市森绿畜牧有限公司	瑞安市塘下镇东新公路326号	市级	池仁春

续表

序	县别	单位名称	单位地址	认定等级	法人代表
92	瑞安市	浙江味海食品配料有限公司	瑞安市飞云街道顺和路555号	市级	陈文和
93	瑞安市	浙江派诺生物技术有限公司	瑞安市锦湖街道白莲村瑞莲路48号	市级	金克云
94	瑞安市	温州桑农少林畜牧有限公司	瑞安市陶山镇桐浦社区董夏村	市级	黄少林
95	瑞安市	浙江远东都成食品有限公司	瑞安市飞云镇远东路9号	市级	朱晓雷
96	瑞安市	浙江瑞松食品有限公司	瑞安市经济开发区发展区开发二路88号	市级	林余松
97	瑞安市	瑞安市富豪苗木园艺绿化有限公司	瑞安市上望街道蔡宅工业区	市级	蔡阿者
98	瑞安市	瑞安市致富鸽业有限公司	瑞安市飞云镇中洲村	市级	潘光伟
99	瑞安市	瑞安市绿洲食品有限公司	瑞安市湖岭镇天长村	市级	娄崇赞
100	瑞安市	瑞安市味丹食品有限公司	瑞安市南滨街道阁巷团前村	市级	陈友弟
101	瑞安市	浙江盛博海产贸易有限公司	瑞安市东山街道下埠渔港码头	市级	李定海
102	瑞安市	浙江鹏洲油脂有限公司	瑞安市邮电北路86号	市级	蔡世林
103	瑞安市	浙江雅林园林有限公司	瑞安市飞云街道西垟村（高速出口边）	市级	柳学真
104	瑞安市	温州金恩食品有限公司	瑞安市马屿镇龟山下村	市级	潘安钦
105	瑞安市	瑞安市澳泰食品有限公司	瑞安市陶山镇荆谷社区南口村	市级	陈锦光
106	瑞安市	瑞安市鹏亨畜牧有限公司	瑞安市湖岭镇呈岸村	市级	池小平
107	瑞安市	瑞安市南翔食品有限公司	瑞安市永安乡下社yang村	市级	张永胜
108	瑞安市	瑞安市海利水产食品有限公司	瑞安市滨江大道518号	市级	曹楼光
109	瑞安市	瑞安市绿洲生物科技有限公司	瑞安市陶山镇桐浦工业区1号	市级	陈来政
110	瑞安市	瑞安市伟宏水产冷冻有限公司	瑞安市经济开发区金源路289号	市级	郑俞
111	瑞安市	瑞安市南方粮油贸易有限公司	瑞安市仙降镇仙乐街116号	市级	万瑞森
瑞安市总计30家，国家级1家，省级5家，市级30家					
112	**永嘉县**	永嘉县原野园林工程有限公司	永嘉县瓯北阳光大道滨江公园主楼	省级	李星涛
113	永嘉县	浙江乌牛早实业股份有限公司	永嘉县瓯北镇双塔中路63号	市级	李仁超
114	永嘉县	浙江三五早农业开发公司	永嘉县瓯北镇启灶岭	市级	叶胜滔
115	永嘉县	浙江思源农业开发有限公司	永嘉县乌牛镇吴岙村	市级	林崇波
116	永嘉县	浙江盛华畜牧有限公司	永嘉县徐岙乡桐园村	市级	陈工农

续表

序	县别	单位名称	单位地址	认定等级	法人代表
117	永嘉县	浙江楠溪江农业综合开发有限公司	永嘉县上塘镇嘉宁街土地局联建 102 室	市级	金可调
118	永嘉县	浙江绿天农业开发有限公司	永嘉县上塘镇横溪村	市级	谢文达
119	永嘉县	永嘉县顺发畜牧养殖有限公司	永嘉县桥下镇方岙村	市级	章光国
120	永嘉县	温州市楠源泉农业开发有限公司	永嘉县鹤盛乡炉山村	市级	黄胜芳
121	永嘉县	永嘉县龙湾潭国家森林公园	永嘉县花坦乡石公田村	市级	李金杰
122	永嘉县	永嘉县创业生态茶有限公司	永嘉县乌牛镇河口埭村	市级	金创业
123	永嘉县	浙江农丰食品开发有限公司	永嘉县大若岩镇桐州粮站	市级	张文龙
124	永嘉县	永嘉县楠溪江云岭山白茶有限公司	永嘉县岭头乡九龙山	市级	潘太利
125	永嘉县	浙江楠溪人食品科技有限公司	永嘉县巽宅镇小溪村	市级	徐福轮
126	永嘉县	浙江巨农茶业有限公司	永嘉县瓯北罗浦东路 17–19 号	市级	李飞燕
127	永嘉县	永嘉县德康粮油有限公司	永嘉县乌牛镇码道村	市级	郑立涵
128	永嘉县	浙江叠峰农业开发有限公司	永嘉县茗岙乡石坑村	市级	章一科
129	永嘉县	浙江五井农业开发有限公司	永嘉县茗岙乡章当村	市级	胡荷叶
130	永嘉县	温州岙李生物科技有限公司	永嘉县巽宅镇小溪村	市级	董兰慧
131	永嘉县	永嘉阿布啦食品有限公司	永嘉县东瓯工业区阿布啦食品	市级	潘漫游
132	永嘉县	浙江三农茶业有限公司	永嘉县瓯北江北街道塔下路 165–167 号	市级	李定国
133	永嘉县	永嘉县乌牛早茶饮料有限公司	永嘉县乌牛工业区	市级	胡敢春
134	永嘉县	国营浙江省永嘉县四海山林场	永嘉县四海山林场	市级	徐定其
135	永嘉县	永嘉县菇溪农业开发有限公司	永嘉县桥头镇桥西北路 228–1 号	市级	金永津
136	永嘉县	永嘉惠宝农庄有限公司	永嘉县岩坦镇茶山村	市级	金　萍
137	永嘉县	永嘉县利民茶果开发有限公司	永嘉县岩头镇塆里村	市级	陈以散
138	永嘉县	永嘉县正大农业综合开发有限公司	永嘉县西源乡梅旦村	市级	谷兴治
永嘉县总计 27 家，省级 1 家，市级 27 家					
139	**洞头县**	浙江三丰水产食品有限公司	洞头县东屏街道府前路 85 号	市级	金配球
140	洞头县	温州星贝海藻食品有限公司	洞头县霓屿北路 88 号	市级	潘　峰
141	洞头县	温州佳海食品有限公司	洞头县风门村	市级	林志杰
142	洞头县	温州恒源水产有限公司	洞头县南塘工业园区	市级	朱元忠
143	洞头县	浙江金海蕴生物有限公司	洞头县杨文工业基地 D02 — 1 地块	市级	林小春

续表

序	县别	单位名称	单位地址	认定等级	法人代表
144	洞头县	洞头县鸽礁水产食品有限公司	洞头北岙街道城北路（鸽尾礁村）	市级	陈胜周
145	洞头县	洞头县宏达海藻有限公司	洞头县杨文工业基地	市级	吕子远
146	洞头县	洞头县远鹏水产有限公司	洞头县人民路 172–176 号	市级	郑志远
147	洞头县	浙江良泰水产有限公司	洞头县渔港路 2 号	市级	池进良
148	洞头县	温州市锦达味业食品有限公司	洞头县杨文工业区 D01–2	市级	池体锦
149	洞头县	洞头县海盛食品有限公司	洞头县北岙镇三盘西山头	市级	林金海
150	洞头县	温州市繁灵生态水产养殖有限公司	龙湾区灵昆街道办事处沙塘村	市级	王晓群
151	洞头县	温州市灵顺水产有限公司	龙湾区灵昆街道办事处实验浦西 1 号	市级	徐日祥
152	洞头县	温州市金土地农业开发有限公司	龙湾区灵昆街道办事处双昆村文旦元	市级	周树和
洞头县总计 14 家，市级 14 家					
153	**平阳县**	浙江一鸣食品股份有限公司	平阳县昆阳镇沙岗村	国家级	朱立科
154	平阳县	平阳县全盛兔业有限公司	平阳县山门镇杭坑村	省级	谢传胜
155	平阳县	平阳县星亮鸽业有限公司	平阳县鳌江镇书阁村	省级	钟声亮
156	平阳县	平阳县南麂岛开发有限公司	平阳县鳌江镇雨田大厦	省级	章　雷
157	平阳县	温州佩蒂动物营养科技有限公司	平阳县水头镇工业园区	省级	陈振标
158	平阳县	温州市复新面粉厂	平阳县萧江镇双庆北路 388 号	省级	鲍承美
159	平阳县	温州市赏美食品有限公司	平阳县山门亭后村	市级	胡亦聪
160	平阳县	温州海虎海藻养殖有限公司	平阳县鳌江镇西湾村办事处	市级	温从涨
161	平阳县	平阳县绿洲生态生物工程有限公司	平阳县萧江镇桃园办事处	市级	毛远达
162	平阳县	平阳县鸿达蔬菜制品厂	平阳县万全镇横塘村	市级	朱纯旺
163	平阳县	浙江金桂园林工程有限公司	平阳县 104 国道平塔加油站南边 200 米	市级	王茂德
164	平阳县	平阳县开彬农产品有限公司	平阳县水头镇西洋村	市级	李开彬
165	平阳县	平阳县敖峰鸽业有限公司	平阳县萧江镇雷峰村	市级	温积辉
166	平阳县	平阳县兴顺畜禽养殖场	平阳县顺溪镇兴顺路 142 号	市级	雷金翠
167	平阳县	浙江星光农业开发有限公司	平阳县昆阳镇东方银座 1 幢 3 单元 802 室	市级	李　国
168	平阳县	平阳县挺志温州水牛乳业有限公司	平阳县水头镇南二村	市级	李挺志

续表

序	县别	单位名称	单位地址	认定等级	法人代表
169	平阳县	温州士福梅花鹿养殖有限公司	平阳县昆阳镇石塘办事处溪岙村	市级	尤贤朴
170	平阳县	平阳县信业水产有限公司	平阳县鳌江镇塘外村	市级	蔡成权
171	平阳县	温州源飞宠物玩具制品有限公司	平阳县水头镇宠乐路	市级	庄明允
172	平阳县	温州齐平宠物营养科技有限公司	平阳县南雁镇溪南村	市级	朱招宠
173	平阳县	温州荷道农业开发有限公司	平阳县昆阳镇蒙垟村	市级	潘德明
174	平阳县	平阳县海跃食品有限公司	平阳县鳌江镇经济开发区工业园区 D 区	市级	廖茂朵
175	平阳县	平阳县霞山牧业有限公司	平阳县腾蛟镇霞山村	市级	黄益祥
176	平阳县	平阳县科龙农牧经贸有限公司	平阳县鳌江镇河东山村	市级	翁少义
177	平阳县	温州正虹饲料料有限公司	平阳县萧江镇麻步经济开发区	市级	温振传
178	平阳县	温州锦恒宠物用品有限公司	平阳县萧江镇工业园区岱口段	市级	郑京敏
179	平阳县	平阳县振阳饲料有限公司	平阳县敖江镇望雁街 44 号	市级	包建平
180	平阳县	温州中食宠物食品有限公司	平阳县南雁镇南横溪村	市级	周青林
181	平阳县	温州茂泉宠物用品有限公司	平阳县南雁镇鸿雁路 288 号	市级	周云龙
182	平阳县	温州荣华宠物营养科技有限公司	平阳县南雁镇东蛟街	市级	朱日建
183	平阳县	平阳县圣伟宠物用品有限公司	平阳县腾蛟镇南溪制革工业区南革路 9 号	市级	朱日朝
184	平阳县	平阳县创意农业有限公司	平阳县万全镇瑞阳村	市级	邱珍君
平阳县总计 32 家，国家级 1 家，省级 6 家，市级 32 家					
185	**文成县**	浙江双凤食品有限公司	文成县大峃镇城东北路 11 号	省级	王金凤
186	文成县	文成县亨哈山珍食品有限公司	文成县大峃镇中欧大厦 4 楼	市级	林大钧
187	文成县	温州冰洋实业有限公司	文成县大峃镇栖云路 82 号	市级	王碧琰
188	文成县	文成县日省名茶开发有限公司	文成县峃口镇田东村九龙山	市级	蔡永游
189	文成县	浙江山哥哥农业开发有限公司	文成县大峃镇珊门村	市级	金宪伍
190	文成县	文成县绿野苗木繁育场	文成县黄坦镇稽垟村	市级	陆春兰
191	文成县	文成县周山茶业发展有限公司	文成县大峃镇周壤岭南茶场	市级	王国栋
192	文成县	浙江星坪中药材种植有限公司	文成县玉壶镇角山村	市级	朱进洪
193	文成县	浙江康丝汇食品有限公司	文成县大峃镇屿龙路 50 号	市级	赵东群
194	文成县	温州逢左花卉园艺有限公司	文成县黄坦镇对面垟	市级	叶凤左
195	文成县	文成县龙凤山鸽业有限公司	文成县峃口镇新田村	市级	施昌树

续表

序	县别	单位名称	单位地址	认定等级	法人代表
196	文成县	温州市天顶湖休闲农庄股份有限公司	文成县百丈漈镇内	市级	赵东远
197	文成县	文成县国栋科技实验兔场	文成县西坑镇种羊场	市级	周国栋
198	文成县	文成县华兴药材种植有限公司	文成县大峃镇外南村	市级	雷衍开
199	文成县	温州英桥生物科技有限公司	文成县大峃镇体育场路金龙公寓 12 号	市级	王　义
文成县总计 15 家，省级 1 家，市级 15 家					
200	泰顺县	浙江山友天然食品有限公司	泰顺县罗阳镇新城鹤东路西侧	省级	黄洁丛
201	泰顺县	浙江利众竹木有限公司	泰顺县司前镇溪口村	省级	严汉荣
202	泰顺县	浙江泰星儿童玩具有限公司	泰顺县罗阳镇上交洋工业园区	省级	郑启平
203	泰顺县	浙江四贤茶业有限公司	泰顺县罗阳镇上交洋工业园区	省级	吴文彬
204	泰顺县	泰顺三洋茶业有限公司	泰顺县城关山洋坪茶场	市级	黄裕胜
205	泰顺县	泰顺县大自然生态农业实验场	泰顺县罗阳镇雪龙路 4 号	市级	吴力军
206	泰顺县	泰顺县仙瑶隐雾茶业有限公司	泰顺县罗阳镇人民路 2–8 号	市级	蔡祈明
207	泰顺县	泰顺县雪龙茶业有限公司	泰顺县罗阳镇人民路 40 号	市级	吴晓红
208	泰顺县	泰顺县福田园艺玩具厂	泰顺县罗阳镇上交洋工业园区	市级	陶子云
209	泰顺县	泰顺县维富玩具有限公司	泰顺县罗阳镇南门柴林山岗	市级	项维富
210	泰顺县	浙江天遥农业开发有限公司	泰顺县罗阳镇泰景路 135 号	市级	吴大遥
211	泰顺县	浙江天关山酒业有限公司	泰顺县罗阳镇新竹路 1 号	市级	黄洁丛
212	泰顺县	浙江味美思农牧业有限公司	泰顺县柳峰乡墩头村牛牯坪	市级	林宪忠
213	泰顺县	泰顺司前竹木日用品厂	泰顺县司前镇捌柒路 137 号	市级	严立明
214	泰顺县	泰顺县万顺农业有限公司	泰顺县泗溪镇横坑社区建新村	市级	许方巧
215	泰顺县	泰顺县御茗茶业有限公司	泰顺县罗阳镇城北路 163 号	市级	叶　斌
216	泰顺县	泰顺县宏发茶业有限公司	泰顺县雅阳镇中村	市级	林志陆
217	泰顺县	泰顺县泰龙制茶有限公司	泰顺县仕阳镇上排村	市级	谢细和
218	泰顺县	泰顺县一鸣生态农业有限公司	泰顺县雅阳镇墩头村高场坪	市级	朱明春
219	泰顺县	泰顺县泰森木业有限公司	泰顺县司前镇司前工业园	市级	金笑英
220	泰顺县	浙江原态农业开发有限公司	泰顺县雅阳镇东桥村	市级	徐伟凑
221	泰顺县	温州古廊桥酒业有限公司	泰顺县罗阳镇白溪村庙下	市级	夏帮升
222	泰顺县	泰顺县司前民族工艺厂	泰顺县司前镇台边村何弄工业区	市级	蓝家恩

续表

序	县别	单位名称	单位地址	认定等级	法人代表
223	泰顺县	泰顺县雷诺玩具厂	泰顺县司前镇林坪岗	市级	雷本环
224	泰顺县	泰顺县绿益茶业有限公司	泰顺县雅阳镇莲头村	市级	章晓恩
225	泰顺县	泰顺县玉塔茶场	泰顺县彭溪镇玉塔村	市级	叶传瑞
泰顺县总计 26 家，省级 4 家，市级 26 家					
226	苍南县	浙江宏利水产有限公司	苍南县工业园区七路	国家级	陈高棉
227	苍南县	温州市老李食品有限公司	苍南县桥墩镇食品工业园区	省级	马显秋
228	苍南县	苍南县水产品市场开发有限公司	苍南县灵溪镇建兴西路 608 号	省级	许文树
229	苍南县	浙江熊猫乳业集团有限公司	苍南县灵溪镇建兴东路 650–668 号	省级	李作恭
230	苍南县	浙江乡妹子食品有限公司	苍南县灵溪镇新溪工业区 102–108 号	省级	黄有平
231	苍南县	温州渔夫食品有限公司	苍南金乡镇炎亭渔港路 73 号	省级	郑恩苍
232	苍南县	鲜八里集团有限公司	龙港镇半河工业区	市级	钱锡星
233	苍南县	温州宏达利水产加工有限公司	苍南县炎亭镇东沙村	市级	徐定松
234	苍南县	温州中亚饲料发展公司	苍南县灵溪镇塘下村	市级	林孝辅
235	苍南县	苍南县昌盛蔬果食品有限公司	苍南县沿浦工业区 2 号	市级	杨迎春
236	苍南县	温州宏发水产食品有限公司	苍南县石坪乡坑东村	市级	陈庆杉
237	苍南县	苍南绿剑茶业有限公司	苍南县桥墩镇八亩后村	市级	张美宣
238	苍南县	苍南县恒信席业有限公司	苍南县灵溪镇观美岭脚村	市级	苏中解
239	苍南县	浙江孝心食品有限公司	苍南县龙港镇江浦路码头	市级	李孝新
240	苍南县	温州国鑫农牧有限公司	苍南县龙港镇湖前花园小区 2 幢 9 号	市级	杨昌金
241	苍南县	苍南县汤记码头水产品有限公司	苍南县金乡镇汤鉴洋路 1–3 号	市级	汤臣都
242	苍南县	温州宇晨药业有限公司	苍南县灵溪示范工业园区	市级	吴在贵
243	苍南县	浙江华宇药业股份有限公司	苍南县灵溪镇沪山路园区四路口	市级	肖若人
244	苍南县	苍南县大宏水产有限公司	苍南县渔寮	市级	黄大宏
245	苍南县	苍南县华金柑果业有限公司	苍南县龙港镇巴曹社区	市级	陈仕华
246	苍南县	温州香仔食品有限公司	苍南县灵溪镇新溪村	市级	黄开周
247	苍南县	浙江锦丰农业开发有限公司	苍南县灵溪镇观美桃湖社区台湾示范园	市级	陈忠何
248	苍南县	温州中贯生态农业开发有限公司	苍南县灵溪镇象松南岙自然村	市级	缪忠贯
249	苍南县	温州乐乐食品有限公司	苍南县巴曹镇环海路 266–288 号	市级	周志仕

续表

序	县别	单位名称	单位地址	认定等级	法人代表
250	苍南县	浙江银奥茶业发展有限公司	苍南县五凤乡普全茶场	市级	许明香
251	苍南县	温州丰登米业有限公司	苍南县新兴路32号	市级	赵友根
252	苍南县	苍南县净源菇业有限公司	苍南县马站镇	市级	颜贻松
253	苍南县	苍南县百纳獭兔养殖有限公司	苍南县金乡镇蔡家村	市级	蔡启表
254	苍南县	苍南县宏展生猪养殖有限公司	苍南县龙港镇余北村	市级	余德寅
255	苍南县	浙江华大动物保健品有限公司	苍南县龙港镇中乐街28号	市级	陈德准
256	苍南县	浙江乡下香食品有限公司	苍南县灵溪镇沪山凤阳村306号	市级	王生华
257	苍南县	浙江一品爽食品有限公司	苍南县龙港镇巴曹社区环海路66号	市级	彭瑞智
258	苍南县	温州市天伴农副产品有限公司	苍南县马站镇霞关社区海滨东路	市级	邓黄强
259	苍南县	温州玉龙湖生态农业开发有限公司	苍南县桥墩镇玉龙湖度假村	市级	吴圣健
260	苍南县	苍南华玉山野油茶有限公司	苍南县桥墩镇裕兴一巷1号	市级	李悌仲
261	苍南县	苍南县鹅峰农业开发有限公司	苍南县桥墩镇金山头村	市级	何升波
262	苍南县	苍南县绿禾农业开发有限公司	苍南县桥墩镇小沿村	市级	包中双
苍南县总计37家，国家级1家，省级6家，市级37家					
263	经开区	温州先福食品有限公司	温州市经开区天河镇新河村	市级	王振海
经开区总计1家，市级1家					
264	市直	温州菜篮子集团有限公司	鹿城区郑桥泰力路	国家级	诸葛贵林
265	市直	温州快鹿集团公司	温州市葡萄棚路178号	省级	张可潘
266	市直	温州市浙南农副产品市场有限公司	温州市鹿城区城南立交桥西南侧浙南农副产品中心市场一区四楼	省级（非市）	陈少克
267	市直	省亚热带作物研究所园林花卉开发中心	温州市景山	市级	金　川
268	市直	温州市粮油储运有限公司	温州市龙湾区底岭下	市级	贺　明
269	市直	温州面粉公司	温州市高田路122号	市级	陈奇峰
270	市直	温州市金鹿宠物用品有限公司	温州市瓯海经济技术开发区柳绿路12号	市级	洪建捷
271	市直	温州市乌苏里江米业有限公司	温州市瑶溪镇底岭下粮油储运公司院内	市级	阎　晗
272	市直	浙江桂香村食品连锁有限公司	温州市瓯海经济开发区横河二路9号	市级	马建伟
273	市直	温州市惠多利农资有限公司	温州市五马街6弄4号	市级	赖兴蓬

续表

序	县别	单位名称	单位地址	认定等级	法人代表
274	市直	温州市南亚粮油食品有限公司	温州市纺织路龙方工业区 2 号南亚大楼	市级	刘翠领
275	市直	浙江冶民园林工程有限公司	温州市马鞍池东路马鞍池大厦 503 室	市级	李金满
276	市直	温州市现代冷链物流有限公司	温州市十八家路 31 号现代大楼 609 室	市级	诸葛贵林
市直总计 13 家，国家级 1 家，省 3 家，市级 12 家					
温州市级以上龙头企业总计 276 家，其中国家级 6 家，省级 34 家					

备注：统计截至 2014 年 12 月底。（温州市级以上龙头企业总计 276 家）

参 考 文 献

[1] 杨建利，邢娇阳 . 我国农村产业融合发展研究 . 中国农业资源与区划，2017（09）.

[2] 佚名 . 解锁“乡村振兴”新思路　详细解析美国乡村逆袭经验 [EB/OL].http：//www.sohu.com/a/224272095_100085435，2018-02-27.

[3] 宁夏 . 与乡为邻　因产而兴　发达国家推动乡村产业发展的经验 [J]. 农村工作通讯，2018（02）.

[4] 张红宇，赵长保，张海阳，等 . 中国特色乡村产业发展的重点任务及实现路径 [J]. 求索，2018（02）.

[5] 宁夏 . 与乡为邻　因产而兴　发达国家推动乡村产业发展的经验 [J]. 农村工作通讯，2018（02）.

[6] 刘自强，李静，鲁奇 . 国外乡村经济类型的划分及对中国乡村发展政策制定的启示 [J]. 世界农业，2011 (04)：35.

[7] 张红宇，赵长保，张海阳，等 . 中国特色乡村产业发展的重点任务及实现路径 [J]. 求索，2018（02）.

[8] 蒋和平 . 实施乡村振兴战略及可借鉴发展模式 [J]. 农业经济与管理 ,2017(6)：21-23.

[9] 闻海燕 . 乡村产业振兴的浙江探索 [N]. 浙江日报，2018-04-17.

[10] 林峰，等 . 乡村振兴战略规划与实施 . 北京：中国农业出版社，2018：86-90.